法華経の輝き

混迷の時代を照らす真実の教え

日蓮宗大明寺住職
日本脱カルト協会理事
楠山泰道

大法輪閣

大明寺・一塔両尊と日蓮聖人の像
（横須賀市文化財）

まえがき

「ここに代末代《よまつだい》に及び、人聖人《ひとせいじん》にあらず。各《おのおの》冥衢《みょうく》に容《い》りて、並に直道《じきどう》を忘る。悲しいかな、瞳蒙《どうもう》を隔《う》たず。痛ましいかな、徒《いたずら》に邪信《じゃしん》を催《もよお》す……（中略）……今主人、広く経文を引いて、明らかに理非《りひ》を示す。故に妄執《もうしゅう》すでに翻《ひるがえ》り、耳目《じもく》ほぼ朗《あきら》かなり」（日蓮聖人『立正安国論』より）

訳……さて、今の世は末世であり、人々も愚かで聖人ではありませんから、みな迷いの道に入りこんで悟りへの道を忘れてしまっています。悲しいことには誰もこの誤りを指摘し、迷いを覚まそうとはしません。痛ましいことに間違った信仰だけがますます広まっています……（中略）……今、貴僧が多くの経文を引用して道理を示され、そのお諭《さと》しによって私の迷いは晴れ、目が覚めました。

オウム真理教の事件は、戦後六十年余の歴史の中で、その規模と凶悪性において未曾有《みぞう》の事件でした。日本という温和な精神風土にも、宗教教義を持つ「破壊的カルト」が生まれました。そしてそれは、まさに無差別殺人という極めて残酷なテロでした。

そして平成二十三年三月十一日、東日本に巨大地震と津波が襲い、これも未曾有の被害をもたらしました。

人為的被害と自然災害を目の前にして、今私たち僧侶は何をしなければならないのか、今一度、教主・釈尊に尋《たず》ねたいと思い、再び法華経を繙《ひもと》いてみたくなりました。本書の原書は、昭和五十六年、日蓮聖人第七百年遠忌を記念して発刊したもので、それをこのたび書き直しました。

オウムのサリン事件で亡くなられた方々の魂に、そして震災犠牲者の諸霊位に追善供養の志を捧げ、併《あわ》せて速やかなる復興を祈願するとともに、安心して暮らせる社会になるようにと、願ってやみません。

今、早急に検討し対応すべき緊急課題は、「危機管理対策の確立」です。

その責任は、政治、教育の分野は当然ですが、宗教でも、しっかりと認識し対応すべき課題です。しかし、どの分野も危機意識に欠けています。

もし今後、関東で大地震が起きたら、先般の大震災と同様の支援・義援金活動ができるのでしょうか。文化的資産をどう守るか、あるいは人命救助の具体的なシミュレーションはできているのでしょうか。また、増加している、「破壊的カルト」への対応はどうでしょうか。どの分野の専門家でも将来を見渡す視野にとぼしく、他人事のような顔をしているように思えます。

日蓮聖人の「宗教」とは、実践の中で人々に絶対的安心を与え、教え導くことを志向しています。

また釈尊（お釈迦さま）は、人間の根源的な「苦」は法華経によって克服できると示されました。「南無妙法蓮華経」とは、慈悲と誓願を通しての「利他行《りたぎょう》の象徴」であるといえます。

現代社会は、個――家庭――地域――国家――世界という全てのレベルでの「あるべき姿」を見失っているように思えます。そのあるべき姿をこの現代に定位し、提言することこそが、私たち宗教者に課された責務だと思います。

そのためには、各自が各レベルにおいてその使命・役割を認識することが大切です。その認識の促進こそが、現代において私たち僧侶・宗門に求められる機能・役割であり、諸宗教の中でも特に、「法華経の実践」という日蓮聖人の「宗教」によって成し遂《な》《と》げられるべきものであると思います。

この『法華経の輝き』が、それらの問題解決の一助《いちじょ》となればと願う次第です。

平成二十五年　十二月　八日　　釈尊成道の聖日

楠山　泰道

目次

◎装幀……福田 和雄（FUKUDA DESIGN）

序論

釈尊と妙法蓮華経

◆法華経《ほけきょう》は釈尊《しゃくそん》を中心とする経典

白隠禅師《はくいんぜんじ》（一七六八没、八十四歳）は、臨済禅《りんざいぜん》を再興した高僧で、日蓮聖人《にちれんしょうにん》より五世紀ほど後世の人です。十六歳のとき、はじめて「法華経」を読んで思うに「ただ一乗《いちじょう》あり、諸法《しょほう》は寂滅《じゃくめつ》なり（唯有一乗《ゆいういちじょう》、諸法寂滅《しょほうじゃくめつ》）の言葉以外は、譬喩《ひゆ》と寓話《ぐうわ》ばかりだ。もしこの経に功徳《くどく》があるのなら、謡曲や講談本にも功徳があるはずだ」と軽侮《けいぶ》と疑惑の念を持ちます。（中略）

白隠が四十二歳の秋です。彼の傍《かたわ》らで一人の坊さまが「法華経」第二巻・第三章（品《ほん》）の「譬喩品《ひゆほん》」を誦《よ》んでいました。そのとき、たまたま石だたみの上で、一匹のコオロギの鳴く声が聞こえてきたのです。この声を聞いて、白隠の心中に深く閃《ひらめ》くものがあったのです。「法華経」がほんとうにわかったのです。読めたのです。（中略）

はじめてほんとうの意味で「法華経」にめぐりあえたのです。「この宇宙は、悉《ことごと》くわが所《しょ》有《う》である。その中に住む生命あるもの、みなわが子である」との釈尊の遠大《えんだい》にして、しかも心あたたまる教えが一つ一つわかったのです。

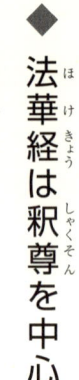

（松原泰道著『観音経入門』〈祥伝社新書〉より）

仏陀《ぶつだ》・釈尊（釈迦牟尼仏《しゃかむにぶつ》）を仏教の教主《きょうしゅ》として尊崇することは、現在の仏教各宗派共通のことです。しかし、すべての経典が釈尊を教主としているとは限りません。

一方、法華経は、釈尊を中心とする経典であって、釈尊をこの世界の常住仏《じょうじゅうぶつ》（永遠の命をもつ仏）としています。日蓮宗では法華経を所依《しょえ》の経典とすると同時に釈尊一仏《いちぶつ》を立てて、絶対帰依《きえ》の仏としているのです。

法華経に現れる釈尊は、「寿量品《じゅりょうほん》の仏」、常住仏ですから、歴史を超えた釈尊でなくてはなりません。宗教的・信仰的に理想化されている仏であって、歴史上の存在を離れて架空《かくう》に描いた仏ではなく、私たちの意識の中に生きる釈尊です。

法華経は、釈尊が生命を打ち込んだ経典であって、常住仏は法華経から出生した仏でもあるので、これは生んだもの（能生《のうしょう》）と生まれたもの（所生《しょしょう》）の関係で、互いに両者がささえあっている能生所生です。帰仏《きぶつ》（帰依仏《きえぶつ》）として信仰の対象、信仰系譜の源《みなもと》となっているゆえんです。

◆妙法蓮華経《みょうほうれんげきょう》の経題《きょうだい》

妙法蓮華経の原本は、梵語《ぼんご》（サンスクリット語）の Saddharma puṇḍarīka Sūtra（サッダルマ・プンダリーカ・スートラ）です。それを鳩摩羅什《くまらじゅう》（三四四～四一三　異説あり）が中国語に訳したものが妙法蓮華経です。

さて、妙法蓮華経という経題の五字の中で、実体をなすものは〝法《ほう》〟の一字です。〝妙《みょう》〟も〝蓮華《れんげ》〟も共に、法という語の修飾語といえます。

〝法〟には、多種多様の意味がありますが、それは四つにまとめることができます。①真理 ②法則（法度《はっと》） ③教え ④存在　です。

仏教は、釈尊の独断や仮説を教えるものではありません。人間をふくめた存在一般を貫く真理そのもの、これと一如《いちにょ》したのが仏ですから、仏の教えは、まさに真理以外の何ものでもありません。

この真理が活現《かつげん》して、物と物、人と人とを支配する法則となり、人間の申し合わせの法律となります。この上に立って人は如何《いか》に在《あ》らねばならないかを教えたのが、仏の教法《きょうほう》です。

法とは、不可思議のもの、言葉には表現できないほど深く大きく微妙《みみょう》なものですから、妙の字をもって形容したのです。

蓮華は、植物の蓮《はす》の花です。インドでは蓮の花ほど美しい花はないといわれます。この蓮の花は泥水の中に咲いていますが、泥水をいとわずしてその中に咲き、しかもその泥水に染められることなく美しい花を咲かせるところに特徴があるのです。これは人のあるべき姿を表しています。

煩悩《ぼんのう》の中にあり煩悩に染まらず、しかも苦しむ人のために行動する、美しい人間の姿です。

蓮華の花は、花と果実とが同時にあることから、因果不二《いんがふに》、事理一体《じりいったい》といって、目の前の小《しょう》事《じ》の中に宇宙の真理が現れている、宇宙の真理という大きなことも、目の前の小さな現象に他ならないという思想が示されているのです。

経の字は、〝縦糸《たていと》〟という意味をもちます。仏の教えを一つにまとめたものを法華経と名づけたということになります。

この妙法蓮華経は、経典の名称であると同時に、経典の内容の象徴でもあるのです。

教学的には、妙は主義を表示する〝名《みょう》〟、法は諸法の〝体《たい》〟、蓮は実を結んだ〝宗《しゅう》〟、華は方便《ほうべん》の〝用《ゆう》〟、経は以上の関係を明らかにする〝教《きょう》〟と分類されます。これを「名体宗用教《みょうたいしゅうゆうきょう》の五重《ごじゅう》玄義《げんぎ》」といい、これを説くための意義が「南無妙法蓮華経《なむみょうほうれんげきょう》」のお題目《だいもく》ということになります。

「妙＝名」は、法に名づけたものです。法には「粗《そ》の法」と「妙の法」とがあり、仏教ではすべての現象を固有の実体がないとみる「空《くう》」の立場と、実体がないにしても現《げん》前《ぜん》の事象《じしょう》は否定できないとみる「仮《け》」の立場、この二つの見方《みかた》にとらわれない「中道《ちゅうどう》（中《ちゅう》）」の立場の三面の見方（三《さん》諦《だい》）を説いています。またそれに対して

釈尊の像（インド）

「即空《そくくう》・即仮《そくけ》・即中《そくちゅう》」（三観《さんがん》）と説くのも妙法です。空・仮・中の三つを別個《べっこ》に説く法を粗法《そほう》といいます。この粗法ではない妙法を釈尊は最初から説かれたのではなく、あらゆる仮説《けせつ》で弟子たちを訓練し、時機到来《じきとうらい》して説かれたのが法華経の実説《じっせつ》なのです。ゆえに妙法と名づけるのですが、この妙法を蓮華に譬《たと》えたところが、また絶妙なところです。

この蓮華は、花と果実（仮と実）が同時に発生するとされています。釈尊が弟子に仮説（方便）を通し訓練するのも、実説に導き、実際に役立たせていくためなのです。仮を離れ実なく、実を離れ仮もないのです。仮即実《けそくじつ》（仮＝権《ごん》）を譬えて蓮華といい、その法が妙法となります。これが「名玄義」です。

「法＝体」は、経の本体という意味です。自然の相《そう》も人間界の相もすべて、是非《ぜひ》や善悪の相があり、必ず節度《せつど》があります。これを実相《じっそう》と名づけるのです。つまり善悪や迷悟《めいご》の相一切《いっさい》が実相（法性《ほっしょう》）であるというのです。迷い苦しむ者は、すべてが存在するものとして「異《い》」（差別観《しゃべつかん》）に執着するので苦しみ、悟れる者は、すべてが断無《だんむ》（有・無を超えた無）の世界であるとして「如《にょ》」（空観《くうがん》）の見解をもつのです。しかし、すべては因縁《いんねん》（因果律《いんがりつ》）によって生じたもので真実の眼でみると空《くう》にしても有《う》、有《う》にしても空《くう》、空有不二《くううふに》であって、法性はそのまま実相となり、この実相がこの経の本体で、これを説くのが「体玄義」です。

「蓮＝宗」は、仏の因果を指します。これは普通にいう原因と結果ではなく、仏となるべき過程の因行《いんぎょう》とその結果において証明した果徳《かとく》を、因果というのです。

あらゆる善なるもののうちで、仏となる因と果を超えるほどの善はありません。

法華経以外の経にも仏の因果を明らかにしているものはありますが、いずれも中間的な所行《しょぎょう》を示しています。

法華経は、釈尊が久遠《くおん》の昔に実修《じっしゅう》した因行とその実証《じっしょう》の果徳とを明《あか》したものなのです。久遠の実修とは実相の行を修することで、久遠の実証は道場《どうじょう》において得た仏果《ぶっか》です。これは言葉では説明ができない、ということを説いたのが「宗玄義」です。

「華＝用」は、法華経のもつ仏の権《ごん》と実《じつ》の二つの智慧《ちえ》のはたらきを示すものです。智《ち》によって照らされるのは理《り》であり、理に徹したところから出てくるものは、教化《きょうけ》される者の性格や感情や立場を鑑機《かんき》する（機根を観察すること）見方であり、この鑑機は同時に理を照らすということを生むのです。つまり、智によって照らし出された理、理に徹して出てくる鑑機、鑑機がまた理を照らすということになります。

この両者の関係が「用」というはたらきで、この経は初心《しょしん》の菩薩《ぼさつ》も、発心《ほっしん》後の菩薩も、ともに化導《けどう》の実をあげる力と用（はたらき）をもつことができるというのが「用玄義」の内容です。

「経＝教」は、仏が衆生《しゅじょう》に被《こうむ》らせるものであって、「教」には純雑《じゅんざつ》、深浅《しんせん》の不同があり、その同・異を分別することを教相《きょうそう》といいます。法華経以外の教相を知り、法華経自らの教相を知ることが「教玄義」なのです。

◆このテーマに関連する「日蓮聖人御書《ごしょ》」

「所詮《しょせん》妙法蓮華経の五字をば人《ひと》は名《みょう》とばかり思えり。さにて候《そうら》はず体也《たいなり》。体とは心にて候《そうろう》。章安云《しょうあんいわ》く、蓋《けだ》し序王《じょおう》とは経の玄意《げんい》を叙《じょ》し玄意は文心《もんしん》を述《じゅっ》す、云々《うんぬん》。此釈《これしゃく》の心は妙法蓮華経と申すは文に非《あら》ず一経の心なりと釈せられて候。されば題目を離れて法華経の心を尋ぬる者は、猿をはなれて肝をたずねしはかなき亀也。山林をすてて、この果を大海の辺に求めし猿也。はかなし、はかなし」（『曽谷入道殿御返事《そやのにゅうどうどのごへんじ》』）

「寿量品《じゅりょうほん》の自我偈《じがげ》に云《いわ》く、一心《いっしん》に仏を見《み》たてまつらんと欲《ほっ》して自《みずか》ら身命《しんみょう》を惜《おし》まずと云々《うんぬん》。日蓮が己心《こしん》の仏界《ぶっかい》を此《こ》の文《もん》に依《よ》って顕《あらわ》す也。其故《そのゆえ》は寿量品の事《じ》の一念三千《いちねんさんぜん》の三大秘法《さんだいひほう》を成《じょう》就《じゅ》せる事此経文《ことこのきょうもん》也。秘すべし秘すべし。日蓮云く、一《いち》とは妙也、心《しん》とは法也、欲《よく》とは蓮也、見《けん》とは華也、仏《ぶつ》とは経也。此の文字を弘通《ぐづう》せんには、不自惜身命是《ふじしゃくしんみょうこれ》なり。云々」（『義浄房《ぎじょうぼう》御書』）

第一章

大乗仏教と法華経

◆釈尊出家《しゅっけ》の理由（能動的《のうどう》理由と受動的《じゅどう》理由）

一介《いっかい》の乞食修行者《こつじきしゅぎょうしゃ》となって道を求めた釈尊の出家には、深い理由があります。それについては昔から種々の説が論じられていますが、そのほとんどが釈尊出家の原因を釈尊自身の個人的性格において捉えているようです。

例えば、鳥が虫をついばんで食べているのを見て悲しんだとか、父である王が、自分を慰めようとして集めた美女や舞姫たちが夜更《よふ》けてから紅灯《こうとう》の下に、しどけなく眠っている有様《ありさま》をみてあさましく思ったとか、老人や病人、死人をみて、人生のはかなさを感じた、などを理由として出家を断行《だんこう》したとしています。

また、妻子も、宝物も、王の位《くらい》さえも、死ぬ時には自分にはついてこない、人生はこのようにはかないものであると思いあきらめて世を捨てたのが原因であるなどといわれています。

紀元前五・六世紀頃、インドの社会事情や釈尊の思想を伝えている幾多《いくた》の経典を繙《ひもと》くと、釈尊の出家には個人的性格や能動的な理由だけではなく、その背景にある社会的（受動的）要因があったことに気づきます。

例えば、当時インドでは国家間での争いが激しかった（十六ヶ国が力による征服を行っていた）ことや、人間に対する差別の観念が強く、不当な圧迫や弾圧を受けている人々が多かったこと（カースト制など）、このような時こそ宗教が人々の救済に手を差しのべ活動すべきであるのに、バラモンをはじめとする宗教者や思想家は堕落し、自分の権力や空論《くうろん》ばかり論じていたことなどが挙げられます。

特に国家間の争いが多くの人々に不安を与えていました。十六ヶ国が四大強国となり、マガダ国が統一するといった時代背景でした。

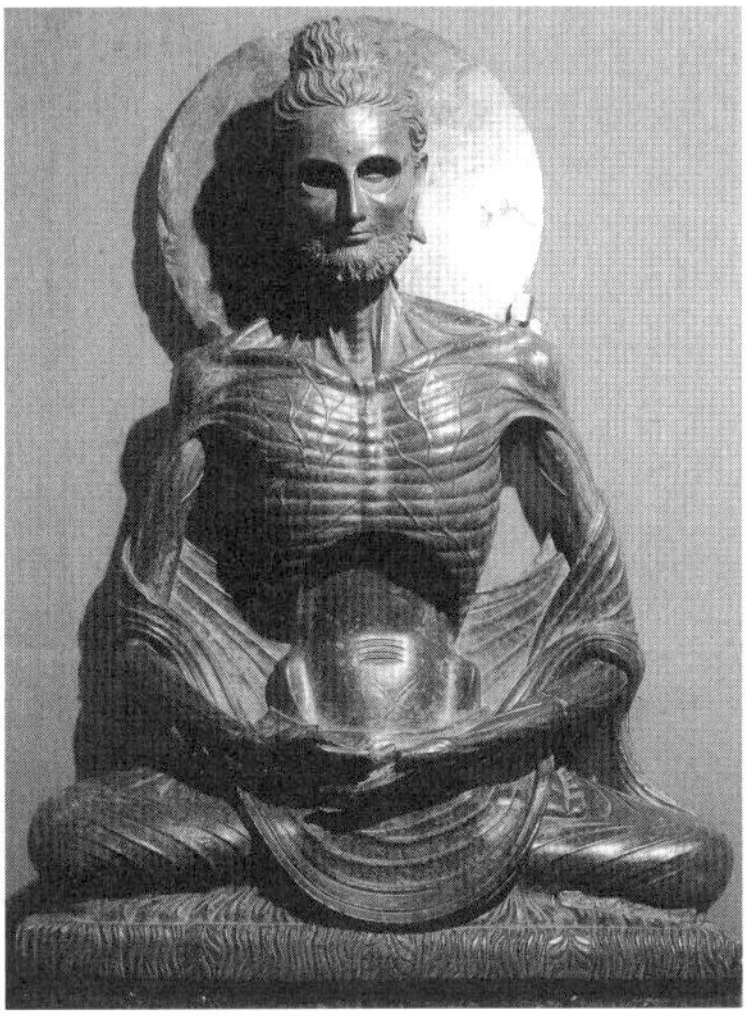
釈尊苦行像（パキスタン・ラホール博物館）

釈尊が王子として生まれた釈迦国は小国だったので、いつ滅《ほろ》ぼされてもおかしくない状況でした。他国を攻略して自国の繁栄を計《はか》り、常に攻略戦が行われていたのです。釈迦国も父・浄飯王《じょうぼんのう》の死後間《ま》もなく、隣国《りんごく》コーサラ国のビドゥーダバ（毘瑠《びる》璃《り》）王によって滅ぼされました。

「仏の顔も三度まで」という言葉はこの時に生まれたもので、釈迦国の首都であるカピラ城を攻めようとビドゥーダバ王が軍を進めてきた時、釈尊は、これをいさめようと国境近くの山道でビドゥーダバ王を待ち、争いは無意味であることを説きました。王はその理に服して兵を自国に戻しましたが、どうしてもあきらめられずに再び兵を進めたのです。この時も釈尊に戒められて退《しりぞ》くのですが、三度目には「釈迦国の滅びるのは宿世《しゅくせ》の因縁《いんねん》によるもので、自業自得《じごうじとく》の理は動かすことはできない」と釈尊も覚悟をきめたそうです。

この結果釈迦国は滅びましたが、ビドゥーダバ王もこの戦争で国力が弱まり、マガダ国に滅ぼされたのです。

当時のインドが争いの絶《た》えない不安な社会状況であったことをうかがい知ることができます。釈尊は、部族から成立している小国家群《ぐん》の闘争の中で生まれ、成長し、やがて出家します。精神的にも肉体的にも優秀な太子《たいし》（王子）と期待されたのですから、一国家の王となって全インドを統一する野心《やしん》をもてば、あるいは成功していたかも知れません。しかし、釈尊はその道を選ばず、出家したのです。

「力による征服は、力により征服される」という自業自得の理を知っていたからかも知れません。それよりも人々が心から納得して進んで求めるような道、そして一度これを得たならば、個人的には本当の幸福が、社会的には永遠の平和が得られるような道を求めたにちがいありません。

◆人間の価値とは

人間に対する差別の意識が強かったというのは、インドではカースト制度があり、人は生まれによって四つの階級（四姓《しせい》）にわかれていたからです。

①バラモン（宗教や道徳の教えを司《つかさど》る階級）②クシャトリヤ（王侯《おうこう》・貴族階級で政治や軍事を司る階級）③バイシャ（庶民・平民で商人などの階級）④シュードラ（奴隷《どれい》階級）

釈尊は、人間の価値は「生まれ」によってではなく、「行い」によって定まるものと主張されました。「四つの大河の水も、海に入れば一味《いちみ》の水である」と、四姓階級に分けられて差別されている人々も、一度仏道に入ればすべて平等であると説いています。

『阿闍世《あじゃせ》王授決経《おうじゅけつきょう》』の物語にある有名な「貧者《ひんじゃ》の一灯《いっとう》」の話にも、この思想が表れています。

「ある時、国王や大臣、長者たちが仏に灯《ともしび》を献上《けんじょう》した。これを聞いたシュードラの貧者が、私も一灯を供養《くよう》したいと思い、大変な苦労をして、ささやかな一灯を献上した。ところが夜に大風が吹いて、豪華な灯はすべて消えてしまった。しかし、貧者の献上したささやかな一灯だけは、大風にも消されぬどころか、ますますその光を増して輝いた」という物語です。

これは、人において貴《とうと》いものは真心《まごころ》であり、身分や地位や財産は、人間の価値を決定するものではないという、仏教本来の思想を示すものです。

釈尊時代の宗教は、バラモン階級が独占していました。カースト制はその地位や血統を守るための制度だったのです。

カーストのなかで人口の最も多いのはシュードラ階級です。しかしこの奴隷階級よりさらに貧しく、死に場所すらない「不可触《ふかしょく》の民」（アンタッチャブル）といわれる人々もいました。人々からさげすまれ、まともな扱いもされず、酷使《こくし》されていた存在です。当然そのような人々は教育も受けられず、自由もなく、みじめに生きていくだけでした。

国民の多くが、このような不合理のために苦しんでいるのですから、このような時こそ宗教が救済の活動をすべきであるのに、バラモンは困っている人から代償《だいしょう》を取り、呪術や占相《せんそう》（うらない）をするだけで、心を建《た》て直《なお》す教えなど説こうともしませんでした。

そのうえバラモン階級は富や権力のある人々と結んで、贅沢《ぜいたく》な生活をしていたのです。中にはまじめな仙人《せんにん》もいて、厳格で苦しい修行をしていた者もいましたが、その説くところは現実を離れた空理空論《くうりくうろん》でした。

宗教が社会的機能を失うには、二つの原因があります。一つは、世の人々の欲望を利用して教団の繁栄《はんえい》をはかることです。もう一つは、人々が何を欲求しているかを知ろうともせず、独占的な思想の遊びにふけることです。

現代の「カルト」と呼ばれる反社会的宗教教団の行いは、まさしくこれらの特徴をもっています。自己の教団の繁栄と金集めを目的としていて、その教義も独占的な空理空論です。釈尊当時のバラモンもこのような有様《ありさま》でしたので、教団を司《つかさど》るべき階級ではないクシャトリヤ出身の釈尊は、当時の世界を変える改新《かいしん》思想として、仏教を展開していったのです。

◆釈尊の思想

釈尊は、人生の苦悩は真理に対する無智と、自己への執着とから生じると説き、これを「元品《がんぽん》の無明《むみょう》」といいます。これを打ち破ることによって、人は一切の不安や恐怖から解放されるのです。

いたずらに観念的思想を弄《もてあそ》ぶのではなく、一戯論《けろん》にふけることでもありません。キリスト教などのように天地創造の神があって、人間の運命を支配するなどと考えてはいないのです。

あくまでも、人間を含めた存在一般の真実のあり方（諸法実相《しょほうじっそう》）を会得《えとく》することによって、涅槃《ねはん》（悟り）に到達すべきであるというのが釈尊の教えです。

◆釈尊の教団

釈尊の教団においては、凡《およ》そ人間は出家をしなくても、土地を耕《たがや》し都市を治《おさ》めること、道路を造り家を建てること、機関を組み立て、制度を整えること、あるいは知識を求めたり広めたりすることなど、世俗《せぞく》的な仕事をしながら、利己《りこ》的な執着を断《た》ち、涅槃の境地に達することができると説きます。

釈尊の教えには、このような特長があることを確認しなくてはなりません。

釈尊教団では、釈尊を含む出家僧《そう》と在家信徒の関係は対等だったのです。しかし釈尊滅後《めつご》には、日常生活と宗教が離れてしまったのです。例えば煩悩《ぼんのう》に左右される小さな自我の否定が、現実の人生そのものを否定するようになってしまったのです。

釈尊の教団には、四つの構成要素がありました。①比丘《びく》（出家僧）②比丘尼《びくに》（出家尼僧）③優《う》婆塞《ばそく》（在家男信徒）④優婆夷《うばい》（在家女信徒）で、これを「四衆《ししゅ》」といいます。

比丘・比丘尼は出家した専門家の僧であり、優婆夷・優婆塞は、男女の信徒です。

釈尊の在世《ざいせ》中は、出家僧と在家の信徒は協力して仏教の弘通《ぐづう》に努めたのです。

ところが釈尊の滅後になると、釈尊に対する尊敬の念が、その教えを伝える専門家の出家僧に移りました。そこで出家の専門家の人々は、一般在家の人々にはできないことをしたり、教説を話したりして、一種の権威《けんい》をつくろうとしたのです。その結果、何のための戒律《かいりつ》か考えもせず、戒律を守ること自体が目的となってしまったのです。

釈尊は観念的戯論《けろん》を否定しているのに、滅後になると、他の哲学や宗教と対抗するために、幾多の思弁《しべん》哲学がつくりあげられていくのです。

『世界史概観』の著者、H・Gウェルズという学者が、仏教の興起《こうき》と流布《るふ》について、次のように述べています。

「釈尊の教えの根本原理は、その源泉について研究してみれば、決して難しいものではない」

「仏教は世界がはじまって以来、最も知性ある人の創り出した最高のものということには誰も異存はない」

仏教は、究《きわ》めて明瞭で、現代の思想とも完全に調和し適合するものである、という意味のことも述べています。キリスト教徒のウェルズが仏教徒以上の知見《ちけん》をもっていることに感心します。

また彼は、釈尊の仏教がその弟子たちの思弁哲学のために、形而上学的《けいじじょうがく》煩瑣《はんさ》哲学という安値《やすね》の電灯により、肝心な釈尊の教えという星の光が消えてしまったとも述べています。

◆釈尊の目的

釈尊の教えは元来《がんらい》、全ての人を仏と平等な境地にまで導くことを目的とし、これを成仏《じょうぶつ》、あるいは作仏《さぶつ》といいます。しかし後世になると成仏や作仏は、凡人《ぼんじん》の到《いた》り得《う》る境地ではないとされ、凡人の求めるべきは成仏ではなく阿羅漢果《あらかんが》（阿羅漢の悟り）であるとされるようになってしまいます。阿羅漢とは元来、仏と同じ意味でしたが、この場合仏より一段低い境地で、自分だけの解脱《げだつ》を求める利己的な心の持ち主ということになります。これは仏教における一種の硬化《こうか》現象でしょう。

このような出家の人々の態度に対し、釈尊の本旨《ほんし》に立ち戻ろうとして興《おこ》ったのが、大乗《だいじょう》仏教なのです。

◆大乗《だいじょう》仏教と小乗《しょうじょう》仏教の違い

それでは、小乗仏教はどのような特徴をもっているのでしょうか。

小乗と大乗の違いは、人間の生活における「俗《ぞく》なるもの」と「聖《せい》なるもの」、すなわち迷いと悟り（煩悩と菩提《ぼだい》）、生死《しょうじ》と涅槃《ねはん》の考え方にあります。

大乗仏教では、この両者は本来、別にあるものではないと考えます。煩悩と菩提、生死と涅槃という対立する二つのものが、別なものと考えるのは実は観念の世界のことであって、具体的な人間生活、すなわち社会的人間の世界では、意識されていないことです。

小乗仏教における自己は、自然科学の対象でしかない肉体的人間であり、大乗仏教における自己は文化科学の対象である社会的人間であるのです。だからこそ、迷悟不二《めいごふに》であり、煩悩即菩提《ぼんのうそくぼだい》、生死即涅槃《しょうじそくねはん》が可能となるのです。

それはこれらのものの存在根拠が人間そのものであり、社会そのものであるからです。

釈尊滅後、その教法は、はじめ口伝《くでん》でしたが、後に四度の結集《けつじゅう》により経典の形となりました。西暦紀元前後に興った大乗仏教も、小乗仏教に属する経典に習って仏説《ぶっせつ》として多数の経典を編纂《へんさん》したのです。法華経もその一つです。これは小乗仏教の保守主義、形式主義、専門主義を打破しようとする大乗仏教の進歩主義、自由主義、大衆《たいしゅう》主義の表れでもあります。

このような大乗仏教の運動を、小乗仏教が悪魔の所業《しょぎょう》、非仏説《ひぶっせつ》と非難したというのも、無理のないことです。しかし、大乗仏教はあくまでも仏教の復興を願い、その経典は仏意《ぶっち》に随順《ずいじゅん》しているという確信に基《もと》づいていた運動であったことは間違いありません。諸仏出世《しょぶつしゅっせ》の本懐《ほんがい》は、まさしくこの念《ねん》（おもい）であるからです。

◆経典の成立

釈尊滅後、その教えは、インドの他の教えと同じく、もっぱら口伝によるものでした。ですから、仏伝《ぶつでん》も教説も仏弟子《ぶつでし》たちが代々《だいだい》、暗誦《あんしょう》によって伝えたものです。それを月に数回の行事の日に集まり、確かめ合ったといいます。

釈尊の説法は四十五年の長い年月にわたるものでした。

その内容は「対機説法《たいきせっぽう》」という言葉のとおり、多種多様な人々の問いや苦しみに対応して臨機応変に答えたものだったので、仏弟子たちはそれらを整理するために苦労し、また異説の混入を防ぐのも大変だったようです。

仏典結集《ぶってんけつじゅう》は、仏滅後約二百年の間に、四度開かれたと記録されています。

こうした苦労のもと、釈尊の説法が現在遺《のこ》されている経典の形となったのは、最も古いもので釈尊の孫弟子のころと推定できます。

文字で記されるとはいっても、紙はまだありません。紙の発明は後漢《ごかん》の和帝《わてい》時代、蔡倫《さいりん》によるものといわれています。

インドでは文字を記録するのに、水晶のような堅い物の尖端《せんたん》で、多羅樹《たらじゅ》という木の葉などに文字を刻《きざ》み、それに果汁を流して乾燥させ、それを拭《ふ》きとったものを使っていました。そのようにつくられた経典は、「貝葉経《ばいようきょう》」または「貝多羅経《ばいたらきょう》」とよばれています。ロンドンの大英博物館には、この貝葉経が多数保管されています。法華経の原典も、このような形から始まったのです。

◆法華経成立の背景

法華経が経典として成立したのは、仏滅後数百年後のことです。しかし、法華経に書かれる思想は長い間、口伝されてきたものです。

法華経と法華《ほっけ》思想を分けて考えますと、法華思想は釈尊の正系《せいけい》思想として口伝され、仏滅後数百年後に文字として法華経という形になったのです。

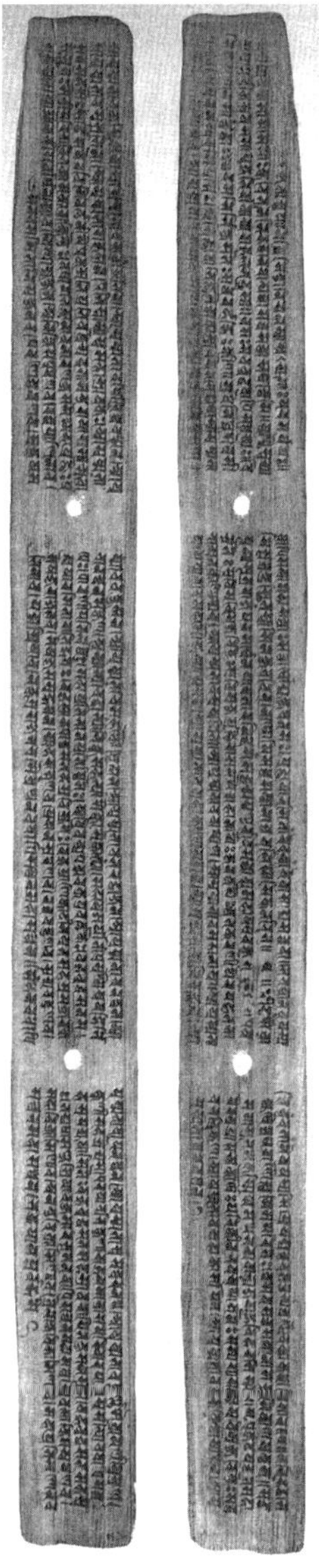

梵語（サンスクリット）の法華経の貝葉経の一部（河口慧海がチベットから持ち帰ったもの）

法華経の原型がつくられたのは、西暦一世紀前後と推定されています。

その文字は古代インド語である梵語《ぼんご》（サンスクリット）の一種であることから、「梵文《ぼんぶん》法華経」と呼んでいます。

現在私たちの読んでいる法華経は中国語に訳されたものです。「六訳三存《ろくやくさんぞん》」といって、中国語に訳された法華経は六種類ありましたが、現存しているものは三種類のみです。

①西暦二八六年に竺法護《じくほうご》が訳した『正《しょう》法華経』
②西暦四〇六年、あるいは四〇五年ともいわれる鳩摩羅什《くまらじゅう》訳の『妙法蓮華経《みょうほうれんげきょう》』
③西暦六〇一年に闍那崛多《じゃなくった》と達摩笈多《だるまぎった》の共訳による『添品《てんぽん》妙法蓮華経』

我が国で一般に法華経といえば、このうち第二の鳩摩羅什訳『妙法蓮華経』を指します。天台大師《てんだいだいし》智顗《ちぎ》も伝教大師《でんぎょうだいし》最澄《さいちょう》も日蓮聖人も、この『妙法蓮華経』を用いたのです。本書における法華経の略講（本書第三章・第四章）も、羅什訳の『妙法蓮華経』に基《もと》づいて行《おこな》っています。

第二章

妙法蓮華経と鳩摩羅什

◆訳経僧・鳩摩羅什《くまらじゅう》

聖徳太子《しょうとくたいし》著『法華義疏《ほっけぎしょ》』のはじめに「姚秦《ようしん》の三蔵法師《さんぞうほっし》・鳩摩羅什、詔《しょう》を奉じて訳す」と書いてあるところから、聖徳太子も羅什《らじゅう》訳『妙法蓮華経《みょうほうれんげきょう》』を用いたようです。羅什が時の中国の天《てん》子《し》の詔《みことのり》を奉じて訳したことがわかります。

釈尊一代五十年の説法を一代蔵経《いちだいぞうきょう》あるいは一代一切経《いちだいいっさいきょう》といい、それは「経蔵《きょうぞう》・律蔵《りつぞう》・論蔵《ろんぞう》」の三蔵からなります。経蔵に通じた人を経師《きょうじ》、戒律《かいりつ》に通じた人を律師《りっし》、論蔵に通じた人を論師《ろんじ》といい、三つすべてに通じた人を三蔵法師《さんぞうほうし》といいます。三蔵法師で有名なのは『西遊記《さいゆうき》』で知られる玄奘《げんじょう》ですが、羅什も三蔵に通じていたので三蔵法師と呼ばれた一人であるのです。

鳩摩羅什

その鳩摩羅什（三四四〜四一三、異説あり）はどのような人生を送った方なのでしょうか。

羅什の父鳩摩羅炎《くまらえん》は、インドの名門の出身で、西天山《にしてんざん》山脈《さんみゃく》の南の麓《ふもと》、亀茲《きじ》国の国師（皇帝の師）でした。この国は屈支《くっし》とも呼ばれ、名馬の産地として知られており、熱心な仏教国でもありました。

羅炎が還俗《げんぞく》し亀茲国王の妹と結婚して生まれたのが羅什です。羅什は七歳の時、母と共に出家《しゅっけ》し、優秀な才能は早くから花開きました。特に須梨耶蘇摩《すりやそま》という人について大乗《だいじょう》仏教を学び、さらなる才能を発揮したのです。

須梨耶蘇摩は、羅什の才能を見抜き、自分の知るすべてのことを教えました。羅什が帰国する時は、特に法華経を授与して、この経を東の国に弘《ひろ》めるように命じたそうです。

これが今日私たちが読む妙法蓮華経の原本です。後日、弟子の僧肇《そうじょう》という人が『法華経翻訳《ほんやく》後記《こうき》』の著述の中で、羅什が師の須梨耶蘇摩から、法華経の原本を授与された時の様了《ようす》を次のように書いています。

「大師《だいし》須梨耶蘇摩、左の手に法華経を持ち、右の手で鳩摩羅什の頂《ちょう》（頭）を摩《ま》して（なでて）授与して云《いわく》、『仏曰《ほとけいわく》、西に入りて、遺耀《いよう》（のこされた輝き）将《まさ》に東に及《およ》ばんとす。此《こ》の経は、東北に縁《えん》あり、汝慎《なんじつつし》んで伝弘《でんぐ》せよ（伝え弘めよ）』」

羅什は、この師の命《めい》により一大決心をして、法華経をはじめとする仏の教えを、自国からみて東北にあたる中国に弘めようとしたのです。

当時中国は東晋《とうしん》の時代でしたが、間もなく五胡《ごこ》十六国《じゅうろっこく》時代になろうとしていました。中でも符洪《ふこう》がはじめた秦《しん》は、第三代の符堅《ふけん》のとき強大となり、羅什の住む西域《さいいき》地方まで勢力をのばしたのです。

羅什の名声は符堅の耳にも入り、将軍呂光《りょこう》に命じて羅什を都に招待しました。羅什も喜んでこれに応じたのですが、符堅は部下の軍将・姚長《ようちょう》に殺されてしまったのです。姚秦《ようしん》の弘始《こうし》三年十二月のことであったといわれています。

その後、羅什は姚秦の王からも国師《こくし》の待遇を受け、弘始十一年秋七十歳で死去するまで大乗仏教の弘通《ぐづう》(弘めること)につとめ、多くの経や論を訳述《やくじゅつ》しました。法華経の他に、『大般若経《だいはんにゃきょう》』『仁王経《にんのうきょう》』『維摩経《ゆいまきょう》』『阿弥陀経《あみだきょう》』『大集経《だいじっきょう》』『大智度論《だいちどろん》』『十住毘婆沙論《じゅうじゅうびばしゃろん》』などその数は七十四部三百八十四巻にのぼります。

姚秦の王・姚興《ようこう》は熱心な仏教信者でしたので羅什を優遇し、経論の中国語訳に力を尽くさせ、その翻訳の方法は、羅什自ら筆を取るような個人的なものでなく、もっと大規模なものでした。羅什はインド語も中国語もできましたが、慎重の上にも慎重でなければならないと、国王の力をもって多くの学者を集め、国家的事業として経典の翻訳にとりかかったのです。

法華経の訳は、次の図のような方法で訳されたようです。羅什が講述《こうじゅつ》するのを聞いて各学者が、インド語や中国語に訳して別の時、更にその訳を持ちよって討議《とうぎ》を重ね、中国語に翻訳され

(羅什が着座、経典の説明をする)

【インド語の学者】

【羅什】　○○○　○○○

○

○○○　○○○　【筆記者】

【中国語の学者】

て、定本《ていほん》が完成したといわれています。

「姚秦の三藏法師、鳩摩羅什詔を奉じて訳す」とあるのはこのためです。

国王の姚興は、羅什の学徳《がくとく》に心服《しんぷく》していたので、その後嗣者《こうししゃ》がなくては無念《むねん》だと思って、羅什に強制的に妻をもたせ、家庭生活をさせたのです。羅什は僧院生活をしていませんでした。

そこで羅什は門弟たちに言いました。

「自分は仏の戒律を守らず世俗《せぞく》の生活をしているが、口に述べたところは、決して仏意《ぶっち》に背《そむ》くものではなかった。……自分の説いたものが仏意に背かないのであれば、自分の死後に火葬しても、舌だけは焼けずに残るだろう」

その言葉の通り、羅什の遺体を火葬した後、舌だけが焼けずに残ったと伝えられています。

また、唐《とう》の時代の僧侶道宣《どうせん》は、羅什訳の法華経を評して「其《そ》の訳するところは、悟達《ごたつ》をもって先となし、仏遺寄《いき》の意を得たり」と述べています。

現在、日本で一般に読まれているのはこの羅什訳『妙法蓮華経』ですが、その構成は八巻二十八品《ぽん》から成り立っています。

各品《ほん》の名称は、その経文の内容を簡単かつ明瞭に示したものです。品とは「種・別・部分」という意味ですから、この場合、「第何章」というような意味です。

◆法華経二十八品《ぽん》の名称

法華経二十八品のそれぞれの名称は、次の通りです。

序品《じょほん》第一／方便品《ほうべんぽん》第二／譬喩品《ひゆほん》第三／信解品《しんげほん》第四／薬草喩品《やくそうゆほん》第五／授記品《じゅきほん》第六／化城喩品《けじょうゆほん》第七／五百弟子受記品《ごひゃくでしじゅきほん》第八／授学無学人記品《じゅがくむがくにんきほん》第九／法師品《ほっしほん》第十／見宝塔品《けんほうとうほん》第十一／提婆達多品《だいばだったほん》第十二／勧持品《かんじほん》第十三／安楽行品《あんらくぎょうほん》第十四／従地涌出品《じゅうじゆじゅっぽん》第十五／如来寿量品《にょらいじゅりょうほん》第十六／分別功徳品《ふんべつくどくほん》第十七／随喜功徳品《ずいきくどくほん》第十八／法師功徳品《ほっしくどくほん》第十九／常不軽菩薩品《じょうふきょうぼさっぽん》第二十／如来神力品《にょらいじんりきほん》第二十一／嘱累品《ぞくるいほん》第二十二／薬王菩薩本事品《やくおうぼさつほんじほん》第二十三／妙音菩薩品《みょうおんぼさっぽん》第二十四／観世音菩薩普門品《かんぜおんぼさつふもんぼん》第二十五／陀羅尼品《だらにほん》第二十六／妙荘厳王本事品《みょうしょうごんのうほんじほん》第二十七／普賢菩薩勧発品《ふげんぼさつかんぼっぽん》第二十八

◆法華経の科段《かだん》分け

法華経は、古くから種々の科段分け（内容を分類すること）がなされてきました。

▼本迹《ほんじゃく》……二十八品を二つに分けて、前の十四品（序品 第一～安楽行品 第十四）を「迹門《しゃくもん》」、後の十四品（従地涌出品 第十五～普賢菩薩勧発品 第二十八）を「本門《ほんもん》」として分ける方法で、中国の天台大師智顗《てんだいだいしちぎ》以来使われてきた方法です。

▼一経三段《いっきょうさんだん》……二十八品を「序分《じょぶん》（序論）・正宗分《しょうしゅうぶん》（本論）・流通分《るづうぶん》（釈尊滅後の教えの弘め方を説く論）」の三つに分ける方法で、序品 第一が「序分」、方便品 第二から分別功徳品 第十七の前半までを「正宗分」とし、分別功徳品 第十七の後半から最後の普賢菩薩勧発品 第二十八までを「流通分」とする方法です。

▼迹門三段《しゃくもんさんだん》・本門三段《ほんもんさんだん》……この経の迹門について、序品 第一を序分、方便品 第二から授学無学人記品 第九に到る八品を正宗分、法師品 第十から安楽行品 第十四に到る五品を流通分とします。そして本門について、従地涌出品 第十五の前半が序分、従地涌出品 第十五の後半から分別功徳品 第十七の前半までを正宗分、分別功徳品 第十七の後半から普賢菩薩勧発品 第二十八までを流通分とする分け方です。

▼本法三段《ほんぽうさんだん》……法華経を中心とする「法華三部経《ほっけさんぶきょう》」、すなわち法華経の〝開経《かいきょう》〟たる『無量義経《むりょうぎきょう》』と〝結経《けっきょう》〟たる『観普賢菩薩行法経《かんふげんぼさつぎょうほうきょう》』とを合わせた三部経について、法華経の如来寿量品 第十六を一代説法の正宗分とみなし、その前は全て序分、後は全て流通分とする分け方で、これを本法三段といいます。

◆迹門と本門

迹門とは、「迹仏《しゃくぶつ》の教えの門」、本門とは、「本仏《ほんぶつ》の教えの門」という意味です。

迹仏とは、歴史上の釈尊をいいます。紀元前五百年代に人間としてこの世に生まれ、修行の結果、仏となった釈尊です。これを「始覚仏《しがくぶつ》」（初めて正覚《しょうがく》を得た仏）といいます。

信仰の上では、法華経の如来寿量品に示される、この歴史上の釈尊を通じて、その背後にある宗教上の釈尊を仰《あお》ぐ思想が生まれて来たのです。

それは釈尊自身の言葉として「人々は釈尊を初めて正覚を得た仏と見ているが、これは人々を導くための方便《ほうべん》として人間の姿をとったのであって、実は仏の成道《じょうどう》は、始め無き遠い昔（久遠《くおん》）であった」と宣言されているのです。

これを、元から正覚を得ていた仏「本覚仏《ほんがくぶつ》」と呼びます。

この「始覚仏」と「本覚仏」は、月とその影とに譬《たと》えられています。本仏（本覚の仏）は月そのもの、迹仏（始覚の仏）は池や湖水に写る、水に浮かぶ月の影に譬えられるのです。

本門（本覚）の仏は、久遠の昔に正覚を生じた仏ですから「久遠実成《くおんじつじょう》の仏」とも「本仏」ともいいます。

迹門の始覚仏は、本仏がある所へ出現したということですから、本仏に対して迹仏であり、影ということになります。さらには本仏の実体とその足跡という関係にもなりますから、実体の本仏を発見する道理でもあります。迹仏の説法から本仏の実体を発見する筋道となるのです。

◆時間・空間と迹仏・本仏

本仏は時間や空間を超越した信仰の世界の釈尊で、迹仏は時間や空間の限定を受ける世俗の世界の釈尊なのです。

私たち人間は、世俗を離れて生きることはできません。ですから本仏の実在も、迹仏としての釈尊を媒介《ばいかい》としなければ知ることができないのです。

鳩摩羅什の弟子・僧肇《そうじょう》は、『註《ちゅう》維摩経』の序において、次のように述べています。「本に非《あらざ》れば、以《もっ》て迹を垂《た》ること無く、迹に非れば、以て本を顕《あらわ》すことなし、本迹、殊《こと》なりと雖《いえど》も、而《しか》も不思議

法華教学の大成者・天台大師智顗

は一なり」。

本仏が無ければもとより、迹仏が現れるはずがない。人間の世界に住む私たちから見れば、迹仏を媒介としなくては本仏の存在を知る手段もなく、この本と迹の関係は不思議という他はないのです。

私たちは、これに優劣をつけてはならないのです。

◆迹門と本門の課題

迹門は、哲学的立場から人と人との関係を説くことに焦点があてられています。これを解《と》き明かす鍵は「仏の慈悲」です。

一方、本門は、仏と人間との関係にポイントがあります。本門は、哲学的基礎の上に立っての宗教的立場であることを知らなくてはならないのです。これを解き明かす鍵もまた、「仏の慈悲」なのです。

第三章
法華経の略講（迹門）

1 序《じょ》品《ほん》第一

◆概略

「序」とは糸口という意味で、説法の端緒《たんしょ》です。

この章では、法華経が、何時《いつ》、何処《どこ》で、誰が、誰に向かって説かれたのかが明らかにされます。時は「ある時」となっていますが、何処かについては、「王舎城《おうしゃじょう》（現インドのラジギール）の霊《りょう》鷲山《じゅせん》」と書かれています。

誰に対してかというと、大比丘衆《だいびくしゅ》一万二千人、菩薩《ぼさつ》たち八万人、そして天《てん》・龍《りゅう》・夜叉《やしゃ》・乾闥《けんだつ》婆《ば》・阿修羅《あしゅら》・迦楼羅《かるら》・緊那羅《きんなら》・摩睺羅迦《まごらが》の「八部衆《はちぶしゅ》」とよばれる神々などに対して説かれたのです。

現実の問題として、何万人もの人が霊鷲山で説法を聞くことができたのか、という謎が残りますが、これは数えきれないほどの多くの人々を意味していると考えるべきでしょう。

比丘とは出家した弟子であって、釈尊の教団は、前講でも述べたように四衆《ししゅ》（比丘《びく》・比丘尼《びくに》・優《う》婆塞《ばそく》・優婆夷《うばい》）で構成されていました。

法華経が説かれた地、インド・霊鷲山

大比丘衆は勝《すぐ》れた仏弟子たちを意味し、皆、阿羅漢《あらかん》であったと記されています。阿羅漢とは、一切の煩悩《ぼんのう》を除き尽くした者という意味ですから、小乗《しょうじょう》の教えによって人生の無常を観じ、すべての欲を離れた者を指します。

経文によると「諸《もろもろ》の煩悩を除き、感覚や衝動に左右されない、自我の束縛《そくばく》を脱して心が清浄《しょうじょう》になった、環境に支配されない心の自由、平和を得た者たち」と説かれています。

その人々の名は、阿若憍陳如《あにゃきょうじんにょ》、摩訶迦葉《まかかしょう》、舎利弗《しゃりほつ》、大目《だいもっ》犍連《けんれん》、羅睺羅《らごら》、その他に女性では釈尊の叔母《おば》である摩訶波闍《まかはじゃ》波提《はだい》や妻の耶輪陀羅《やしゅだら》などの比丘尼の姿もあります。

次に菩薩たちです。菩薩とは「菩提薩埵《ぼだいさった》」を略した言葉であり、菩提とは智慧または覚《さと》りという意味で、薩埵は衆《しゅ》生《じょう》、人のことです。ですから「覚った人」の意味にもなり、また「覚るべき人」「覚りを目指す人」の意味にも通じて、「仏の智慧に到る道を励んでいる人々」と解釈すべきです。経文にはこれを「皆、無上正等覚《むじょうしょうとうがく》において退転《たいてん》せず」とあります。

そして、皆、「陀羅尼《だらに》を得ている」とあります。陀羅尼とは「総持《そうじ》」（すべてをもつ）と意訳され、真言《しんごん》や咒文《じゅもん》という意味もありますが、この場合はあらゆる善をもって失わず、悪を止めて起こらぬようにすることです。ここでは迷える人々と共に生活して、善を修め、悪を止め、仏と心が同一になるような修行をしている人々です。善とは、仏に成るという理想に向かって進むことで、悪とはその反対をいいます。

この人々は「楽説弁才《ぎょうせつべんざい》ありて、不退転の法輪《ほうりん》を転じ」とあります。喜びつつ、楽しみつつ、楽《ねが》って法を説くのです。そして善法を説く場合に起こる迫害と誘惑を覚悟するのです。車輪が絶えず回って進むように、多くの人々に行為と言葉によって感化を与えていく人々のことを菩薩というのです。

この人たちが、「無量百千の諸仏《しょぶつ》を供養《くよう》し」とあるのは、現在の仏のみならず、過去の仏たちも供養することです。しかし仏の値打ちがわかるまでには、相当な修行が必要なのです。

供養には、利《り》供養、敬《きょう》供養、行《ぎょう》供養の三つ（三供養）があります。

利供養とは、財物や、その他の物で、布施《ふせ》することです。敬供養は、敬意を捧げることです。行供養は、実行の上で仏の本意を生かすことで、最上のものとされています。これらの供養によ

釈尊説法像
（インド・サールナート博物館）

り「諸仏の所において、諸《もろもろ》の徳本《とくほん》を植え、常に諸仏に称歎《しょうたん》せられる」ことになります。

心が諸仏と一致するようになれば、自ら一切の徳の根本が具《そな》わるようになるのです。

この序品には「慈《じ》を以《もっ》て身を修め、善《よ》く仏慧《ぶって》に入り、大智《だいち》に通達《つうだつ》し、彼岸《ひがん》に到《いた》り……」と書かれています。

慈とは慈悲のことです。周囲の者に楽《らく》をあたえることで、相手の幸福を望む心です。つまり自分が生きていることによって、周囲の人々が幸福になるようにと行動することです。

慈悲の悲は同様に、周囲の人々の苦悩を除いてあげたいという心です。

このように慈悲は自分の周囲の人々を慈しみ、命の尊《とうと》さを愛《いと》おしみ、命を亡くすことを悲しみ、命の尊さを示すことでもあります。当然、慈悲は智慧に裏づけられた愛ですから、「仏慧に入り大智に通達」しなければ、本当の慈悲を行うことはできないのです。

次に「慈を以て身を修め」とあるのは、自分の生存によって少しでも、世の人々の幸福を増進できるように心がけることを意味します。自分の命と同様に他人の命も大切にできる態度が必要です。

この菩薩たちは、仏の本意を会得《えとく》していますから、その命が徳として四方に達し、多くの人々に感化を与えていくのです。このことは、「名称《みょうしょう》普《あまね》く無量の世界に聞こえて、よく無数百千の衆生《しゅじょう》を度《ど》す」とあります。

このような菩薩たちの他に、かつて仏に背《そむ》いた阿闍世王《あじゃせおう》も、悔悟《かいご》して本心《ほんしん》を取り戻し、法華経が説かれる霊鷲山の法会の席に着いていました。

◆生命《いのち》の類型《るいけい》（十界《じっかい》）

ここに列挙されている人々の名称を注意して見ると、人間のあらゆる類型が挙げられていることがわかります。尊敬すべきもの、好ましいもの、その反対であるものすべてです。

釈尊はこの人間の存在類型を「十界」に分類しました。

十界とは、地獄《じごく》・餓鬼《がき》・畜生《ちくしょう》・修羅《しゅら》・人間《にんげん》・天上《てんじょう》・声聞《しょうもん》・縁覚《えんがく》・菩薩《ぼさつ》・仏《ぶつ》の各界です。

地獄は人間の最低・最悪の状態で、仏はその反対の最善の状態を表しています。

さて、この法華経の会座では水に住む者や、空に住む者も聴聞しています。これは古代の人々の素朴で純粋な自然観を示すものでしょう。

自然界を動物、植物、鉱物などと分類し、動物界を、哺乳動物、昆虫、魚類などと分けたのは、近代になってからのことです。

古代の人々は、それらを自分と同じ感情をもった命として考え、海や波、空の雲、風にさえ命を感じたのです。現代の子どもたちが失いかけている大切なものです。

阿修羅《あしゅら》・迦楼羅《かるら》・緊那羅《きんなら》・摩睺羅迦《まごらが》などの名称も、実体はこのことであるといえるでしょう。

静かに目を閉じて、この霊鷲山の光景を想像してみて下さい。

釈尊を中心として、これらの人々が集まっている有様《ありさま》は、さながら一つの「大曼荼羅世界《だいまんだらせかい》」です。これは、徹底して生命の一体観を示すものだからです。

日蓮聖人が図顕《ずけん》された「十界大曼荼羅本尊《じっかいだいまんだらほんぞん》」は、この序品に列座している諸々の人間類型を示し、また自然界の生命あるものすべてを、上の仏界から下の地獄界の十界に分類したもの、つまり生命の分析であるといえるのです。

フランスの哲学者でありキリスト教の神学者でもあるアルバート・シュヴァイツァーは、

「人間が真に道徳的となるのは、人間の生命のみならず、あらゆる動物も、一切の生命が本質においてすべて一つであり、神聖であると考える時のみである」

と、すべての生命に対する尊厳《そんげん》の重要性を述べています。

この序品で展開される世界観は、実にこの生命の一体観です。しかもそれが、理論として抽《ちゅう》象《しょう》的にではなく、芸術的、具体的に述べられているのです。

これによって仏の教化《きょうけ》を受けるものが、いかに広い範囲であるかを知ることができるのです。

さて、次にこの序品では、「その時に世尊《せそん》（釈尊）、四衆《ししゅ》に囲繞《いにょう》せられ、供養、恭敬《くぎょう》、尊重《そんちょう》、讃歎《さんだん》せられしに」とあります。

四衆とは一般的には、比丘・比丘尼・優婆塞・優婆夷を指しますが、ここに登場する四衆は別の四衆です。

それは、発起《ほっき》・影向《ようごう》・当機《とうき》・結縁《けちえん》の四衆です。発起衆とは、大衆に代わって質問したりして、一会《いちえ》の説法を発起する菩薩たちをいい、ここでは文殊《もんじゅ》、弥勒《みろく》などの菩薩たちです。

次の影向衆は、仏の説法をかたわらから助ける人々で、観世音《かんぜおん》、薬王《やくおう》などの菩薩たちです。

当機衆とは、当面の対象となる人々で、舎利弗、目犍蓮、摩訶迦葉、阿難などの声聞衆です。この人たちの信仰のあり方、つまり小乗的な固定的なものの考え方を打破するのが、法華経迹《しゃく》門《もん》の第一の課題なのです。

結縁衆とは、法華《ほっけ》の会座《えざ》においても、仏の教えを素直に受け入れることのできない人々です。しかし、それがかえって縁となって（逆縁《ぎゃくえん》）、後に救われる人々でもあります。次章の方便品《ほうべんぽん》で退座《たいざ》した五千人の人々などを指します。

釈尊はこの四衆の人々に囲まれても、まだ一言も発していません。しかし、その場には種々の奇瑞《きずい》（奇跡のしるし）が現れるのです。

これを、「此土《しど》の六瑞《ろくずい》」「他土《たど》の六瑞《ろくずい》」といいます。此土とは、法華経が説かれた霊鷲山を中心とする、私たちが生きるこの世界です。他土とは、光明に照らされ、はるか向こうに見える、他の世界を表します。

◆此土《しど》の六瑞《ろくずい》

①説法瑞《せっぽうずい》……法華経・開経《かいきょう》の『無量義経《むりょうぎきょう》』に菩薩法を説いたとあるのがこれです。
②入定瑞《にゅうじょうずい》……定とは禅定《ぜんじょう》で、仏が結跏趺坐《けっかふざ》して、無量義処三昧《むりょうぎしょざんまい》に入り、身心動じたまわず、とあるのがこれです。
③雨華瑞《うけずい》……天から白蓮華《びゃくれんげ》の花が、仏と大衆の上に降りそそいだ、とあるのがこれです。
④地動瑞《じどうずい》……世界が普《あまね》く六種に震動したとあります。六種とは、三種の動き方と三種の音を意味します。つまり、上下動、水平動とこの二つが合わさった動き方の三種です。次に音ですが、地中の深い所から出る音、地表から出る音、その中間の音の三種です。これを合わせて六種震動といいますが、それは、会座にいた人々の感動を示すものと考えられています。
⑤心喜瑞《しんきずい》……その時、一座の人々は非常に有《あ》り難《がた》く思い、歓喜《かんぎ》し合掌《がっしょう》して、一心に仏を見《み》奉《たてまつ》ったとあるのがこれです。
⑥放光瑞《ほうこうずい》……仏の眉間《みけん》にある「白毫相《びゃくごうそう》」から光が放たれ、東方万八千《とうほうまんはっせん》の土《ど》を照らすこと、下は阿鼻《あび》地獄から、上は有頂天《うちょうてん》にまで及んだとあります。阿鼻地獄については後述しま

すが、要するに人間存在の最悪の状態で、有頂天とは、迷える凡夫《ぼんぶ》の最善の状態ということです。

以上が「此土の六瑞」です。この①から⑥までの六瑞は、同格に並立《へいりつ》するものではなく、①から⑤までは⑥の放光瑞の予備段階であり、⑥の放光瑞は仏の智慧を示すものです。

キリスト教が救いの宗教であるのに対して、仏教が悟り（覚り）の宗教であるというのは、仏教が智慧の教えであるということなのです。

仏教では、智慧を有漏《うろ》智《ち》と無漏《むろ》智《ち》とに分けます。有漏智とは、事象《じしょう》の差別《しゃべつ》（区別）を識《し》り分ける智慧ですから、一般的な知識はこれに属します。無漏智とは、煩悩に汚されていない、迷いのない智慧のことで、これを仏の根本智《こんぽんち》ともいいます。

法華経の智慧、無漏般若《むろはんにゃ》の智は、実相《じっそう》を照見《しょうけん》し、永遠が一刹那《いちせつな》に宿ることを徹見《てっけん》する霊智《れいち》であるといわれています。

この霊智を象徴するのが、白毫相の光明《こうみょう》です。

光明は闇を照らし、万物を顕《あらわ》すものでもあります。この光明が東方を照らしたとあるのです。

仏教では、東はものの始まりの象徴、西はものの落ち着き先の象徴、南はものの盛んな様子の象徴、北はものを蔵することの象徴と考えます。

ですからこの東方とは、単なる方角を表しているのではなく、尊い教えが説かれるまさにその始まりを表しているのです。

◆他土《たど》の六瑞《ろくずい》

他土の六瑞とは、次の六つを示しています。

①六趣《ろくしゅ》を見ること
②諸仏を見ること
③諸仏の説法を聞くこと
④四衆の得道《とくどう》を見ること
⑤菩薩の行《ぎょう》を見ること
⑥諸仏の涅槃《ねはん》を見ること

六趣とは人間存在のさまざまな境界《きょうがい》を六つに分類したものです。これは六道《ろくどう》ともいい、地獄・餓鬼・畜生・修羅・人間・天上の六つを指します。迷える衆生は、この六趣の境界から離れることができずに苦しんでいるのです。

・地獄……心が怒りで占拠された状態のことです。怒りは人に対してばかりではなく、自然に対してもぶつけられます。怒りの心があふれた時、人は世界、社会、家庭、友人など周囲から孤立し、周囲がすべて敵に見えてしまいます。しかしこれによって最も苦しむのは自分自身であって、この苦しさを地獄というのです。

・餓鬼……貪欲《とんよく》の極致《きょくち》を示します。貪《むさぼ》りとは、衣食を貪るなどは軽い方。人の親切や、奉仕《ほうし》、尊敬などを貪ると、欲がどんどん深くなって、これが得られないことにより苦しむのです。

・畜生……愚痴《ぐち》（おろかさ）の極致。目前の出来事に対して、なぜこのようになったかを考えてもみないで、ただ感情的・衝動的に生きている状態をいいます。

・修羅……諂《へつら》いで心が占《し》められた時に陥《おちい》る状態です。他人に対して「おべっか」をいうだけではなく、自分に対する諂いこそが最も恐ろしいとされます。自分の過失や不行き届きに対して反省もせず、理由をこじつける、このような人々が共に住んでいるから修羅の社会となり、闘争やエゴの世界となるのです。

・人間……地獄から天上までの心をもっていながら、反省してその心が極限まで到らずにいる状態です。

・天上……「天上は歓喜をもって本体とする」といいます。しかし、この歓喜は真の法悦《ほうえつ》ではなく、迷いの上での喜びであることから、地獄へ転落する可能性をもっているのです。まさに「一寸《いっすん》先は闇」の状況でもあります。この天上界の最上が「有頂天」です。これを六趣といいますが、この有様を仏の光明すなわち智慧によってありありと見せたのです。

②の「諸仏を見る（見諸仏瑞《けんしょぶつずい》）」と③の「諸仏の説法を聞く（聞仏説法瑞《もんぶつせっぽうずい》）」は、その字の示すごとく諸仏の姿が見え、その説法の声が聞こえることです。

④の「四衆の得道を見る（見四衆得道瑞《けんししゅとくどうずい》）」は、仏の法を比丘・比丘尼・優婆夷・優婆塞の四衆の人々が修行し、得道するのを見るということです。ここでいう修行とは、法華経を聞き、自分の生活体験と照らし合わせ、心を建《た》て直《なお》すことです。得道とは無上道《むじょうどう》に入ることですから、仏になるという目標に向かって進んでいく唯一の道です。

⑤の「菩薩の行を見る（見菩薩所行瑞《けんぼさつしょぎょうずい》）」は、経文には「種々の因縁《いんねん》、種々の信解《しんげ》、種々の相貌《そうみょう》あって、菩薩の道を行ずるを見る」とあります。この因縁や信解や相貌に種々のものがあることに注意しなければなりません。仏の教えは万人に共通のものですが、人々は出生も境遇《きょうぐう》も能力も器量も異なります。だからこそ人は誰でも世界唯一の貴《とうと》い存在なのです。従ってそこに種々の因縁によって種々の信解があり、種々の信解があるから種々の相貌があるわけです。

⑥の「諸仏の涅槃を見る（見諸仏涅槃瑞《けんしょぶつねはんずい》）」、これは、仏が入滅《にゅうめつ》する有様や、人々がこれを懇切《こんせつ》に供養する様子が見えるということです。

このように、此土と他土それぞれの六瑞は、法華経の説法が始まろうとする時機に際して、人々の期待と感動がどのようであったかを示したものであると考えられます。

釈尊に向かって、命あるものすべてが供養し、恭敬《くぎょう》し、尊重《そんちょう》し、讃歎《さんだん》したのですから、この生命の交響楽《こうきょうがく》は掛け算のようにその力を倍増していったということでしょう。

このようにして、盤石《ばんじゃく》な禅定に入った釈尊の前で、慈悲の菩薩である弥勒《みろく》と智慧の菩薩である文殊《もんじゅ》との問答が始まります。

文殊菩薩
（文殊師利菩薩とも）

弥勒菩薩は、今眼前に展開された不思議な光景は何のためであるかと不審に思い、他の多くの人々も同様に思ったので、釈尊に尋ねたく思いましたが、禅定に入っているので、智慧の菩薩である文殊に質問するのです。

文殊は過去の例をあげて、「今、世尊（釈尊）は法華経をお説きになるであろう」と答えるところで序品は終わります。

2 方便品《ほうべんぼん》 第二

◆概略

方便とは便宜《べんぎ》的な方法をいいますが、仏の智慧の不思議な働きという意味に解釈してよいでしょう。

字義《じぎ》の解釈には種々の説がありますが、結局のところ、場合に応じて正しい手段を用いるということに外ならないと思います。「方」は「正」の意であり、「便」は「手段」の意であるからです。

前項の序品《じょほん》で釈尊は、無量義処三昧《むりょうぎしょざんまい》という禅定《ぜんじょう》に入って一言も発しませんでしたが、今や機《き》が熟し、説法が開始されるのです。

「その時に世尊《せそん》（釈尊）、三昧《さんまい》より安詳《あんじょう》として起《た》ち、舎利弗《しゃりほつ》に告《つ》げたまわく」と、釈尊のほうから直接に、弟子の舎利弗尊者《そんじゃ》に向かって語りかけるのです。

多くの場合、釈尊の説法は誰かの質問に応じて始まるのですが、この場合は誰の質問をも待たずに、釈尊は語り始めたのです。これは無問自説《むもんじせつ》という形式で、「随自意《ずいじい》」ともいい、釈尊が自ら語らなければならぬ重要な法門であることを示しています。

舎利弗は釈尊の十大弟子（十人のすぐれた声聞《しょうもん》）の中でも、智慧第一といわれた人です。その人に向かって釈尊は開口《かいこう》一番、「仏というものの智慧は、汝等《なんだち》（なんじら、あなたたち）の知ることのできぬものである」と断言していることに注意すべきです。

経文では、「諸仏の智慧は、甚深無量《じんじんむりょう》なり、其《そ》の智慧の門は、難解難入《なんげなんにゅう》なり、一切の声聞、辟支仏《ひゃくしぶつ》（縁覚《えんがく》）の知ること能《あた》はざる所なり」とあります。

仏の大慈大悲《だいじだいひ》は無限であり、いかなる愚者も悪人も、この慈悲で救われるのです。また大慈大悲は、大いなる智慧の発現でもあります。しかるに、弟子たちの中でも長い間修行して人から尊敬され、智慧第一とまでいわれた舎利弗に対して、「汝等の知ることのできぬところである」と断言してしまったのですから、舎利弗をはじめ、法会に参加したすべての声聞・縁覚が、驚いてしまったのです。

「私たちは、早くから仏の教えに従って、それを身に行《ぎょう》じ、心に証《しょう》した聖者である」と思っていたのに、どうしてなのだろうと思ったに違いありません。それを釈尊は「仏の智慧は、汝等《なんだち》を離れること遠し」とされるのです。

声聞と辟支仏（縁覚）の二つを合わせて二乗《にじょう》といいます。そしてこの心の特徴を二乗根性といいます。

声聞とは、仏の教えを耳に聞いて世の中の無常《むじょう》を観ずる者で、縁覚とは、さまざまな出来事を縁として無常を観じ、悟りを求める者をいいます。

この二乗に共通していることは、仏を尊敬するあまり、仏と自分たちとの間に超《こ》えがたい一線を引いてしまい、同時に自分たちは貴《とうと》い仏の教えを受けているので世の俗人《ぞくじん》とは違うと、ここでも一線を引いてしまうのです。

さらに、他人はどうあれ自分たちだけは、この俗悪《ぞくあく》な世間を離れて理想境の浄土《じょうど》へ往《い》きたいと考えています。

これは、迷いと悟り・煩悩《ぼんのう》と菩提《ぼだい》・生死《しょうじ》と涅槃《ねはん》というように、相対《あいたい》する二つの別のもの、二項対立という考え方からくるものです。

また、仏と自分・自分と世俗《せぞく》の人々との間に超えがたい一線を引いてしまうことは、人間というものを一つの立場から固定的に捉えて、その考え方に縛られてしまっていることなのです。

法華経では、人間は悪に向かっても、善に向かっても、無限の可能性をもっていると説きます。一つの立場で固定的に考えること自体が誤りなのです。

また、迷いと悟り・煩悩と菩提という対立した概念は、概念としては二つの別ものですが、具体的な事象としては、一つのものの両面なのです。ですから、煩悩即菩提《ぼんのうそくぼだい》・生死即涅槃《しょうじそくねはん》という考え方が真実を見るためには必要であるといえるのです。

「即《そく》」とは、不離《ふり》の義《ぎ》ということです。しかし、この二乗と呼ばれる人たちの信仰のあり方が、単に邪道というわけではありません。それは、道も踏まえず、教えも知らず、本能や衝動に駆られてあさましい生活をしているよりは、はるかに勝《すぐ》れています。

普段の生活が本能や衝動に駆られたものであることを自覚させるために、煩悩と菩提とを対比して示したのであって、これは仏の方便であるといえます。

これはちょうど二階の座敷《ざしき》に行くためには階段を上《のぼ》らなければならないのと同じです。階段の中途で、ここが二階であると思いこんでしまっている者にそれは間違いであると説くのです。二階まで到り終わって振り返ってみると、階段の一段一段が必要であったことに気づくのです。

このように方便を方便として、正しく認識することが真実であって、これを「方便の門を開く」と表現しています。

二乗根性と呼ばれる人々は、二階に上る階段の途中で、ここが二階であると思いこんでいるようなもので、仏の方便と真実とを混同している状態なのです。

これでは、方便は虚妄《こもう》であって、すぐれた手段ではなくなってしまいます。法華経迹門の第一の課題は、二乗の根性を破ることです。そこで、二乗根性と呼ばれる固定的な信仰のあり方を破ることが、方便品において、まず取りあげられるのです。

◆甚深無量《じんじんむりょう》の仏智《ぶっち》

甚深無量の仏智とは、諸法の実相を究《きわ》め尽《つ》くしている智慧です。真実をありのままに見ることのできる視点です。これをカテゴリー的に説明してみると、万物《ばんぶつ》の差別相《しゃべつそう》を知るのが道種智《どうしゅち》、平等性を知るのが一切智《いっさいち》、この二辺《にへん》の一つに執著《しゅうちゃく》せず、両方を同時に生かす、中道実相《ちゅうどうじっそう》の理を知るのが、一切種智《いっさいしゅち》です（左図参照）。

仏の智慧とはこの一切種智ですが、難解難入《なんげなんにゅう》とされる智慧の門は、この智慧から出てくる巧《たく》みなる方便の教えを意味しています。

三智
- 道種智……万物の差別相を知る智
- 一切智……平等性を知る智
- 一切種智…右の両方を同時に生かす智

この三智《さんち》（道種智・一切智・一切種智）を一つの法とされたのが仏であり、仏はこの一つの法そのものですから、一々適切な教えを説かれるのであり、これは二乗根性というような固定的な考え方しかできない者には、測《はか》り知ることができないというのです。

そして、この智慧を体得《たいとく》するに到る道筋を詳しく説かれるのです。さらに進んで、この智慧を体得した仏が、いかに巧みな方便を用いて衆生《しゅじょう》を引導《いんどう》したか、この智慧と智慧の門とが、いかに無量《むりょう》無辺《むへん》で、そのうえ未曾有《みぞう》であるかを説いていくのです。このときの舎利弗をはじめ会座《えざ》の人々の驚きと感激は測り知ることができません。

この感激が最高潮に達した時、しかし一同は急に九天《くてん》の上から大地の底に投げ下ろされたような気持ちになります。なぜなら釈尊が、「止《や》みなん、舎利弗、復《また》説くべからず」といって、突き放すからです。

しかし、釈尊が弟子たちをこうして突き放したのは、今までよりももっとしっかりと努力させるためであり、「仏と仏とのみは」と仏の心をいだいた者は誰でも諸法実相を究め尽くすことができると、十如是《じゅうにょぜ》をもってその説明をするのです。

◆諸法実相《しょほうじっそう》の正義

ここでいう仏の心とは迷いと悟り、煩悩と菩提などのように対立する二つの別物ではなくて、一つのものの両面であると述べています。つまり、仏は人間生活の中に諸法実相を見て取るのです。

「唯《ただ》仏と仏とのみ諸法実相を究尽《ぐうじん》したまえり。所謂《いわゆる》諸法の如是相《にょぜそう》、如是性《にょぜしょう》、如是体《にょぜたい》、如是《にょぜ》力《りき》、如是作《にょぜさ》、如是因《にょぜいん》、如是縁《にょぜえん》、如是果《にょぜか》、如是報《にょぜほう》、如是本末究竟等《にょぜほんまつくきょうとう》なり」

とあります。

これは、諸法の真実の相（すがた）という意味であると同時に、諸法がそのままで実相であり、実相が諸法であるという思想です。人間をふくめた宇宙、森羅万象《しんらばんしょう》の究極の姿です。

この万象は、一見、千差万別《せんさばんべつ》です。しかし、内にある元素についてみると、そこには共通性があるのです。

これが法であり、無限なる差別の世界は、単なる混沌《こんとん》ではなく、難しい言い方をすれば一法《いっぽう》の活現《かつげん》であるということになります。

顕微鏡《けんびきょう》でなければ見えないものを小さなものと考え、望遠鏡で見えるものを大きなものと判断すると、この両方の間には質的な相違があるように思うのが一般の考え方ですが、諸法実相の見方によると、そこにあるのは量の相違だけなのです。

量の相違だけであるということは、差別が全くないということではなく、差別は厳然《げんぜん》として存在しているのです。これを現象即実在《げんしょうそくじつざい》といいます。

この見方を体得して、私は即《すなわ》ち法であると達観《たっかん》するところを仏の境地といいます。これを具体的に説明して「諸法の相《そう》・性《しょう》・体《たい》・力《りき》・作《さ》・因《いん》・縁《えん》・果《か》・報《ほう》は本末《ほんまつ》、究竟《くきょう》して等《ひと》しい」といっているのです。

この各々《おのおの》に「如是《にょぜ》」の二字がついていますが、如とは真如《しんにょ》で、真如とは常に真実であるという意味です。法の本体は不変常住《ふへんじょうじゅう》であるとされていますから、如は不変の意味です。

全て存在するものには体があり、体があることが存在で、これを如是体といいます。

また体は、内に力を含め蓄積《ちくせき》しているので外に向かって、種々の作用を現します。

このように世界には数多くの体が、同時に存在していますから互いに影響しあって、種々の現象を引き起こすのです。

この現象を引き起こすものとなるのが因で、この因は縁という条件によって助けられたり、妨げられたりして果を生み出すことになります。果は必ず、美——醜、苦——楽などの報を引き起こすことになります。

これらのことは、終始、本末、ことごとく如是であって、真実を離れないから、如是本末究竟して等しいというのです。

これはものの一つひとつと、それの集まりである世界とを、九つの方面から考察して、万物に

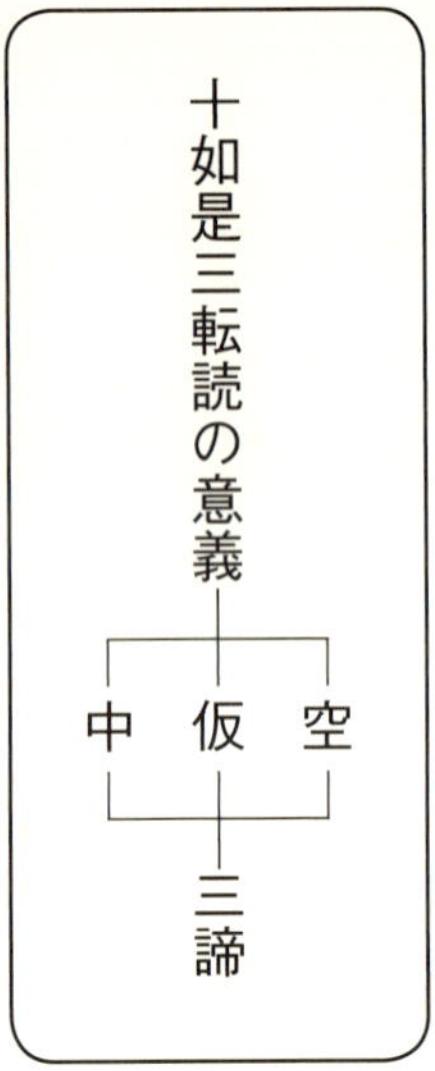

見える現象界は、人でも物でも、すべて真如の法を離れたものではない、ということを示しています。これを法華経の十如是といいます。

中国の天台大師《てんだいだいし》智顗《ちぎ》（五三八～五九八）が、これにより「一念三千《いちねんさんぜん》」の観法《かんぼう》を立てたことは有名です。大師は、この十如是の文《もん》を三種に読み分けて（三転読《さんてんどく》）、「所謂諸法如、是相如、是性如、是体如……」と読むのが「空諦《くうたい》」を示し、「所謂諸法、如是相、如是性、如是体……」とそのまま読むのが「仮諦《けたい》」を示し、「所謂諸法如是、相如是、性如是、体如是……」と読むのがこの仮と空とを止揚した「中諦《ちゅうたい》」を示す、としました（右図参照）。

この三諦を人生に応用したのが、一念三千観なのです。

・是相如……諸法の平等性を示す空諦
・如是相……差別相を示す仮諦
・相如是……諸法は差別的、個体的なものであると同時に平等性をもつ全体的なものとして見る中道観《ちゅうどうかん》

このように諸法（現象界）は、一面から見れば差別の相、他面から見れば平等の相を示してい

るのですが、どちらかに執着することは誤りであって、諸法は差別的個別的なものであると同時に、平等性をもった全体的なものであるのです。

この見方を中道、中道実相観といいます。

これは、個体を離れて全体はなく、全体を離れて個体はないという意味で、存在するものは、すべて関係的なものであるというので、これが諸法の真実の相であるというのです。

これを人生に応用したのが、一念三千の観法であって、人間は善に向かっても、悪に向かっても無限の可能性をもっているのです。

悪に向かえば極悪非道にもなれるし、善に向かえばやはり最高にまで達し得るのが人間です。

地獄とは、人間存在の最悪の状態、仏とは人間存在の最善の状態をいうのです。

人間生活の現実は、あさましいものでありますが、この人間を離れては仏も有り得ないというのが、ここに示されている法華経の人間観です。

釈尊は、これを誰かの質問に答えて説いたのではなく、無問自説という形で、釈尊ご自身が進んで示したのです。

これを聞いた人々は、自分たちはついに仏の教えによって煩悩を断じて悟りを得たと思っていたのに、仏の智慧とその働きについては何もわかっていないと、今さら言葉を改めていわれた理由がなぜかわからなくて、いぶかしく思ったことでしょう。

舎利弗は、人々のこのような考えを知ると同時に、自分もまた不審に思い、これについて更に説明を求めるのです。

◆三止《さんし》三請《さんしょう》と五千《ごせん》起去《きこ》

説明を求める舎利弗に対して、「三止三請の儀」（弟子が三度教えを請《こ》い、師が三度それを断り、そのうえで教えを説く――弟子が本気であるかを試すための古代以来の仏教の儀式）を経《へ》て、いよいよ釈尊は、仏教にとっての一大事《いちだいじ》（ただ一つしかない重要な問題）を説くことになります。すると、ここで奇妙な出来事が起こるのです。それは、今までそこにいた比丘・比丘尼・優婆夷・優婆塞の弟子たちの中で、「座より起《た》ち、仏を礼《らい》して退《しりぞ》く」とあるように、教えを聞かずに退座してしまう人々がいたのです。そのような人々が、五千人もいたと書かれています。

舎利弗

これらの人々は、仏教の真義について何もわかっていないのに、今までの悟りで充分であると思い、増上慢《ぞうじょうまん》（慢心）に陥《おちい》り、「これ以上、仏の教えを聞く必要はない」と退座したのです。

これを「五千起去《きこ》」といいます。

これに対して釈尊は「黙然《もくねん》として制止せず」と、止めることもせず、「退くもよし」というのです。仏の慈悲にも限界があるかのように思えますが、じつは違います。

方便品では理論的説明に続いて、譬喩《ひゆ》による説法、実例による説法が説かれます。それにつれて「二乗根性」の人々にも、次第に仏の本意がわかって会得《えとく》していくのです。

釈尊は、これらの人々に対して次々に悟りの証明（授記《じゅき》、記別《きべつ》）を授けますが、五百弟子受記《ごひゃくでしじゅき》品《ほん》では、「迦葉《かしょう》、汝《なんじ》、已《すで》に五百の自在者《じざいしゃ》を知りぬ。余《よ》の諸《もろもろ》の声聞衆《しょうもんしゅう》も、また当《まさ》に復《ま》た是《かく》の如《ごと》くなるべし。其《そ》の此《こ》の会《え》に在《あ》らざるは、汝、当《まさ》に為《ため》に宣説《せんぜつ》すべし」といっています。

「此の会に在らざる」とは、五千起去の人々をいうのです。

これによっても、方便品の席で退き去った人々のことは、片時《かたとき》も釈尊の念頭《ねんとう》からは去っていなかったことがわかると同時に、五千起去を釈尊が制止しなかったことが、慈悲の行為であったことを知ることができます。

さて、このような過程を経ていよいよ釈尊は、仏というものがこの世に出現するわけを説くのです。

◆釈尊出世の一大事因縁《いちだいじいんねん》

「諸仏世尊は、衆生《しゅじょう》をして仏知見《ぶっちけん》を開かしめ、清浄《しょうじょう》なることを得《え》せしめんと欲するが故《ゆえ》に、世に出現したもう。衆生に、仏知見を示さんと欲するが故に、世に出現したもう。衆生をして、仏知見を悟らしめんと欲するが故に、世に出現したもう。衆生をして、仏知見の道に入らしめんと欲するが故に、世に出現したもう。舎利弗、是《これ》を諸仏は、唯《ただ》一大事の因縁を以ての故に、世に出現したもうと為《な》ずく」

諸仏世尊、すなわち仏というものが、この世に出現する理由は唯《ただ》一つ、一大事の因縁によるというのです。

一大事とは、文字通り、一つの大事です。

人生にあっては、大事は一つしかないはずです。

私たちがあさはかにも、大事と思い込んでいることの大部分は、実はあまり大事ではないのです。

財を増やす人、称賛されたいと思っている人、贅沢《ぜいたく》な生活を望んでいる人、選挙に出て名誉を望む人。多かれ少なかれ私たちはこれらが人生の大事だと思っています。ところが法華経では、何《いず》れも枝葉末節《しようまっせつ》であるといいます。

それでは、人生の一大事とはどんなことをいうのでしょう。

それは、人は何のために生きているのかを、本当にわきまえ知ることだというのです。

これを仏の視点から示しますと、衆生に仏知見を開かせ、示し、悟らせ、その道に入らしめる（開《かい》・示《じ》・悟《ご》・入《にゅう》）ために生まれてきた、ということになります。

これを「開示悟入の四《し》仏知見」といい、これが仏の世に出現した唯一の目的であるというのです。従って、極楽浄土《ごくらくじょうど》の楽しさや、地獄界や餓鬼界の苦しさや、娑婆《しゃば》世界の様子を説いたりしたことは、この一大事のための方便ということになります。

仏知見とは、諸法の実相を徹見する「ものの見方」で、中道実相の理を体得した人の「ものの見方」なのです。

仏知見をもって世界や人生を見ると、世には一つとして変わらぬものはない。すべてが変わるという事実だけが変わらないのです（諸行無常《しょぎょうむじょう》）。

諸行無常とは、世間のはかなさや、人生の悲しさのみを見ているわけでもなく、死滅《しめつ》や老衰《ろうすい》だけを見ているのでもありません。

世間の楽しさや、人生のうれしさもまた、諸行無常の一面なのであり、死滅や老衰と共に成長や発展も諸行無常なのです。

次に、仏知見をもって世界や人生を見ると、世には何一つとして、単独で存在しているものはないということです。

すべてのものは、必ず他のものとの依存関係において存在しているという共存関係にあります。これには偶然によるものと必然のものがあり、必然の共存関係には有機的《ゆうき》必然があります。

有機的必然とは、全体と部分、部分と全体とが切っても切れない関係をもち、全体が一つの生命で貫かれているものという見方です（諸法無我《しょほうむが》）。

この諸法無我と諸行無常が、諸法の実相であり、これを徹見して中道実相の理を見るのが仏知見なのです。

凡夫は、諸行無常の中に常住《じょうじゅう》（永遠）を求め、諸法無我であるのに我を主張することから人生が苦となるのです。

このような凡夫（衆生）に、仏知見を開かせるというのは、凡夫にも本来「仏性《ぶっしょう》」があるからで、仏知見をもっているものであることを気づかせることなのです。

そして、「清浄なることを得せしめる」とは、小さな我、私利私欲《しりしよく》にとらわれた、自分本位のものの見方を捨てさせることです。

仏知見を示すとは、仏知見がいかに優れ、大切であるかを明示することです。今までの凡夫の生活を反省すると、小さな我見《がけん》に捉われていたことによって、貪《むさぼ》り、怒り、憎しみ、妬《ねた》み、というような、あさましい生活をしていたことがわかります。

仏知見を悟らしめるとは、これらの「ものの見方」を体験させることです。つまり実体験として受容させることをいいます。

仏知見の道に入らしめるとは、仏知見を自分のものとすることであり、いいかえれば自分をすべて仏知見の中に投げ入れて、生まれ変わることです。父母の子として生まれた人が、仏の教えによって生まれ変わり、仏によって生まれた子となるのです。

このように「唯一大事の因縁を以ての故に世に出現したもう」とは仏知見を開き、示し、悟らせ、その道に入らしめることが、諸仏世尊がこの世に出現された唯一つの目的なのです。

以上が、仏というものの一般的説明ですが、ここで釈尊は改めて舎利弗によびかけ、

「我も今、亦《また》復、是《かく》の如し、諸《もろもろ》の衆生に種々の欲、深心《じんしん》に著《じゃく》する所あることを知りて、その本性《ほんしょう》に随《したが》って、種々の因縁《いんねん》と譬喩《ひゆ》と言辞《ごんじ》と方便力《ほうべんりき》とをもっての故《ゆえ》に、しかも、ために法を説くなり。舎利弗よ、かくの如きは、皆、一仏乗《いちぶつじょう》の一切種智《いっさいしゅち》を得せしめんがための故なり。

舎利弗よ、十方《じっぽう》世界の中には、なお二乗すらなし、何《いか》に況《いわん》や、三あらんや。舎利弗よ、諸仏は、五濁《ごじょく》の悪世《あくせ》に出《い》でたもう。謂《い》う所は、劫濁《こうじょく》と煩悩濁《ぼんのうじょく》と衆生濁《しゅじょうじょく》と見濁《けんじょく》と命濁《みょうじょく》との、かくの如きなり。舎利弗よ、劫《こう》の濁乱《じょくらん》の時には、衆生は垢《あか》重く、堅貪《けんどん》・嫉妬《しっと》にして、諸《もろもろ》の不善根《ふぜんごん》を成就《じょうじゅ》するが故に、諸仏は方便力をもって、一仏乗において分別《ふんべつ》して三と説きたもう」

釈尊が改めて「我も今、亦複《また》、是《かく》の如し」と宣言せられたのは、この経は釈尊という一人の仏の教えではなく、およそ仏というものに一貫して変わらぬ経であるという意味が込められています。これを「諸仏同道《どうどう》の思想」といいます。

そこで迷いと悟りを対立させて説いたり、この世界は穢土《えど》（けがれのある世界）で浄土は他の遠い所にあると説いたり、人間はあさましい煩悩の固まりであると説いたりすることで、その原因が衆生に「種々の欲、深心《じんしん》に著《じゃく》する（執着する）所」があるからであるということを示すのです。

現代社会における人々の苦しみは、このエゴ（利己心《りこしん》）が原因であることはいうまでもありません。イギリスの経済学者であり、神学者・哲学者でもあるアダム・スミスは、「人間生活の根本動機は利己心である」といっていますが、法華経ではこれを分析して五欲《ごよく》と呼んでいます。

五欲とは、色《しき》・声《しょう》・香《こう》・味《み》・触《そく》という対象に対して、眼《げん》・耳《に》・鼻《び》・舌《ぜつ》・身（皮膚）の五感に快適な感覚を求める欲ですが、他に貪欲・性欲・財欲・名誉欲なども含みます。

経文中「種々の欲」とはこの五欲（煩悩）のことで、これを断《だん》じ尽《つ》くしても、まだそこには「習気《じっけ》」が残ると教えています。習気とは、実体が除去されても、その後の残香《のこりが》のようなもので、これが「深心の著する所（ふかく心に著するところ）」です。仏は、衆生の生きる動機はこのようなものであることを知っています。

法華経はこの普通の見方を超え、さらに深く進んで、このような根深い迷いの奥に、人間の本性＝「仏性」があると説いているのです。

悪に向かえば、地獄の底まで落ちていく人間、しかし善に向かえば仏の境地まで進むことができるのも、また人間であると教えるのです。

この本性に随《したが》って仏は、実例や譬喩話《たとえばなし》や、さまざまな手段で法を説くのです。

「舎利弗よ、これらのこと、ども何《いず》れも最後には、〝一仏乗〟（唯一絶対の仏の教え）という仏の智慧を得させるためである」といわれるように、仏の本意は衆生をことごとく仏にすることにあるのです。

十方世界の中には、声聞乗や縁覚乗というような独立した教えがあるわけでなく、ましてこれらのものと対等に並ぶ菩薩乗というような教えがあるわけでもないと説くのです。

「十方世界の中には、尚《なお》、二乗無し、何《いか》に況《いわん》や、三乗あらんや」の文句がこのことを表しています。

しかし、現実には声聞のための教え、縁覚のための教え、菩薩のための教えがあるのはどういうことなのか、という疑問が生まれます。

これに対して仏は、「五濁《ごじょく》の悪世《あくせ》に出《い》でたもう」と、衆生があまりにも教えから遠く去っているからであると説きます。五濁とは、劫濁《こうじょく》・煩悩濁《ぼんのうじょく》・衆生濁《しゅじょうじょく》・見濁《けんじょく》・命濁《みょうじょく》です。

①劫濁……「劫」とは長い時ということで、時代悪のことです。また、飢餓《きが》・疾病《しっぺい》・争乱《そうらん》なども含みます。

②煩悩濁…衆生が煩悩のために悩乱《のうらん》して邪行《よこしまなおこない》が流行する状態です。

③衆生濁…生きているものの天性（生まれもっての気質）が異なるところから、種々の争いが起こり、悪逆が盛んになって、善を修める心が失われることです。

④見濁……自分本位のものの見方、邪見《じゃけん》が盛んになり、正見《しょうけん》がすたれていく様子をいいます。

⑤命濁……人の寿命が短くなって、人々に毅然《きぜん》とした態度が無くなり、こせこせして生きるため、闘争が絶《た》えない状況をいいます。

このように、五濁の世となりますと衆生の迷いは重く、憎しみ、貪り、嫉妬、などの醜い心が強くなり、諸々の不善根というように成仏への道とは反対の方へ進むことになり、悪の原因が育ってしまうのです。

このような衆生に対して、直《ただ》ちに仏の第一義（一仏乗）を説いても受け入れられないので、方便力をもって分別して、声聞・縁覚・菩薩の三乗を説いたのです。

ここで釈尊は一段と声を高くして、舎利弗によびかけられ、「我が教えを受ける者で、自ら（小乗の）阿羅漢《あらかん》や縁覚であると思っている者が、仏の教化《きょうけ》の本意が一仏乗（真の大乗の教え）だけであると理解できれば、阿羅漢でも縁覚でもないのである」と告げます。

この人たちが「私は阿羅漢となった、これが仏教の最後の境地、涅槃《ねはん》である」と思ってしまい、最上《さいじょう》の仏の智慧を求めないようならば、未《いま》だ本当のものを得ていないのに得たと思っている増上慢の人たちであると理解しなければなりません。なぜならば、本当に阿羅漢果を得た者ならば、大乗の教え＝一仏乗を信じないという道理はないのです。

◆大乗の教え

大乗の教えとは、迷悟不二《めいごふに》、煩悩即菩提《ぼんのうそくぼだい》、娑婆即寂光《しゃばそくじゃっこう》を説く教えです。

これまで、煩悩は汚れたもので、菩提は清浄《しょうじょう》なもの、また娑婆世界は人間の世界で穢土《えど》であり、極楽世界は仏の世界で浄土であると二元対立的に説かれてきたのは、教えも道も知らない衆生に、己《おの》れのあさましさを自覚させるための方便であったのです。

真実の仏の知見からすれば、一見穢土に見える人間の世界の他には、浄土は有り得ないのです。このことをはっきり示しているのが、この品《ほん》で「此《こ》の法」といわれる大乗の教法（一仏乗）であり、これを会得することができれば、自分でいくら阿羅漢や縁覚であると思っても本当はそうではないということなのです。

ここで注意するべきは、方便であるということを本当に知れば、直《ただ》ちに真実に通ずるということで、方便を方便として知ることができなければ、それは方便でさえないことになります。

「方便の門を開く」というのは、方便の門を開いて見ると、例えば野原のなかで土を積んで仏《ぶっ》廟《びょう》（仏のお墓）を造っても、子どもが砂で仏像を描いても、そのよい縁を充分生かして「漸々《ぜんぜん》に功徳《くどく》を積み、大慈悲心を具足《ぐそく》すれば」仏になることができる、方便の門を開いて見ると、どのようなところからでも仏道に入ることができるというのです。

このように方便は真実に直結しているのですが、人間の世界は時間と空間とに制約された相対的な世界ですから、真実は方便を媒介《ばいかい》にしなければ、実現できないという側面もあります。

方便品の終わりには、次のような結文があります。

「舎利弗よ、当《まさ》に、諸仏が法としてかくの如く万億《まんのく》の方便をもって、宜《よろ》しきに随《したが》って法を説きたもうと、知るべし。その習学《しゅうがく》せざる者は、これを暁了《ぎょうりょう》すること能《あた》わざるも汝等《なんだち》は已《すで》に、諸《もろもろ》の仏・世の師の宜しきに随う方便の事を知れり。また、諸の疑惑なく心に人歓喜を生ぜば、自ら当に仏と作《な》るべしと知れ」

その習学しない者は、「これを暁了すること能わじ」ですから、法を完全に悟るには、習学しなければならないというのです。

習学とは、くり返し学び、修行することで、第一に仏の教えを正しく会得し、第二にそれを自分の日常生活の出来事と照らし合わせて考え、第三にこのことを絶《た》えずくり返していくということです。

そうすることで、方便を方便として認めることができますから、直《じか》に、仏の真実に通ずるのです。

日蓮聖人が説かれた、

「行学《ぎょうがく》の二道を励み候《そうろう》べし、行学たえなば仏法はあるべからず」

との教えを理解すべきです。

日蓮聖人
（狩野元信筆・本満寺格護）

3 譬《ひ》喩《ゆ》品《ほん》 第三

◆概略

この品《ほん》を譬喩と呼ぶのは、この品には三つの車と焼けている家＝「三車火宅《さんしゃかたく》の譬え」という有名な物語が説かれるからです。

法華経には七つの譬喩が説かれますが、そのうちの一つです。前の方便品《ほうべんぼん》において、釈尊は仏の智慧は舎利弗《しゃりほつ》などの知り得るところではないと告げつつ、その内容を説明し、最後になって、「心に大歓喜《だいかんぎ》を生じて、自ら当《まさ》に作仏《さぶつ》すべしと知れ」と告げられましたので、舎利弗は非常に喜んだのです。

そこでこの譬喩品は、その時の舎利弗の喜んだ様子を述べることから始まります。

「私は昔から、仏に従って説法を聞いていました。そして諸々《もろもろ》の菩薩《ぼさつ》たちが、成仏の記別《きべつ》（成仏の保証）を受けるのを見ましたが、自分にはそれがありませんので、仏の悟りというものは、自分のような者とは無関係のことだと思って、非常に心を傷《いた》めていました。そして独りで山林に入り、樹の下の静寂なところに身を置いて、あるいは静座し、あるいは歩行しながら、自分もあの菩薩方《がた》と同様に仏法をいただいているつもりなのに、仏はどうして私に対しては小乗の法をもって済度《さいど》せられるのであろうかと、なんだか僻《ひが》んだような気持ちでいました。ところが、今、世尊（釈尊）は仏が衆生《しゅじょう》を導くために、時や所や場合や相手によって、いろいろ説かれた方便を方便として理解することができなくて、初めて仏の教法を聞いて深く考えることもなく、いきなりそれに飛びついて、そこで〝悟り〟を開いたと思っていました。ところがそれは誤りであったことが、方便品において会得《えとく》できました。今日になって自分は初めて知りました。私は仏の教えによって生まれ変わった人間です」

そして最後に「真に是《こ》れ仏子《ぶっし》なり、仏の口より生じ、法より化生《けしょう》して、仏法の分《ぶん》を得たり、と知れり」と申し上げたのです。

仏の口より生じ、法より化生するとは、仏の口から出てくる妙音《みょうおん》の説法によって、今までの人生観と世界観が全く変わってしまったというのです。

仏法の分を得たりとは、自分の個性に応じて、仏の教えをいただくことができたということです。

釈尊はこれに対して満足して「汝《なんじ》、未来世《みらいせ》において、無量無辺《むりょうむへん》の不可思議の時を過ぎて、若《じゃっ》干《かん》の千万億《せんまんのく》の仏を供養《くよう》し、正法《しょうぼう》を持《たも》ち奉《たてまつ》り菩薩の行ずるべき道を具足《ぐそく》して、常に仏と作《な》ることを得《う》べし」と述べ、号《ごう》（仏としての名前）を華光如来《けこうにょらい》、国名を離垢《りく》、出現の時を大宝荘厳《だいほうしょうごん》と名づけるであろうと告げられたのです。

これを釈尊から見たら「授記《じゅき》」、舎利弗から見たら「受記」といいます。釈尊から「将来は必ず仏に成ることができる」という記別、保証が与えられることで、仏としての名、国の名そして時代の称号が述べられるのです。

そしてそれは、必ずある条件がついています。

それは、今のその心を持ち続けて、さらにいくつかの功徳《くどく》を積まなければならないということです。

ですからこの受記は、事《こと》の終わりではなく、卒業証書でもなく、事の始まり、入学許可書というべきものです。

この舎利弗の授記を見た会座《えざ》の大衆は大いに喜びました。

舎利弗は、喜びのあまり釈尊に向かって、次のように懇願《こんがん》しました。

「世尊、よく分かりました。そして親しく、成仏の保証を受けることができました。しかし、ここには多くの修行者がいます。この人々のために、仏がいわれるには『我が法は、世間の変化を離れて、悟りを得させるためものだ』とのことでした。ですからこれらの人々は、煩《ぼん》悩《のう》を断《だん》じ尽《つ》くしてこれが悟りだと思っていました。ところが世尊は、それは本当の悟りではないといわれ、『人生の無常《むじょう》を悟っただけでは駄目だ、人生に対して慈悲の心をもつようにならなければならない』と仰《おお》せられました。それは以前に聞いたところと違いがあり、皆、疑惑を抱いて茫然《ぼうぜん》としています。どうぞ世尊、この人々のためにそのわけを説いて、疑いや後悔の心を取り除いて下さい」

これに対して釈尊は、「それは前にも諸仏世尊が、実例や譬喩や理論で、方便して法を説いている。それは、深い教えでも浅い教えでも、結局は一切の人々を仏と等しい境地まで導くためであると。仏の説法は結局は、大衆と苦楽を共にする菩薩（修行者）のためのものであって、世捨て人を作るためのものではない。ここで一つの喩《たと》えを話し、これによってわきまえのある人は、理解することができるであろう」と解き明かされるのが「三車火宅《さんしゃかたく》」の物語なのです。

◆三車火宅《さんしゃかたく》の譬え

あるところに、一人の大富豪（大福長者《だいふくちょうじゃ》）がいました。

たいそう老年に達していましたが、家は非常に富んでいて、持家《もちいえ》も多く田畑も召使いも子どもも多くありました。

その家は広大な敷地にありましたが、なぜか入口は一つで、家の中には多くの人が生活しています。ところが、その家は古い家であり、その家が火事になり、瞬《また》く間《ま》に燃えあがってしまいました。

その長者の子どもたちは、まだこの家の中にいます。

長者はこの様子を見て、「私は、この燃えている家の門から外に出ることができたが、大切な愛しい子どもたちは、家の中で遊びに夢中になっている。いくら火事だと教えても、分かろうとはしない（覚《さと》らず、知らず、恐れず）。火が迫り、苦悩が迫ってきても、それを厭《いと》うことさえ知らないでいる。外へ出ようとする（求める）心もない有様《ありさま》である」。このように思った長者は、落ち着いて考えるのです。

「私は、体力もあるので何か道具を用いて、無理に家から押し出そうかとも思うが、家の入口は小さく、そのうえ門は一つしかないので、幼少で世の中のこともよく分からない子どもは、嫌がり反抗するかもしれない。まして遊びに夢中で執着しているので、如何《いか》に危険な状況かも分からず、怖がることもしない。いくら大声で家が火事だといっても、焼け死んでしまうと教えても、聞こうともしない」

このように長者は子どもたちをあわれんで懇切《こんせつ》にさとすのですが、「火とは何か」「家とは何であるか」「焼け死んで命を失うとはどんなことか」と、東西に走りたわむれ遊びに夢中なのです。

一刻をあらそう時、長者は方便を説いて子どもたちを救うことを考え、子どもたちが以前から興味があり、大好きであった玩具ならば、きっと心を引かれるであろうと考えました。「お前たちが大好きな玩具《がんぐ》がありますよ、なかなか手には入らないので今のうちに取りに来ないと後悔しますよ。その玩具は、羊の車・鹿の車・牛の車で、今門の外にありますから、早く取りなさい。早い者勝ちですよ」と叫ぶのです。

すると子どもたちは、父のいう玩具という言葉が耳に入り、もともと自分たちの大好きなものですから、皆、喜んで走って出てきます。これにより子どもたちは焼け落ちる家から逃げることができたのです。

父、長者は子どもが安全に出ることができ安心していると、子どもたちは、父に向かってめいめいにいいます。「お父上さまがおっしゃった珍しい玩具、羊の車・鹿の車・牛の車はどこにあるのですか。どうぞ約束通りに早く私たちに下さい」。すると、長者はそのような玩具ではなく、もっと大きな素晴らしい「第一の車」大白牛の車（大白牛車《だいびゃくごしゃ》）を与えたというのです。

これが物語の概要ですが、この中には七つの重要なポイントが含まれています。

◆七つのポイント

まず一つ目には、物語の「焼け落ちた古い家」というのは、道も教えも知らない人間の心と、世の中のあさましい姿のことです。煩悩五欲の虜《とりこ》となって、人を押しのけ突き落としても自分が成功することを願う邪見《じゃけん》の人の世間です。このような世間について経文《きょうもん》には次のような記述があります。

「怪しい鳥や、蛇や、蝮《まむし》や、百足《むかで》や、蠍《さそり》などが縦横《じゅうおう》に走りまわっているようなものだ」「屎尿《しにょう》の臭き処《ところ》、不浄《ふじょう》流れみち蜣蜋《くそむし》の諸虫、その上に集まれり」「そのうえ狐や狼や小さな野狐《やこ》が互いに噛《か》み合い、蹴飛《けと》ばし合って、走りまわって、食を求めて相争《あい》い、吠えたり、怒ったりしている。クハンダ鬼という鬼が土間《どま》のところでうずくまり、在る時は地を離れること一尺《しゃく》、二尺、住返《おうへん》遊行《ゆぎょう》し、ほしいままに嬉戯《きげ》している。狗《く》（子犬）を捉《とら》えて、撲《う》ちて声を失わせしめ、脚を以《もっ》てにわかにくわえて狗を脅《おびや》かして自らを楽しむ」。人間の心の醜《みにく》さと、あさましさを描き出しています。

二つ目には、そのような状態であるところへ忽然《こつぜん》と火が起こって大火事となるのです。火は全てのものを焼き尽くし、その前には勝者も敗者も強者も弱者も差別がありません。

人生には必ず「死」が襲ってきます。「死」の前には、勝者も敗者も、優者も劣者も、貴賤《きせん》の上下もありません。火事が起こったことは、人生にはいつでも「死」の可能性があるということを示しているのです。ところが、子どもたちは、家の危険も、火事の恐ろしさも知らず夢中になって遊び戯《たわむ》れているのです。

「子どもたち」とは、私たち一切衆生《いっさいしゅじょう》の凡夫《ぼんぶ》を意味します。

三つ目に、これらが燃えている家の外に出る門は、ただ一つしか無いというのです。

経文には、「是《こ》の舎《いえ》、唯《ただ》一つの門あり、しかも復《ま》た狭小《きょうしょう》なり」とあります。この一つしかない門が狭いということは、仏教は安易なセンチメンタリズムではないことを示しているのです。安易な気分転換やインスタントでは、本当の仏教の門には入れないことを警告しているのです。それは、民衆の感覚を麻痺《まひ》させる麻薬でもなく、幻想の世界でもありません。仏教の道は厳しく、決して程よい加減で簡単に手に入るような開かれた広い門ではないのです。

この道を法華経では「菩薩行《ぼさつぎょう》」といっています。菩薩は、自分だけが救われたいなどとは考えません。また自分の教団でしか救われないとも主張しません。「慈悲を体《たい》とする」とありますから、自分が生きていることによって、周囲が少しでもよくなるように周囲の苦しみが少しでも滅するように念じて生きている人を菩薩というのです。

ハーバード大学教授、ソローキン氏の著書で数年前にベストセラーになった『ヒューマニティの再建』の結論で、「世界永遠の平和のためには、人間性がたてなおされなければならない。それは利己心《りこしん》を生活の原動力とする人間ではなく、創造的利他《りた》主義を生活の基本原理とするような人間をつくることである」と論じています。

法華経の菩薩精神は、自分が働きかけることによって、世の中が少しでも善くなるようにと念じる純粋な人間の心に基本があるので、誰にでもできることです。まさに『ヒューマニティの再建』と通じる理念です。

誰にでもできることですが、しっかりと考えなおしてみなければなかなかできることではありません。「この門は一つしかなくしかも狭小である」ことの意味を受けとめ、覚悟してとり組まなければならないのです。

四つ目には、父なる長者は体力もあり、火宅の中の子どもたちを外へ押し出すことも、道具を使って出すことも考えますが、門は一つ、しかも狭小であるのでできません。

経文には「我、身・手に力あり、当《まさ》に衣裓《はなざら》を以《もっ》てや、若《も》しは几案《つくえ》を以てや」とあります。これは仏教の真髄《しんずい》は形式ではなく、形式を生み出した精神にあるということを示しています。しかし、形式を軽くみるのではありません。その形式が精神をよく表していれば、形式と精神とは一致し、形式を離れて精神はないのです。人はこの形式を媒介《ばいかい》することで精神を認識し、受け入れることができるのです。

しかし、精神を見失って形式だけにこだわるようになると、宗教は死んでしまいます。宗教の世界は、芸術という面もありますが、一人一人の体験の世界、味わいの世界でもあることを示しています。

五つ目に、父の長者は子どもたちが自分の足で外に出るように告げるのですが、子どもたちはいうことをききません。これは、頭ではわかっていてもそれが今日の自分の生活に、どういう関係をもつかを知ろうとしないで、ただ名誉や利益のために、権謀術数《けんぼうじゅっすう》に明け暮れている人がいかに多いのかということでしょう。そこで父は子どもたちが大好きな玩具には、必ず心を惹《ひ》かれるであろうことを知っていたので、方便を設《もう》けて教えを説くのです。

「門の外には、羊の車、鹿の車があるから早く出てこれを取りなさい」。この方便が成功して、子どもたちは先を争って門の外に走り出て来るのです。もし、車が外にあるといわなかったら、子どもたちは助からなかったでしょう。従って、自分たちで外に出たとはいっても、〝自力〟ではないのです。

法華経の説く教えは、決して浅い知恵では理解できないのです。

六つ目に、この羊と鹿の車は、声聞《しょうもん》と縁覚《えんがく》の二乗《にじょう》を表しています。これらの人々の固定的信仰のあり方を打破するのが法華経迹門《しゃくもん》の課題の一つであることは、方便品で述べた通りです。牛の車は菩薩界を表し、羊の車や鹿の車と同じで、同じ大乗《だいじょう》でも「権《ごん》大乗」（仮《かり》の大乗）であり、父が最後に与えた大白牛車《だいびゃくごしゃ》こそ、「実《じつ》大乗」（真の大乗、「一仏乗《いちぶつじょう》」と同意）の法門で、ここに法華経の魂魄《こんぱく》があるのです。

七つ目に、この法華経の魂魄を体得《たいとく》した人の自由自在の心境を、経典では、次のように表現しています。

「其《そ》の車、高広にして、衆宝《しゅほう》、荘校《かざ》り。周帀《めぐり》て、欄楯《らんじゅん》あり、四面に鈴を懸《か》けたり。また、其上《そのうえ》において、幰蓋《けんがい》を張り設《もう》け、亦《また》、珍奇《ちんき》の雑宝《ぞうほう》を以《もっ》て之《これ》を厳飾《ごんじき》せり、宝縄《ほうじょう》絞絡《めぐりめぐら》して、諸《もろもろ》の華瓔《はなふさ》を垂れ、しき綖《もの》を重ね敷き、丹枕《あかきまくら》を安置し、駕《が》するに白牛を以てす。膚色充潔《はだのいろきよらか》に、形体殊好《ぎょうたいはうつくしく》にして大筋力あり。行歩、平正にして、其の疾《はや》きこと風の如し。又、僕従《ぼくじゅう》多く之を待衛《じえい》せり」

この大白牛の車は、「等一《とういち》の大車」とありますから、仏と等《ひと》しい悟りを成ずることができるのです。その上、この境地に入りますと、自然に他の人から尊敬され、感化を与えますから、これを「僕従多く之を待衛せり」といっているのです。

この長い物語がすむと、釈尊は、

「舎利弗に告ぐ、我も亦是《またかく》の如し、衆聖《しゅしょう》の中の尊《そん》、世間の父なり。一切衆生は、皆是《みなこ》れ吾が子なり。深く世の楽《らく》に著《じゃく》して、恵心《えしん》あること無し。三界《さんがい》は安きことなし、猶《なお》火宅の如し、衆苦充満《しゅうくじゅうまん》して、甚《はなは》だ怖畏《ふい》すべし」

と、衆生に対して、大乗の教えを説こうとしたのですが、衆生は「諸《もろもろ》の欲染《よくぜん》に於《お》いて、貪著《とんじゃく》深きが故に」その教えに耳を傾けようとしません。そこで、方便をもって声聞乗・縁覚乗・菩薩乗の三乗を説いて、「出世間《しゅっせけん》の道を、開示演説《かいじえんぜつ》」したのです。

釈尊は、舎利弗にこの教えを弘通《ぐづう》する心得を説き、信仰生活における望ましい在り方として、喜んで法を聞くこと、信じてこれを受け取ることなどの条件を挙げ、特に智慧第一をもって聞こえた舎利弗に対して「汝《なんじ》舎利弗、なおこの経において信を以て入《い》ることを得たり。況《いわ》や余《よ》の声聞をや」と、信の大切なることを示しています。

反対に好ましくない信仰のあり方として、「憍慢《きょうまん》、懈怠《けたい》、我見《がけん》を計《けい》する者」といって、未だ本当の悟りを得ていないにもかかわらずこれでよいと思っていること、修行を怠たること、自分本位でものを見ること、五欲に執着すること、正しい教えを信じないばかりかこれを毀謗《きほう》すること、正しい修行者を見てこれを軽《かろ》んじ、憎み、恨むようなことを戒《いまし》めているのです。

4 信《しん》解《げ》品《ほん》第四

◆概略

この品《ほん》では、仏弟子たちが世尊（釈尊）に対して、自分たちの信じたところ（信《しん》）と、領解《りょうげ》したところ（解《げ》）を申し上げていることから、〝信解品〟と名づけられています。

この〝信〟と〝解〟について、『涅槃経《ねはんぎょう》』では、

「信有りて、解無ければ、無明《むみょう》を増長《ぞうじょう》す。信と解と、円通《えんづう》して方《まさ》に行《ぎょう》の本《もと》と為《な》る」

と説かれていますが、これは仏教における信仰の特徴をよく示している一文です。仏教では、感情的に信じるというだけでは、かえって煩悩《ぼんのう》のもとである無明を盛んにするだけであると戒めているのです。

また解だけで信が無ければ、邪見《じゃけん》となり自分勝手なものの見方が盛んになるだけです。そこで、信と解が一つに融《と》け合うと、その時初めて、それが〝行の本〟となるのです。

解というのは、単に言葉や文字がわかるのではなく、それらを通して知られる意味、内容がわ

かるということです。

この品のはじめには、舎利弗《しゃりほつ》の仲間である四人の声聞《しょうもん》の名前が登場してきます。須菩提《しゅぼだい》・摩《ま》訶迦旃延《かかせんねん》・摩訶迦葉《まかかしょう》・摩訶目犍連《まかもっけんれん》です。この四人は特に「慧命《えみょう》」（長老）とよばれています。

この人たちは釈尊が、前の品で三車火宅《さんしゃかたく》の譬喩《ひゆ》をもって教えられた法門と、仲間の舎利弗が仏となる保証＝記別《きべつ》、授記を与えられたのを見て有《あ》り難《がた》く思い、うれしさのあまり手の舞い、足の踏む所を知らぬ有様《ありさま》で、ただちに座より立って最高の儀礼で、釈尊に尊敬の意を表すのです。

そして釈尊に、

「私たちは世尊（釈尊）の弟子の中では先輩のほうで、だいぶ老年になっています。そして一種の悟りを得て、もうこれでよい、これ以上努力する必要はないと思って、進んで悟りを求めませんでした。世尊は昔、大慈大悲《だいじだいひ》の説法をなされていましたが、自分たちは世《よ》捨《す》て人となり、世間の煩《わずら》いを離れて、もうこれでよいと思い込んでしまって、ただ空《くう》と無《む》

摩訶目犍連

相《そう》と無作《むさ》とを念じていました」

と申し上げました。

◆三解脱《さんげだつ》

この空・無相・無作は「三解脱」といって、世間に煩わされないようになるための三条件です。「無相」とは、人間を含めての存在一般は、その本質をみると全て平等であるということです。「空」とは、一切の存在を平等に観じて、平等な態度でこれに対処して行うということです。相は外に向かって現れる表象的なものですから、差別《しゃべつ》や違いを意味します。その差別が究極的には平等であると観ずるのです。

つまり、空は外の事物《じぶつ》、無相は自分の心の持ち方です。無作は作用ではたらきを意味します。ですから「無作」はすべてのものに対する自分の言葉や行為を平等にしようというものです。

無相は心の持ち方、無作は身の持ち方です。すべては平等であるから、すべてに対する差別の考え方や行為を捨てようとして、世を逃《のが》れて行い澄まし、独り一身《いっしん》を清くすれば足りるとするのが小乗《しょうじょう》です。

この四大声聞の人たちは今まで、この小乗こそが仏の教えであると思いこんでいました。仏国《ぶっこく》土《ど》を清浄《しょうじょう》にするためには、衆生《しゅじょう》は千差万別《せんさばんべつ》であり、皆、本来具《そな》えている本性＝仏性《ぶっしょう》があり、その本性を発揮させる高い境地があり、それを求めることこそが自由自在な菩薩の法であるという本質を知りませんでした。

小乗の悟りで十分であると思っていたので、それ以上の境地に、憧れの心を持たなかったのです。

しかるに今、仲間の舎利弗が本当の悟りの保証＝記別《きべつ》を受けたのをみて、こんなにうれしいことはない、「無量の珍宝、求めざるに自ら得たり」と喜ぶのであります。

そして、今度は四大声聞から、一つの譬喩《ひゆ》物語を披露《ひろう》します。これが、長者窮子《ちょうじゃぐうじ》の譬《たと》えです。

◆長者窮子《ちょうじゃぐうじ》の譬え

幼い時父と離ればなれになって、五十年も経った男がいました。彼は年をとってからますます困窮《こんきゅう》するようになり、あちらこちらと歩き回り、衣食の資《し》を求めて放浪の生活をしていました。こうして各地を渡り歩いて、何ということもなく、本国に向かいました。

一方、父のほうでも子どもを探し求めていましたが見つけることができず、五十年が過ぎてしまいました。父はいつしか大富豪となり、無量の財産ができました。

時に、息子は各所を放浪した末、何も知らずに父の邸宅の門前に立ちました。父のほうでは、五十年間、片時《かたとき》も息子を思わない日はなく、「自分は老いていて財産も多い、もし万一のことがあれば、これらの財産は散失してしまうだろう」と、とても心配していたのです。もし、この子を探し出して、財産をすっかり譲ることができたならば、どんなにか心が安らかになるだろうと思っていました。

息子は、日雇《ひやと》いの労働者として働きながら、偶然にも父の邸宅の前を通りかかりました。そして門の前に立ち止まり、父とは知らずに、多くの人にかしづかれて、立派な生活をしているこの家の主人を遠くから見かけました。

息子は「自分とは身分が違い、別の世界の人だ、自分は身分相応《そうおう》の人のいるところで働かせてもらうほうがよい、ぐずぐずしていて咎《とが》められたら大変だ」と考え、急いで走り去ろうとしました。

父は遠くからではありますが、門前に来たのは自分の息子であることを直感的に知りました。自ら帰ってきてくれたのかと喜んだのですが、去って行く姿をみて、側近《そっきん》を遣《つか》わして、追いかけ、連れてくるようにといいました。使者は走って捕《と》らえようとするものですから息子は大声で叫びました。「自分は、何も悪いことはしていません。なぜ捕まえるのですか」と。

使者は主人の命令ですから無理にでも連れて行こうとしました。捕《つか》まってしまった息子は、きっと殺されると思って、気を失ってしまいました。

父はこの様子を見て、無理に自分のところへ連れて来ることは、させませんでした。息子の心があまりにも荒《すさ》んでいるため、普通の方法ではこの心を導くことができないと考え、解放してやりました。息子は解放されて喜び、貧しい里に行き、そこで苦しい生活をしました。

父は何としても息子に近づきたいと思い、二人のみすぼらしい人を息子に遣わしました。そして「賃金を倍もらえる仕事がある。便所やどぶ掃除なのだが、一緒に行かないか」と誘わせたのです。

すると息子は、自分に相応の仕事でもあるし、賃金も倍というので喜んで、安心して仕事を受けたのです。

父の長者は、息子の心があまりにも荒んでいることに不愍《ふびん》の情に堪《た》えられず、自分も今まで着ていた上等の衣服を脱ぎ捨てて、息子と同じように、汚れ垢《あか》じみた衣服を着て、息子に近づき、共に働いている人を叱《しか》ったり励ましたりして、警戒心を解いて安心させました。こうしてすっかり仲良くなってから、息子に話したのです。

「お前は、いつまでもここで働いているがよい。他に行くこともしないでよい。食事も道具も遠慮なく使いなさい。私はすっかり年をとったが、お前はまだ若い。将来もある身だから怠けたり、欺《だま》したり、瞋《いか》ったり、怨《うら》んだりするようなことがあってはいけない。これからは実の子のように思って特に目をかけてあげよう」

といって、新しい名前をつけてやりました。

息子は大変喜んだのですが、まだ自分は「客作《かくさ》の賤人《せんにん》」といって、他所《よそ》から来たよそ者だと思っていたのです。心はだいぶ良くなってはきたものの、本心は最初の頃と少しも変わっていませんでした。

こうして、二十年の長い時が経《た》ちました。長者は自分の死の近いことを知って、息子に財産の全部を管理させました。

息子はこんなに信託《しんたく》されていることを喜びますが、それでもまだ「下劣《げれつ》の心、亦《また》、未《いま》だ捨つること能《あた》わず」と、まだいじけた心が残っていたのです。

しかし、息子の心が次第に向上してきたことを知って、いよいよ臨終《りんじゅう》という時に、国王や武士、大実業家、親族などを接待して宣言しました。「これは私の実の子ですから、私の財産はすべてこの子に与えます。今後は、この子を私と思って下さい」。

息子は父・長者の言葉を聞いて大いに喜びました。これらの財物を求める心など全く無かったのに、自然に自分のものになったのです。

——須菩提・摩訶迦旃延・摩訶迦葉・摩訶目犍連の四大声聞は、以上のような譬えで、自分たちの心境を釈尊に申し上げたのでした。

そして「この大長者の父とは仏（釈尊）です。私たち声聞の弟子は、その子です。世尊はいつでも、私たちを子であるとお説きになりました。ところが私たちは、三苦《さんく》に悩まされるが故に、生死《しょうじ》の中において諸々《もろもろ》の熱悩《ねつのう》を受け、迷惑無智《めいわくむち》にして小法《しょうぼう》（小乗の法）に楽着《ぎょうじゃく》（楽《ねが》って執着すること）していました」と述べました。

ここでいう三苦とは、苦々《くく》・壊苦《えく》・行苦《ぎょうく》の三つです。

①苦々とは、病気や飢餓《きが》などからくる身心《しんじん》の苦悩です。

②壊苦とは、境遇《きょうぐう》の破壊からくる苦悩です。失業や火事や水害で住居を失うというような苦悩を指します。

③行苦とは、人生の無常《むじょう》転変《てんぺん》から受ける苦悩です。

これらの三苦のために転変極まりない世の中で、諸々の熱悩を受け、正しい教えを見つけることができず、迷い惑《まど》って「ただこの世を逃れて自分だけ幸福になれればよい」という小さな願望をして、声聞たちは三苦を離れることができなかったのです。

声聞たちは仏の方便の教えに満足してしまい「この世を捨てて、独り山林に行い澄ますのが真の仏道だ」と思い、自分たちも相当な段階まで進んだと思っていました。

釈尊は声聞たちの求めるところが、小法であることを知っておられたので、方便をもって声聞たちにお説きになったのです。

本当は、声聞たちは仏子であったのです。声聞たちに大乗《だいじょう》を求める心があったならば、釈尊は最初から大乗をお説きになったに違いありません。これはちょうど窮子《ぐうじ》が無量の珍宝を求めずに、自ら得た譬えと同じです。「これまでは心に求めることがなかったのですが、今、法王《ほうおう》の大宝《だいほう》（真の大乗である一仏乗の教え、すなわち法華経の教え）が、自分のものとなりました。仏子《ぶっし》として受けるべきところのものは、すべてこれを受け終わりました」といって、声聞の人たちはその会得《えとく》したところを述べたのでした。

これが長者窮子の譬喩といわれる物語で、「法華七喩《ほっけしちゆ》」の中の有名な一喩です。

この信解品の譬喩物語にも、理解に必要な七つのポイントがあります。

◆七つのポイント

一つ目のポイントは、窮子とは、直接には四大声聞ですが、間接的にはすべての凡夫《ぼんぶ》、衆生のことです。教えも知らず道も弁《わきまえ》ずして生き死にや流転、変化に翻弄《ほんろう》されていることを、五十年の流浪《るろう》で表しています。また地獄《じごく》・餓鬼《がき》・畜生《ちくしょう》・修羅《しゅら》・人間《にんげん》の五道《ごどう》を示しているともいわれています。

二つ目は、人には本来「仏性《ぶっしょう》」がありますから、いつとはなしに道を求め、教えに近づいて、ついに本心が目覚めるのです。このことを、諸国を流浪した果てに、いつとはなしに父の家の門前にまで来た、という譬えで表しているのです。

三つ目は、ここで仏は、自分の悟りをありのままに説き明かそうとするのですが、仏の境地と凡夫の境地との断層があまりにも大きいので、人々はかえって迷うことになります。

四つ目は、そこで仏は、方便をもって、「形色憔悴《ぎょうじきしょうすい》して、威徳《いとく》無き者」を二人遣わして、親しくさせるのですが、これは、仏が止《や》むを得《え》ず声聞乗・縁覚乗のための、手近で浅い法を説くことの譬喩です。

五つ目は、共に汚い所の掃除をして、という「糞《ふん》を除く」とは、小乗の教えの修行で、ただひたすらに、煩悩を除くことに努めることです。しかし、小乗は、仏の方便ですので、小乗の境地に止まっている者を、さらに一段高い大乗の教えにまで引きあげようとしたのが、長者が子に近づいて仲良くなるということなのです。

六つ目は、小乗の教えに甘んじている声聞の人たちは、自分たちは二乗の分際であって仏とは違うと思っていたので、父から全財産の管理をまかされても、これは自分のものではないと思っていることの譬えになります。

七つ目は、ところが最後に、この法華経に到って、この財産はすべて子のものであると宣言し、仏と凡夫とは質的に異なる二つではなく、親子の関係であると説き明かして、仏教の本義をあらわすことになるのです。ここにおいて、今まで自分たちが仏になることなど夢にも思わなかった声聞の人々が、仏になる保証＝記別《きべつ》、授記《じゅき》を得て、驚き喜び「我ら窮子《ぐうじ》は求めずして、成仏の宝をいただくことができました」と述べるのです。

これによって、仏の本意と慈悲の方便とが、明らかになってきます。

釈尊の本意は、法華経の一仏乗にあり、衆生が未熟であるため、方便をもって三乗（声聞・縁覚・菩薩）の教えを説いたのです。

5 薬《やく》草《そう》喩《ゆ》品《ほん》第五

◆概略

前の信解品《しんげほん》では、四大声聞《しだいしょうもん》の一人である摩訶迦葉《まかかしょう》が「長者窮子《ちょうじゃぐうじ》の譬《たと》え」を述べて、自分たちの信解（理解）を申し上げ、「仏は大慈悲の故に、衆生《しゅじょう》の種類や能力に応じて、方便《ほうべん》を使い分け、法をお説きになりますが、その根本は、一仏乗《いちぶつじょう》なのです」と結びました。

薬草喩品は、この四大声聞たちの信解を受けて、釈尊が摩訶迦葉をはじめ、諸々《もろもろ》の大弟子たちに語りかけ、「善哉《ぜんざい》（よきかな）、摩訶迦葉、善《よ》く如来の真実の功徳《くどく》を説く、誠《まこと》に所言《いうところ》の如し」といってその理解を認められ、更に、

「如来《にょらい》には、そのうえに考えたり、語ったりすることのできないほどの大きな功徳がある。それはどのように長い時をかけて説いても説き尽くすことはできない。摩訶迦葉よ、よく聞きなさい」

といって、如来の功徳を説き始めるのです。

◆三草二木《さんそうにもく》の譬え

薬草喩品という名は、ここで三草二木の譬喩《ひゆ》物語が説かれることに由来します。

如来は、あらゆる存在の真実の相《そう》を究《きわ》め尽《つ》くしているので、如来の説くところは、一つとして真実の道に通じていないものはないのです。一切の法において差別《しゃべつ》を一つひとつ知り分け、それぞれの場合や相手、事情に応じて適切に演説されるのです。ですからその教えは、全てのものを導いて、仏の覚り《さと》（悟り）の境地に到らしめるためのものです。

如来はすべてのものの行きつくところを観知《かんち》し、また一切衆生《いっさいしゅじょう》の心の表面に現れたものだけでなく、その奥に働いている心の動きをよく知って、すべてを見通しています。

また如来は、世のあらゆるできごと、自然現象でも人間現象でも、皆その真相を究め尽くし、どんな末端《まったん》までも明らかに理解して、諸々《もろもろ》の衆生に一切の智慧、ものの差別と平等についてよく知り分け、受け入れる力を示されているのです。

このように序説し、薬草の譬喩が始まります。これは法華経における七つの譬喩物語（法華七《ほっけしち》喩《ゆ》）の第三です。

「摩訶迦葉よ、譬《たと》えていえば、この全世界の山や谷や川などの土地に生えている大小さまざまの木や林、あるいは諸々の薬草など、種類は色々あって、名前も形もそれぞれに異なっている。このように草木が繁茂《はんも》しているところへ、空《そら》一面に雨雲が広がり、全世界を覆《おお》う。すると、一時に雨が降《ふ》り注《そそ》ぎ、諸々の薬草の根や葉や枝の、大中小のそれぞれは、いずれも平等に雨を受けて喜んでいる」

この根や枝というのは、それぞれの信戒《しんかい》・定慧《じょうえ》を示します。仏教では、信じることによって戒律が生じます。つまり「信じたことを守る」という戒が自然に生まれます。そして戒を守ると心は禅定に入り安定し、智慧が成就《じょうじゅ》できる段階に至るのです。草木にはまず根があり、それから茎《くき》があり、あるいは幹《みき》が生じ、枝ができ葉がつくのと同様です。このように、仏教の信・戒・定・慧の順序によって仏慧《ぶって》（仏の智慧）が成就する道理を示そうとするのです。

また、諸々の樹木には大小・上下の区別がありますが、それぞれの区別に応じて雨の恵《めぐ》みを受けます。人間も同じように賢愚利鈍《けんぐりどん》と人それぞれに違いがありますが、各自の分《ぶん》に応じて、その能力相当に仏の教えを受けるのです。一つの雲から降り注ぐ雨ではありますが、草や木の性質、種類に適応して、大きいものには大きいように、小さいものには小さいように、花も咲き、実もなるのです。

これらの草木は、同じ地面に生えており、雨も同じ雨であるのですが、草木には区別があって、それぞれにふさわしく育つのです。

このように仏教の教えは、一つの慈悲心から出てきますが、聞く人は各自の個性や能力、役割や地位に応じて、小は小なりに、大は大なりに悟って、深く信解する人もいれば、浅く信解する人もいるのです。

しかし、いかに浅く信解してもそれは決して無駄にはならないのです。仏の本意を信解するに至れば、それまでの浅い信解が無駄でなかったことがわかるのです。

ここで釈尊は、言葉を改めて摩訶迦葉に告げます。

「迦葉よ、よく聞き分けなさい。如来も、またこのようであった。如来が世に出現することは、大雲が起こるのと同じである。何人《なんぴと》にも受け入れられる教えをもって、世の命あるもの全てを導く、大雲が全世界を覆うように。そして、大衆の中において、次のように宣言する。

我は真理と一如《いちにょ》したものであり、人間や天上の者たちの供養《くよう》に応じる資格があり、その智慧は正しく且《か》つ、充満して智慧と実行が完全に両立して、種々のことにとらわれずに、どのような人の境遇《きょうぐう》をも理解することができ、人として進み得《う》る最高の境地にあり、人と心とを調御《じょうご》（正しい方向に調整すること）するに誤ることがない。

あらゆる命あるものの導師であり、道を開き、道を説く者、世に尊き者である。ゆえに、未だ度せざるものをば度《ど》せしめ、未だ解《げ》せざるものをば解せしめ、未だ安《あん》ぜざるものをば安ぜしめ、未だ悟らざるものをば悟らしめるのである」

と仏の化導《けどう》について説明し、「今世・後世、実の如くこれを知れり」と説かれるのです。

仏（如来）は一切の智慧と同一であり、一切の見者であり、智道者であり、開道者であり、説道者です。これは、智道──意業《いごう》、開道──身業《しんごう》、説道──口業《くごう》に対応しています。仏は人間を含めた宇宙の真理を知り、人はこのようにあるべきであるという教えの道を開き、さらに開かれた道を説くのです。

仏教は、独断や仮説から出発したものではありません。

釈尊は、およそ生命あるものは皆、法を聞くために仏のもとに来るようにと、広く高らかに呼びかけています。そして多くの衆生が、仏のもとに集まり法を聞くと説いています。

釈尊の教えは、その人が教えを聞き分ける能力の鋭鈍《えいどん》や一生懸命に心を問題の本質に集中して修行している者、逆に懈怠《けたい》している者、つまらぬ枝葉末節《しようまっせつ》にとらわれて本当の修行に打ち込めない者をよく観察し見分け、その力の堪《た》えるところに随《したが》って、それぞれにふさわしい教えを説いたのです。だからこそ、その説法は種々無量となり、その教えを実行した人々は、真の幸福を得ることができたのです。

そこで、この諸々の衆生は、如来の説法を最後まで聞きおわり、「現世は安穏《あんのん》で、後に善処《ぜんしょ》に生じ、道をもって楽《らく》を受ける」のです。

現世安穏は、世の中の苦労がなくなることではありません。他からは苦しいように見えても、正しい信仰のある人の心の境地は、苦を受け入れて安穏であるということです。

ですから、本当に仏の教えを会得《えとく》して信じれば、現在の生活の中に安穏の境地が開けて、輪廻《りんね》して生まれ変わった後もまた安穏であるということです。

法華経は、生命の永遠を説いています。過去から未来に向かって久遠《くおん》の命が続いていると説くのです。それが現在の身体を通して現れるのが現世です。

現世安穏とは、境遇に左右されない心の境地に入ることで、これが本当の生死解脱《しょうじげだつ》です。生死とは変化する境遇のことですから、現世安穏の境地に入って境遇に左右されなくなると、この肉体の生死についても動揺がなく、安心立命《あんじんりつめい》が得られます。「道をもって楽を受ける」とあるように、仏道を学んで実行する生活そのものの中に、真の幸福があるということです。

このようになって初めて「法を聞く」ことができるのです。偏見や先入観にとらわれていては、法を聞くことはできません。法を聞くということは、ただ聴覚で聞くのではなく、法を聞いて、その真意を会得し、修行の障《さわ》りとなる心の迷いを離れ、自分の能力に応じて教えを会得し、次第に浅きから深きに至って、仏道を得ていくのです。

これはちょうど大きな雲が湧《わ》き出でて、すべての草木に雨を降らせると、草木のほうではその種類や性質に応じて、平等に潤《うるお》いを受けて各々《おのおの》の特徴を生かしながら、成長するのと同様です。

そして如来の説法は本来「一相一味《いっそういちみ》」で、本質的に差別があるわけではありません。そのことを「解脱相《げだっそう》・離相《りそう》・滅相《めっそう》」で導き「究竟《くきょう》して、一切種智《いっさいしゅち》に至る」と説いています。解脱相とは、一切は無常であることを知り、変化に動揺しなくなることです。順境のときも逆境のときも、強大なるものに対しても弱小なるものに対しても、同じ気持ちでいることのできる人が、解脱の人であり、「空《くう》」に徹した人です。「空」は平等で差別の反対です。しかし、この「空」だけにとらわれているのは、偏空《へんくう》といって偏《かたよ》った「空」で、世間の利害得失《りがいとくしつ》に血まなこになっているよりは優れた境地ですが、それだけでは駄目なのです。これが法華経の立場です。この偏空を離れるのが「離相」です。

偏空の境地では、「人みな酔えり、我一人覚《さ》めたり」というような独善的な気持ちになります。しかし酔っている人々も同じ人間で、この人間を離れては仏もない、ということを理解しなくてはなりません。そうすれば、自分を世俗《せぞく》から離れ一段と高い境地にいる、などと考えることもできなくなるのです。この境地こそ偏空から離れた「離相」です。

第三の「滅相」は、自他の別を滅する相で、嬰子《えいじ》に乳を与えている母親が、子と自分とが一体となっているように、人間という大きな立場から、すべてを抱き入れ一体となる慈悲に生きることをいうのです。

この解脱相・離相・滅相を教えるのが、釈尊の説法です。決してこの世の煩《わずら》わしさから自分だけ逃《のが》れるような教えではありません。自他一体の気持ちから慈悲をもって生きられるように至るまで導いて下さるのです。低次元の教えの境地に止《とど》まらず、空と仮、平等と差別の二辺を離れて、しかもその両方を生かす中道《ちゅうどう》の智慧、「一切種智《いっさいしゅち》」にまで到達しなければならないのです。

衆生がこのような釈尊の法を聞いて受持《じゅじ》・読誦《どくじゅ》し、教えの通りに実行すると、その人は肉体的にも精神的にも生まれ変わり、その功徳は自分では気がつきません。自分で悟ったなどと口に出すような人は、本物ではないのです。自分では未だ至らぬ者だと思っていても、他人に認められ、尊敬され、重んじられ、頼りにされるのが、人間の向上なのです。

自分では気づかないうちに向上するのは、衆生の種類や、本体や、その外面的な相や内にある性質、記憶力、思考力、信念、修行の方法、どのような悟りの境地にあるかなどを知っているのは釈尊だけだからです。釈尊だけが見抜いているのです。

それは諸々の木や草が、自分の大きさを知らないようなものです。ただ釈尊だけは、一つの雨が一相一味であることを知っています。それを知ることによって仏の悟り、究竟《くきょう》涅槃《ねはん》と一致し、すべての変化を超越した、永遠不変《ふへん》の理を体得するのです。しかし最後には「空《くう》に帰《き》す」とあります。空とは、平等ですから空に帰すとは、人は皆、平等に仏の境地に入る、各自に異なる境遇・差別のままで、平等にそれぞれの仏の境地に行き着くのです。

釈尊はこのように見抜いて、それぞれ異なる衆生の心をよく観察して懇切に導くのです。初めからいきなり究極の悟りを説くようなことはしないのです。

摩訶迦葉は、この点を会得し、釈尊が時と場合と相手の能力に応じて法を説き分けたことを知って、その本心を受け止め信じることができたことに感動しました。

「諸仏世尊がいろいろな手段で説いた法の真意を理解し、信じることができたことは有り難いことである」

と。そして釈尊は言葉を改めて「もろもろの

摩訶迦葉

因縁《いんねん》、実例や種々の譬喩をもって仏道を開示するのは（釈尊ばかりでなく）すべての仏の方便である」と明かし、

「仏の本心からいえば、諸々の声聞の人たち（世を離れ独り行い澄まして、悟りを得たと思っている人たち）は、ただ凡夫（衆生）の煩悩を除いただけで、本当の悟り、無上の幸福の境地に入ったのではない、その道をさらに進めばそれは、菩薩道に連《つら》なっているのだから、怠けないで、くり返し修行を重ねれば、一人残らず仏と成ることができる」

と説くのです。

薬草喩品において、方便品で「仏弟子にあらず」とまでいわれて大慈悲の痛棒《つうぼう》を受けた二乗の人たちが記別《きべつ》（成仏の保証）を受けることになるのです。

6 授《じゅ》記《き》品《ほん》 第六

◆概略

この章は、摩訶迦葉《まかかしょう》・目犍連《もっけんれん》・須菩提《しゅぼだい》・迦旃延《かせんねん》などの仏弟子たちが、仏から記別《きべつ》を授けられることから授記品と名づけられています。記別とは、仏が修行者に対して「将来必ず仏に成る」ことをあらかじめ保証することで、この記別が授けられることを「授記《じゅき》」といいます。学校でいえば卒業証書のようなものに思われがちですが、その内容についてみると、むしろ入学許可書というほうが的確です。記別を授ける場合には必ず「条件」がついているからです。

それは、初めて悟りを求める心（発心《ほっしん》）を発《おこ》した時の決心を持続すること、そして怠《なま》けず修行を続けることです。この条件を充たせば、必ず仏に成れると保証するのです。修行者にとっては、この保証を得ることが、大きな安心立命《あんじんりつめい》となるのです。それは、この道を進みさえすれば、必ず目的地へ行きつくという確信を持つことができるからです。

薬草喩品《やくそうゆほん》の偈《げ》を説き終わった釈尊は、まず摩訶迦葉に記別を授けます。摩訶迦葉は、舎利弗《しゃりほつ》と同じく声聞《しょうもん》です。舎利弗は智慧第一といわれるだけあって、方便品《ほうべんぼん》で仏の本意を会得《えとく》し、記別を授けられました。釈尊は他の声聞たちのために、三車火宅《さんしゃかたく》の譬喩《ひゆ》で仏の本義《ほんぎ》を説明し、須菩提・迦旃延・摩訶迦葉・目犍連などの弟子たちが自分たちの領解《りょうげ》（理解）したところを、長者窮子《ちょうじゃぐうじ》の譬《たと》えをひいて述べ、釈尊はこれを許し、さらに薬草の譬喩を述べて、その旨《むね》を一層明らかにしたのです。

時に、世尊（釈尊）は薬草喩品のはじめに、「善哉《ぜんざい》、善哉、迦葉、善く如来の真実の功徳を説く、誠に所言の如し」といってほめています。これによって長者窮子の譬えは、摩訶迦葉が述べたものであることがわかります。だから、まず摩訶迦葉が記別を授けられたのです。摩訶迦葉は、未来世において多数の諸仏世尊に奉仕し、無量の大法《だいほう》を人々に示し弘通《ぐづう》して必ず仏となり、その名は光明如来《こうみょうにょらい》といい、仏の十号《じゅうごう》（如来・応供《おうぐ》・正偏知《しょうへんち》・明行足《みょうぎょうそく》・善逝《ぜんぜい》・世間解《せけんげ》・無上士《むじょうじ》・調御丈夫《じょうごじょうぶ》・天人師《てんにんし》・仏世尊《ぶつせそん》）の徳を具足《ぐそく》するとの保証を与えられました。

光明如来の国の名は光徳《こうとく》、時代を大荘厳《だいしょうごん》といいます。その寿命は長く、滅後の感化は正法《しょうぼう》といって、仏の精神が正しく伝わる時代が二十小劫《しょうこう》、その後の像法《ぞうぼう》の時代も長く続くといいます。これはこの如来の遺徳《いとく》が長く伝わることを意味しているのです。

この国は、理想的な国で諸々《もろもろ》の汚穢《おわい》（けがれ）もなく、人の大小便すらも巧妙に処理されるのでまったく不浄《ふじょう》ではない。土地は平静で、地面は瑠璃《るり》のように美しく、平らで立派な樹木が列をなして繁茂《はんも》し、黄金の縄で道との境界をなして、天からは花が降《ふ》り、全て清浄《しょうじょう》であると記されています。

これらの叙述《じょじゅつ》は、この国が多くの人々があこがれるような理想の国であることを示しています。この国には慈悲によって生きる菩薩《ぼさつ》たちが無量千億といて、仏の教えを聞いて道を求める人もまた無数であるといいます。そして魔事《まじ》（仏の教えを妨害する出来事）もなく、悪魔やその仲間は本来正しい教えを妨《さまた》げる者どもですが、この国では逆に仏法を護る役割を果たすのです。

そして、世尊はさらに偈《げ》を述べてこのことを再説します。

◆五眼《ごげん》とは

その偈には、「我《わ》れ仏眼《ぶつげん》を以《も》って、是《こ》の迦葉を見るに……」とあります。仏眼とは五眼《ごげん》の最上をいいます。五眼とは、①肉眼《にくげん》②天眼《てんげん》③慧眼《えげん》④法眼《ほうげん》⑤仏眼《ぶつげん》です。これは、人間の世界には五つのものの見方があることを示しています。

①肉眼は、利害・損得の打算や、物欲に支配された心で見ることです。この眼で見る限り真実は見えないのです。

②天眼は、科学的なものの見方です。この拙著も、紙を綴《と》じて作ったものですが、その紙は、元は木材パルプです。石炭もダイヤモンドも炭素が変化して形を変えたものと見抜くのが科学的な目です。顕微鏡《けんびきょう》や望遠鏡を使えば、肉眼では見えない世界も見ることができます。

③慧眼は、哲学的なものの見方です。声聞《しょうもん》・縁覚《えんがく》と呼ばれる仏弟子たちの見方で、すべてのものを空《くう》と観じます。また、すべての存在を独立したものとは見ないで、相互依存《そうごいぞん》関係を背後に見るのです。

④法眼は、芸術的なものの見方です。詩人や芸術家は、すべてが命のあるものと見ます。花は笑い、星は瞬《また》き、木々は歌うのです。この法眼をもってすれば、宇宙自然は無量の法門を説いているように見えるのです。

⑤仏眼は、宗教的なものの見方です。一言《ひとこと》で宗教といっても、万物《ばんぶつ》崇拝（シャーマニズム）のようなものではなく、文化的な宗教を指します。仏眼は法眼を土台として、すべてのものごとを慈悲の目で見ることです。譬喩品にある、

「今この三界《さんがい》は皆これ我《わ》が有《う》なり、その中の衆生《しゅじょう》は悉《ことごと》くこれ吾《わ》が子なり」

と見えるようになるのです。

こうして、摩訶迦葉は授記されました。目犍連・須菩提・迦旃延らは、あまりの感激に身が震

え、一心に合掌《がっしょう》して世尊をじっと仰《あお》ぎ見ました。そして「私たちにも仏の声（言葉）を下される ように」と、次のようにお願いします。

「飢《う》えた国から来た人が突然、素晴らしい大王の膳《ぜん》を見ると、あまりのことに驚いてしまい、これを食べてよいのかどうか迷ってしまいます。しかし、大王が食べよというのを聞き安心して、このご馳走《ちそう》をいただくように、私たちが仏に成ることができるということは分かっていても、まだ本当の安心《あんじん》が得られません。何卒《なにとぞ》、私たちにも記別をお授け下さい」

世尊はこれに応じて、須菩提には名相如来《みょうそうにょらい》という名を授け、時代を有宝《うほう》、国を宝生《ほうしょう》と名づけて授記を与えます。

そして迦旃延には閻浮那提金光如来《えんぶなだいこんこうにょらい》、目犍連には多摩羅跋栴檀香如来《たまらばっせんだんこうにょらい》という名を授け、記別を授けるのです。そして、

「わが諸《もろもろ》の弟子にして威徳《いとく》を具足《ぐそく》せる者、その数五百なるにも　皆、まさに記を授くべし。『未来世において、咸《ことごと》く成仏することを得ん。われ及び汝等《なんだち》の宿世《しゅくせ》の因縁を吾れ今、まさに説くべし。汝等よ、善く聴け』」

の句で締めくくられます。

7 化《け》城《じょう》喩《ゆ》品《ほん》 第七

◆概略

この品《ほん》を化城喩品というのは、化《け》城《じょう》（幻の城）の譬《ひ》喩《ゆ》が説かれているからです。これは「法華《ほっけ》七《しち》喩《ゆ》」の第四です。

法華経は、法説周《ほうせつしゅう》（論理的説明）、譬説周《ひせつしゅう》（譬喩による説明）、因縁説周《いんねんせつしゅう》（過去の実例による説明）とに科段《かだん》を分けて読む場合があります。これを「三周《さんしゅう》説法」といいます。方便品《ほうべんぽん》が法説周、譬喩《ひゆ》品《ほん》以下が譬説周で、この二段構えの説法でもまだ仏の本意を会得《えとく》できない人々に対する第三段の説法が因縁説周です。この化城喩品は因縁説周にあたり、宿世の因縁を説くのです。

宿世《しゅくせ》の因縁とは、直接には釈尊とその弟子たちとの、今生《こんじょう》のみならず過去世における師弟の関係です。これはとりもなおさず世尊と私たちとの関係でもあります。遠い昔ということを「乃《ない》往《おう》過去」と書きますが、これは遠い昔も現在につながっている、というニュアンスが含まれています。

むかし、大通智勝如来《だいつうちしょうにょらい》という仏がいました。大通とは、大きな神通力《じんづうりき》という意味で、およそ生きとし生きるものを対象として、自由自在に教えを説く力を持っていることをいいます。最《さい》勝《しょう》の智慧があるからこのような力を持つことができるので、大通智勝如来というのです。この仏の国の名は好成《こうじょう》です。

好成とは、好《この》ましい姿を成就《じょうじゅ》する、という意味で、この国に住む者はみな、仏の感化によってそれぞれ勝《すぐ》れた徳相《とくそう》をもち、その国が他から仰《あお》ぎ慕《した》われるような国であることを表しています。劫《こう》（時代）を、大相《だいそう》といいます。大相とは大人《だいにん》の相ということで、大人とは、「大心《だいしん》の士《し》」つまり菩薩《ぼさつ》の意味です。このように大通智勝如来という仏と好成という国と大相という時代が遠い昔にありました。

遠い昔といっても、三千塵点劫《さんぜんじんでんごう》の昔です。たとえば今、世界の大地を構成している諸要素を塵《ちり》のような微細微少《みさいみしょう》なものとし、東方の千の国を過ぎて初めて一点を下し、更に千の国土を過ぎて初めて一点を下し、この世界が尽きてしまうまでこの行為を繰り返す時間をいいます。そこで釈尊は「この長い時間は、人間の力で知ることができますか」と弟子たちに問いかけました。弟子たちは「到底人間の力では知ることはできないでしょう」と答えました。

さらに、一点を下したところと、下さなかったところとを集めてこれを微塵地《みじんち》とすれば、その塵の数は、量《はか》り知れないものとなります。そしてこの一塵を一劫として数えるほど、遠い遠い昔にこのような大変素晴らしい国があり、これを三千塵点劫と表現したのです。

要するに、数に寄せて、無限や極大を表現しようとしているのです。そして如来の知見力をもって見れば「久遠《くおん》を観《み》ること、猶《なお》、今日《こんにち》の如し」とありますから、如来の知見力は、刻々変化して止まない自然界や人間界を、一貫して見通しているのです。

この大通智勝如来も、最後の悟りに辿《たど》りつくのは容易なものではなく、道場に坐して、心内に群《むら》がり起こる強迫や誘惑を破り終わって、今や悟りを開くところまで来ていながら、悟りの法があらわれないという状態で、大きな精進《しょうじん》（努力）をすれば、大きな果報を得ることができるとして、精進の必要性を説いているのです。

時に帝釈天《たいしゃくてん》をはじめ、諸々《もろもろ》の天人たちが菩提樹《ぼだいじゅ》の下に説法の座を設《もう》けて、大通智勝如来の成《じょう》道《どう》（さとり）を待ちわびていました。またこの娑婆《しゃば》世界ばかりでなく、十方《じっぽう》世界（十方とは、東南西北の四方角と、その間の四方角＝四維、更に上下を加えた方角の数え方）をつかさどる梵天王《ぼんてんのう》たちが、天から華の雨を降らせ、大通智勝如来に、期待と讃歎《さんだん》の意を表します。やがて無量の花弁《かべん》が降り、それが積もり百由旬《ゆじゅん》という非常な厚さになったといいます（由旬は距離の単位）。このようにたくさんの天華が降りつもり、中には萎《しぼ》むものも出てきます。すると、香風《こうふう》が適時に吹いて枯れた華を吹き払い、また新しい華を降りそそいだとあります。

これは、諸天《しょてん》（神々）の仏教への帰依《きえ》と渇仰《かつごう》の念が永遠に続いて、少しもゆるみがなかったことを示すものです。また、諸天は、この仏に供養《くよう》するために常に天鼓《てんく》を打ってその徳を讃《たた》え、教えを宣伝したのです。そしてこれにより大通智勝如来は悟りを開くことができたというのです。

そして、大通智勝如来は、法華経を説く前に人々の請《こ》いに応じて、四諦《したい》・十二因縁《じゅうにいんねん》の法門を説くのです。「即時《そくじ》に三たび、十二行《ぎょう》の法輪《ほうりん》を転じたもう」とあるのは、四諦の法門を示転《じてん》（四諦をそれぞれに示すこと）→勧転《かんてん》（四諦の修行を勧めること）→証転《しょうてん》（仏が四諦を証したことを明らかにすること）したので三転といい、四×三で十二行の法輪ということになります。

◆四諦《したい》

四諦とは、①苦諦《くたい》 ②集諦《じったい》 ③滅諦《めったい》 ④道諦《どうたい》の四つをいい、諦は真理の意味です。

①苦諦……教えも知らず、道も弁《わき》まえない人に対して、人生が苦であることを示します。どのような境遇にある者でも、教えを知らぬ人には満足することが無く、苦しむのです。苦を分類して四苦八苦《しくはっく》としています。四苦八苦とは、生《しょう》・老《ろう》・病《びょう》・死《し》の四に愛別離《あいべつり》苦《く》・怨憎会苦《おんぞうえく》・求不得苦《ぐふとっく》・五蘊盛苦《ごうんじょうく》の四を加えたものです。

愛別離苦とは、親子、兄弟、夫婦、友人など、親しい人との別れ（生別・死別）です。また、仕事や地位、権力を失うことも含まれます。愛しいものへの情が深ければ深いほど、別れの苦しみも倍増するのです。

怨憎会苦とは、憎い人と会わなければいけない苦しみです。どうしても虫が好かぬ人と共に仕事をしなければならない苦しみや、地震や天災、極度の寒さや暑さのような自然現象など、避けることができない苦しみも含みます。

求不得苦とは、自分の求めるものが得られない苦しみです。絶対に得られないものを望み、求めるのが人間の性《さが》です。

五蘊盛苦の五蘊とは、色《しき》・受《じゅ》・想《そう》・行《ぎょう》・識《しき》をいいます。これはそれぞれ、感覚――感情――思想――意思――心境の五つを表します。つまり人間の身心《しんじん》です。身体が強く感情の盛んな人は、さまざまな欲望があまりにも旺盛であるために、自ら苦悩することが多くあります。

このように人生は苦の連続ですが、この原因はどこにあるのでしょうか。この原因を示すのが第二の集諦です。
②集諦……凡夫《ぼんぶ》の心の中には種々の煩悩が集まっているという真理です。煩悩は、貪《とん》・瞋《じん》・痴《ち》

の三毒《さんどく》をはじめ、見惑《けんわく》・思惑《しわく》・塵沙惑《じんしゃわく》・無明惑《むみょうわく》などさまざまに分類されますが、すべて小さな利己的な自我に執着するところから起こるものです。煩悩が苦の原因であることを示しています。

③滅諦……滅度《めつど》、涅槃《ねはん》の真理です。一切の煩悩を断じ尽くした聖者の境地です。未だ仏の境地に達しない者でも、心中の煩悩が除かれるにしたがって滅の状態になりますから、滅には自分の煩悩を滅したという個人的な滅（小乗）と、自他の差別を去って一切《いっさい》衆生《しゅじょう》の憂《うれ》いをわが憂いとし、喜びをわが喜びとする大乗の滅があります。

④道諦……煩悩を除いて苦を離れ、滅に至るべき道があるという真理です。これは八正道《はっしょうどう》という仏道修行の基本を示したものです。

◆八正道《はっしょうどう》

八正道とは、仏道修行の八つの正しい道で、①正見《しょうけん》 ②正思惟《しょうしゆい》 ③正語《しょうご》 ④正業《しょうごう》 ⑤正命《しょうみょう》 ⑥正精進《しょうしょうじん》 ⑦正念《しょうねん》 ⑧正定《しょうじょう》 です。

①正見……利己的で自己中心なものの見方を捨てて、仏の見方に従うことです。反対を邪見《じゃけん》といいます。

②正思惟…仏の教えにかなったものの考え方をすることです。自分の立場だけしか考えないことを邪思惟といいます。

③正語……悪口《あっく》・両舌《りょうぜつ》・妄語《もうご》・綺語《きご》などの邪語を離れて、適時に適当な言葉で語ることをいいます。悪口は人を傷つけるような言葉や陰口《かげぐち》、両舌とは二枚舌で、何でも相手に迎合することです。妄語とは、責任を持たない言葉をみだりに吐くこと。綺語とは大袈裟《おおげさ》な表現をすることです。これらを離れて正しく語るのが正語です。

④正業……すべての行為が仏の戒《いまし》めにかなうように起居《ききょ》・動作を行うことです。人を欺《あざむ》いたり、傷つけたりすることを邪業といいます。

⑤正命……清浄《しょうじょう》な正しい生活をすることです。この反対を邪命といいます。『大智度論《だいちどろん》』には、五邪命をあげて、仏教僧侶の堕落を戒めています。「好んで異相《いそう》を現す」「自ら功徳を説いて人を誘う」「占って吉凶を現す」「声を高くして威《い》を現ず」「所得の利を説いて、人心を動かす」の五つです。

⑥正精進…純粋な心でひたすら仏道の修行をなし、懈怠《けたい》（怠けること）を離れることです。

⑦正念……仏の念を自分の念として、邪念のないことです。

⑧正定……心が仏の教えに安住して周囲の変化によって動揺しない、つまり環境に支配されな

い心をもつことです。

この八正道の実践を勧めるのが、道諦です。従ってこの四諦のうち、苦諦と集諦は衆生の世界の因と果です（苦諦が果、集諦が因）。そして、滅諦と道諦は聖者の世界の因果です（滅諦が果、道諦が因）。

この四諦の法門を、示転→勧転→証転と三転して説いたので、「十二行の法輪を転じたもう」ことになります。

一、示転とは、この法門を世間の実際にあてはめて、納得のいくように示すこと。

二、勧転とは、仏法を学ぶ決心をするように勧めること。

三、証転とは、仏が自ら実行したところを明らかにして証明すること。

この法門は、仏教独自の教説です。

◆十二因縁《じゅうにいんねん》

次に、「広く十二因縁の法を説きたもう」とあります。これは、煩悩によって生きている凡夫の生活を、過去・現在・未来の三世に渡って説いたもので、これを三世両重《さんぜりょうじゅう》の因果といいます。

十二因縁とは、①無明《むみょう》（ものごとに明るくないこと）②行《ぎょう》（志向作用）③識《しき》（識別作用）④名色《みょうしき》（物質現象と精神現象）⑤六入《りくにゅう》（六処《ろくしょ》、六つの感覚器官）⑥触《そく》（感覚器官と対象との接触）⑦受《じゅ》（感受作用）⑧愛《あい》（渇愛）⑨取《しゅ》（執著）⑩有《う》（存在）⑪生《しょう》（生まれること）⑫老死《ろうし》（老いと死）で、苦が生じる原因を分析したものです。

　これを人の一生に照らしあわせると、次のようになります。①無明と②行は過去世のことです。無明の煩悩と行為の結果として、凡夫の人生が始まります。この状態を③識といいます。識とは、この世に生を受けて最初に具《そな》わる性質で、不完全なものです。この識が次第に発達して④名色となります。名とは無形なもの、すなわち心です。色とは有形なもの、すなわち身体です。身体が具わる段階です。これが展開して⑤六入となります。眼《げん》・耳《に》・鼻《び》・舌《ぜつ》・身《しん》・意《い》（六根《ろっこん》）がそろってくる、これは六塵《ろくじん》（六境《ろっきょう》、色《しき》・声《しょう》・香《こう》・味《み》・触《そく》・法《ほう》）が入る場所という意味です。こうして人は母の胎内から外へ出生するのです。だから触れるということで、⑥触となります。触は感覚で、色・声・香・味を区別し、一切のものの存在を知覚できるようになるのです。

　⑦受は感情で、存在を知覚するから、快・不快、好き・嫌い、という感情が起こります。この感情から⑧愛が生じます。愛は愛着です。だから欲しいという欲望が生まれます。⑨取はその欲です。取りたい、自分のものにしたいということです。取は一つのものや考えに固執して放すまいとする心です。人々が自分の立場に固執するので争い、憎しみ、奪い合い、嫉妬《しっと》が生まれ、争

いの絶えない世がつくられるのです。

このために世の中は男と女、老人と青年、経営者と使用人、親と子などの対立、差別が起こります。これを⑩有といいます。有は差別・対立する存在です。このように対立の関係や差別は激しい競争をなし、ついに闘争や戦争まで起こすのが凡夫の世界だということです。

この生存を⑪生といいます。生とは人生ということです。人生の実情はあさましいもといわざるを得ませんが、このような生活をしていく間に、人は誰でも⑫老死するのです。

多くの人はこのようにして、現世の生活を終わるのですが、この現世の生活が、また来世（未来）を規定する業因となって、この十二の段階を繰り返すのです。まさに、十二因縁は現世の生き方を表した反省の論理といえるのです。

そこで、無明の因が行を起こし、行の因が縁となって識が生ずるというように見ると、その逆に無明が滅すれば行も滅す、行が滅すれば識も滅し、ついには老死も滅することになります。最初の無明を「元品《がんぽん》の無明」といいます。日蓮宗の「祈祷文《きとうもん》」には「元品の無明を切る大利剣《だいりけん》なり」とありますが、この法華経こそが無明を滅する剣であるのです。

「仏、天・人・大衆の中に於《お》いて、この法を説きたまいし時、六百万億那由他《なゆた》の人は、一切の法を受けざるをもっての故に、すなわち、諸《もろもろ》の漏《ろ》より心、解脱《げだつ》を得」とあるのは、この四諦・

十二因縁という仏教独自の法門を聞いてよく分かったので、非常に多くの人の心が自由になり、随所《ずいしょ》に主《あるじ》となる自分を見出《みいだ》したのです。しかし四諦・十二因縁の法は、自分の煩悩を断じ尽くせという小乗の教えです。世尊（大通智勝如来）は、大乗の時機が熟さぬと知って、繰り返しこの法門を説いたのです。しかし、この四諦・十二因縁の法門によって生じる悟りは、法華経の主眼である菩薩道に至るための手段であって、決して目的ではありません。

◆十六の仏

仏の境地に至るには、菩薩道を実践しなければなりません。この四諦・十二因縁の法門を聞いた十六人の王子たちは、世尊（大通智勝如来）に大乗の教えを説くように懇請《こんせい》しました。ここに大通智勝如来は、仏の本懐《ほんがい》（本意）である教えを説くのです。

大通智勝如来が、四諦と十二因縁の法を説いて、多くの弟子たちを教化《きょうけ》していた時、十六人の王子がいました。子どもの身でありながら出家して沙弥《しゃみ》となりました。沙弥とは、未だ一人前にならない僧侶のことをいいます。これは元来梵語《ぼんご》で、意訳して「息慈《そくじ》」といいます。悪を息《や》め、慈を行ずるという意味です。悪い心を抑え、誤った考えを制して慈悲の心で行動することをいいます。慈悲とはこの場合、自分が生きていることによって、世の中が少しでも善くなるように、他の人々の苦しみが少しでも滅するようにと念願することです。これは覚悟さえあれば、誰にでもできることです。しかし、この慈悲を行ずるには、自分が愚かなままではできません。そのために仏教を学ぶのです。この学習が進むほど、慈悲の心が深くなります。

これら十六人の王子は、沙弥となって修行をしたのですが、「諸の根は通利《つうり》にして、智慧は明了《みょうりょう》なり」とあるように、いろいろの能力が鋭く働き、智慧が徹底するに至りました。これは現世の修行だけでなく、前世において修行して、自分たちも一切衆生を救うような身になりたいと念願したからです。

そこで、大通智勝如来は、十六人の王子をはじめ多くの弟子たちのために、二万劫という長い間に菩薩法（法華経）を説きました。すると沙弥になった十六人の王子たちは、皆、共にこの経を受持《じゅじ》し、その深い意味を会得することができたのです。仏の本意を会得することができたのですから、これは菩薩です。経文では「菩薩沙弥」という表現をしています。

その他の人々の中にも、仏の本意を会得するものがいましたが、「この欠点だらけの我が身が仏に成るなどとは思いもよらぬことだ」と、疑惑を生じていたのです。このような中で、仏はこの経を八万劫という長い間、休まず説いたのでした。そして、これを説き終わって、また静かな室《へや》に入って、八万四千劫という長い間、禅定《ぜんじょう》に住しました。

十六人の菩薩沙弥は、仏が禅定に入るのを知り、各々法座にのぼって長い間、人々のために広く法華経を説きました。そして、一人ひとりが大勢の衆生を済度《さいど》（救済）して、本当の悟りを求める心を起こさせました。

そこで大通智勝如来は、長い禅定から出《いで》て、大衆に告げるのです。

「この十六の菩薩沙弥は精神の活動も鋭く、智慧がはっきりしていて、前世から多くの仏を供養して仏のもとで梵行《ぼんぎょう》を修し、仏の智慧を受持して、これを衆生に説き示し、衆生をして仏道に入らしめた尊い人々である。汝らも努めて、この菩薩沙弥に近づいてその教えを実行するがよい。声聞や縁覚という低い境地にある者でも、また菩薩と呼ばれるような高い境地にある者でも、この十六人の菩薩沙弥の説いた教えをよく信じ、受持して毀《そし》らなければ、まさに阿耨多羅三藐三菩提《あのくたらさんみゃくさんぼだい》（仏の智慧）を得られるであろう」

この十六の菩薩は、どのような迫害をも覚悟の上で、常に自ら進んでこの法華経を説きました。そして、常に多くの人々を感化して、仏法に帰依せしめました。そしてその人々は、ただその一生だけでなく、幾《いく》たび生まれ変わっても、最初の師であった菩薩と共に生まれ、法を聞いてことごとくその教えを信じ、その深い意味を会得するようになったのです。この因縁によって、この人々は、後に四万億という多くの仏に会うことができて、現在でもこれは続いているのです。「諸々の比丘よ、今改めていうが、この十六の沙弥は今でも十方の国土で法を説いている。そして、無量千万億の菩薩、声聞がその眷属《けんぞく》（弟子・従者）となっている」として、続いて十六人の仏の名を示すのです。

・東方にて作仏《さぶつ》する……①阿閦仏《あしゅくぶつ》／②須弥頂仏《しゅみちょうぶつ》
・東南方にて作仏する……③師子音仏《ししおんぶつ》／④師子相仏《ししそうぶつ》
・南方にて作仏する……⑤虚空住仏《こくうじゅうぶつ》／⑥常滅仏《じょうめつぶつ》
・西南方にて作仏する……⑦帝相仏《たいそうぶつ》／⑧梵相仏《ぼんそうぶつ》
・西方にて作仏する……⑨阿弥陀仏《あみだぶつ》／⑩度一切世間苦悩仏《どいっさいせけんくのうぶつ》
・西北方にて作仏する……⑪多摩羅跋栴檀香神通仏《たまらばっせんだんこうじんづうぶつ》／⑫須弥相仏《しゅみそうぶつ》
・北方にて作仏する……⑬雲自在仏《うんじざいぶつ》／⑭雲自在王仏《うんじざいおうぶつ》
・東北方にて作仏する……⑮壊一切世間怖畏仏《えいっさいせけんふいぶつ》
・娑婆国土《しゃばこくど》にて作仏する…⑯釈迦牟尼仏《しゃかむにぶつ》（釈尊）

「釈迦牟尼仏は、娑婆国土において、悟りを開いた」とあります。

ここで注意すべきは、この娑婆国土、私たちが生きているこの世界（地球）は、釈尊の世界であるということです。この十六人の中で、娑婆に有縁《うえん》の仏は釈尊のみであって、他の十五人の仏は無縁であるのです。私たちは、釈尊に有縁であるのです。

「私が沙弥であった時に多くの人々を教化した。私から法を聞いた人々の中には、今でもまだ、声聞という低い境地の者もいる。そのような者に対しても、私は常に仏の悟りを得させようと教化している。この人々も〝この法〟すなわち大乗の法で次第に浅きから深きへと進んで、仏道に入ることができるのである。何故に、浅きより深きへと進まねばならないのかといえば、如来の智慧は、簡単に一足飛びで得られるようなものではないからである」

このように、釈尊は順序を踏んで教えを説いて下さったので、その時に仏の教えを受けた人々は、非常に多くにのぼります。それは、今ここで教えを聞いている弟子たちでもあり、未来世においても教えを聞く人々なのです。だからこそ、

「この貴《とうと》い縁を空《むな》しくしないで、しっかりと学んで世のため、人のために尽くすように心掛けなさい。このように人が本当の悟りを得るのは、大変難しく、一仏乗《いちぶつじょう》によってのみ、なせるものである。そして如来の方便の説を除いては、声聞乗も縁覚乗も、真の悟りへの道ではないのである」

と説かれたのです。

そして「しかし仏はこの世をはかないものだと説いたり、一人だけ世を逃れる道を説いたりしたのは、事実である。それは仏が多くの人々の性質をよく見極めて、自分だけの小さな救いを求めて、深く五欲に執着しているのを知っているから、これを解きほぐすために説いたものである」といいます。

そして「法華七喩《ほっけしちゆ》」の第四の譬え「化城宝処《けじょうほうしょ》の譬喩」に入るのです。

◆化城《けじょう》の譬喩《ひゆ》

五百由旬《ゆじゅん》（一由旬は七キロメートル、異説あり）という遠く険しい困難な道のりと、人里離れた恐ろしい場所を舞台としてこの譬喩は始まります。

ここに多くの人々が珍しい宝を求めてこの道を行こうとしているとします。大勢の人々が隊列をなして進んでいくなかに、一人の導師《どうし》がいました。この人は智慧も優れ、万事に明るくすべてに行き届いた人でした。

この険しい道についても、どこに通じている道か、行き止まりとなっているのはどこかなど、よく熟知していました。すべての道に通じている人だったのです。

この人が多くの人々を引き連れて、険しい難所を通過しようとしていました。ところが、この人々の中には、足の弱い人、気力のない人などがいて、途中で疲れてへたばってしまいます。そして導師に「私たちは非常に疲れてしまいました。また恐ろしくて先に進むことができません。先はまだ遠いので、今のうちに、もと来た道へ引き返そうと思います」というのです。

これは、信仰の道へ入っても、成し遂げられない人が多いことの譬えです。五百由旬の険難悪《けんなんあく》道《どう》は、凡夫《ぼんぶ》である私たちの人生です。この人生において、正しい信仰を求めるのは、珍しい宝のある場所を求めるのと同じです。いろいろな出来事のために退転《たいてん》しあきらめて、道は遠くいつ到達できるかわからないのと同じなのです。いつの間にか初心を忘れ、信仰をあきらめてしまうことが多いのです。

導師は、

「この人々は、どうしてせっかくここまで来たのに、貴重な宝を捨てて引き返そうなどという気になるのだろうか。もう少し辛抱してこの道を行けば、宝のある所へ行き着くことができるのに、その辛抱ができないとは、本当に気の毒なことだ」

と考えました。そして、方便の力で険難な道の中途に大きな城を仮に作って（化作《けさ》）、人々に見せました。

「皆さん、もう恐れる必要はありません。引き返す必要もありません。あの大城の中に入って、自由に休息しなさい。この城に入れば心も安らかになり、気分も良くなります。宝を手に入れてから家に帰った方が良いのではありませんか」

疲れ果てた人々は非常に喜びました。自分たちは悪道を免《まぬが》れて、安穏《あんのん》な世界に入ることができると思って率先してこの城に入り、心も落ち着きました。

人々が休息して疲れがなくなり落ち着いたのを見て、導師は、化城を消してしまいました。そして皆に告げます。

「さあ、皆さん行きましょう。本当の宝のある所へ。もうすぐそこです。さっきの大城は、実は私が作りあげた仮のものです」

導師はこのようにして目標を小刻みに設定することによって、最後には本物の宝を持って帰らせることができたという物語です。

この物語を終えて釈尊は、言葉を改めて告げました。

「諸の比丘よ、如来もまた、かくの如し。今、汝等《なんだち》のために、大導師となりて、諸の生《しょう》死《じ》・煩悩の悪道の険難・長遠《ちょうおん》にして、応《まさ》に去るべく、応に度《こゆ》べきものなることを知れり」

と。つまり、如来は、人々が煩悩のために苦しんでいるのを見て、早くこれを済度しなければならないと思ったのです。しかしこのような衆生にいきなり仏の本意を説いても、それは人の境《きょう》界《がい》とあまりに遠くかけ離れているので、人々は仏を見たいとも、仏に親しみ近づくことすらしないであろうと考えたのです。

仏道は長く遠いもので、長い間の努力を重ねて、ようやく成し遂げることができるのです。このような苦労は到底、自分たちにはできないと思うから、大乗の修行をしようとする決心がつかないのです。

世尊は、このように人々の心が卑《ひ》怯《きょう》で弱く、下劣なことを知っていますから、初めは大乗の教えを与えずに、仮の目標をたてて二つの涅槃（悟り）を説いたのです。二つの涅槃とは、声聞の悟りと縁覚の悟りです。

しかし真実の悟りとは、迷い（煩悩）と悟り（菩提）が表裏一体となったものです。人間の世界は煩悩で穢《けが》れた穢《え》土《ど》と見て、これを嫌ってこの世とは別な浄土へ自分だけは行きたい、と考えるのは仏の本意ではないのです。

しかし、人々にこの本意をいきなり説いても、かえって誤解を生じます。そこでまず、世の迷いを迷いとして認めるような心を起こさせ、それが厭《いと》うべきものであることを理解させてから、本当の教えを説くのです。

つまり小乗の悟りの境地まで人々が進んだのを見届けてから、改めて法を説くのです。「そのような悟りは、本当の悟りではないが、確実に、仏の智慧に近づいている」のです。今までの悟りは真実の悟りではなく、ただ、如来が方便をもって、一仏乗を仮に、声聞乗・縁覚乗・菩薩乗と説いたに過ぎないのです。

この声聞乗・縁覚乗・菩薩乗の三乗は、低きから高きに至る段階です。つまり仏は途中の安心《あんじん》息のために小乗を説き、それを成し遂げた時に本当の心を打ち明けて人々を真実の仏の智慧にまで導く（引入する）のです。

これを、

「三乗方便《さんじょうほうべん》・一乗真実《いちじょうしんじつ》の大事《だいじ》」

といいます。

8 五《ご》百《ひゃく》弟《で》子《し》受《じゅ》記《き》品《ほん》 第八

◆概略

前の化城喩品《けじょうゆほん》において、仏は化城の譬喩《ひゆ》によって、三乗《さんじょう》は方便《ほうべん》で一仏乗《いちぶつじょう》こそが真実の教えであることを明かしました。そして、「今汝等《なんだち》が得たところは本当の悟りではないので、一層進んで仏の大智慧を求めて大精進《だいしょうじん》の心を発《おこ》せよ」と説いて、この五百弟子受記品に入ります。

弟子の立場から見れば、「受記」であり、仏の立場からすれば「授記」となります。冒頭に「その時に富楼那弥多羅尼子《ふるなみたらにし》あって」とありますが、この名前は弥多羅尼の子の富楼那という意味です。「富楼那の弁」という言葉があるように、この人は弁舌の優れた人として有名です。

富楼那は、諸々の大弟子たちの授記を見て、仏と人々には宿世《しゅくせ》の深い縁のあることを聞いて、心も清浄《しょうじょう》になり大いに喜びました。そして自分の頭上に仏の御足《みあし》を頂《いただ》き、礼をささげて、静かに坐して申し上げました。

「世尊（釈尊）は、世に比べるべきものがないほど貴《とうと》い方で、一切衆生《いっさいしゅじょう》を救護《くご》せられるところは、有り難い極みです。世の人々の種類や性質はそれぞれ異なっているので、それに従って一々に、適当な教えを与えて、利や名誉や、権力などのいろいろな貪者《とんじゃ》の念を抜き去って下さります。仏の功徳は、弁舌をもって聞こえた富楼那でも、言葉で述べつくすことはできません。今私は、仏の境界《きょうがい》にまで到達したいという願いを起こしたのですが、これを知って下さっているのは世尊だけです」

釈尊は、諸々の比丘たちに告げます。

「汝等《なんだち》には、この弥多羅尼の子、富楼那が分かるでしょう。この人は、説法をする者の中で最も優れ第一であると、私は常に称賛し、その種々の功徳をほめてきました。この人はよく勤め、励んで仏法を護持《ごじ》し、その説を詳しく説明して、私の化導《けどう》を助け、欠けるところなく仏の正法《しょうぼう》を解釈して、仏法を学ぶものを饒益《にょうやく》（教化し利益すること）したのです。

如来には到底及びませんが、その他の者では、言論、雄弁においてこの人に勝るものはいないでしょう。富楼那はこのように立派な人です。この人の徳は、仏法を護持し助宣《じょせん》するだけだと思ってはいけません。実はもっと深いところに根ざした功徳があるのです。過去の九十億もの仏たちの下《もと》で仏の正法を護持し、助宣して、説法者の中でも最も優れた第一人者であったのです。仏の教えに通達《つうだつ》し、常に一切の私心を離れて、徹底的に法を説いて疑惑を残すようなことがなく、菩薩の神通力を具《そな》えもち、その寿命に随《したが》って常に梵行《ぼんぎょう》を修行した人なのです」

梵行とは菩薩の五行《ごぎょう》の一つです。

◆菩薩の五行《ごぎょう》

菩薩の五行（五種の修行法）とは、

①聖行《しょうぎょう》……戒《かい》を守り、禅定《ぜんじょう》を修して、仏法を究《きわ》める（戒《かい》・定《じょう》・慧《え》の三学《さんがく》を修める）こと。

②梵行《ぼんぎょう》……清い心で人々の苦を除き、楽を与えること。

③天行《てんぎょう》……天地自然の理を研究し、人生の意義を明らかにすること。

④嬰児行《ようにぎょう》…自分の勝《すぐ》れた智慧を外にあらわさず、嬰児の如く慈悲の心で小善を行じ、仏法を求めること。

⑤病行《びょうぎょう》……世間の人々と同様に病の苦を示現し、衆生と共に仏法を求めること。

の五つです。これら菩薩の行は、勝れた智慧と徳とをもちながら、これを隠したまま、世間の人々を誘引（引導《いんどう》）するのです。

釈尊は、「富楼那は、一切の仏の教えを世に弘《ひろ》めるために、力を尽くした人の中でも、第一の人である」「今もそうであり、未来もそうであろう」「順番に菩薩道を具足して、長い間を過ぎて、まさにこの娑婆《しゃば》世界において、仏の悟りを得るであろう」「名を法明如来《ほうみょうにょらい》といい、恒河《こうが》（ガンジス河）の砂の数ほど多い世界をもって一仏土《いちぶつど》となし、理想的な国（仏国土《ぶっこくど》）をつくりあげるだろう」と記別を授けました。

そしてこの国では、食事は法喜食《ほうきじき》と禅悦食《ぜんえつじき》の二食であるといいます。法喜食とは、精神を養う正しい教えで、正法を聞いて満足し法の喜びをもって食《じき》となす、という意味です。禅悦食は、仏の正法を自ら実行する覚悟が定まることによって生じる大きな悦《よろこ》びを栄養とするのです。

「その仏の国土には、多くの功徳があって、人々の周囲は美しく、すべてが完備するだろう。そしてその時代の名は宝明《ほうみょう》、国の名は善浄《ぜんじょう》と名づけるだろう。この仏の滅後も遺徳は長く続いて、人々が七宝《しっぽう》の塔を建ててこの功徳を記念することが、いたる所で行われるだろう」

と、これほどに、この仏の徳は偉大であると釈尊はおっしゃるのです。

ここで富楼那の授記《じゅき》が終わりますが、いかにも説法第一の人にふさわしい授記であります。

時に釈尊は、迦葉《かしょう》を呼んで、ここにいる千二百の阿羅漢《あらかん》たちにも、成仏の保証を授けました。名を普明如来《ふみょうにょらい》とし、そして方便品《ほうべんぼん》において退席した五千起去《きこ》の人々に対しても、迦葉に命じて、授記するのです。

「迦葉、汝《なんじ》は已《すで》に、五百の自在の者を知れり。余《よ》の諸《もろもろ》の声聞もまた、まさにかくの如くなるべし、その此《こ》の会《え》に在らざるものには、汝まさにために宣説《せんぜつ》すべし」と告げたのです。

この時に、五百の阿羅漢が、受記できたので大変喜び、次のように告白して、心境を述べるのです。この章を五百弟子受記品とするのは、この五百羅漢がここで「衣裏繋珠《えりけいじゅ》の譬《たと》え」を語って心境を述べるからです。これが「法華七喩《ほっけしちゆ》」の第五の譬えです。

◆衣裏繋珠《えりけいじゅ》の譬《たと》え

「世尊よ、私たちはこれまで羅漢の悟りを開いたに過ぎなかったのに、これが真の悟りだと思っていました。ところがそれが間違いであったことを今初めて理解しました。自分たちは、全く無智の者でした。本来、私たちは、本当の仏の悟りを得るべきであったのに、小さな境地に満足していて、向上することを志向しませんでした。その愚かさを譬えていえば、次のようになるでしょう。ある人が親友の家を訪ねてご馳走《ちそう》になり、酒に酔い寝てしまいました。友は急に公用のため外出しなければならなくなり、眠っている友人の着物の裏に、非常に高価な宝珠を縫《ぬ》い付けて、そっと出て行きました。この愚人は酔い伏《ふ》していたのでこれらのことを何も知らないで、やがて目が覚めると友人がいないので、この家を去り、放浪の生活に入りました。衣食住にも困り、大変苦労し、もし少しでも得るところがあればそれで満足していました。すると偶然にもあるところで親友に出会いました。親友はこの哀れな姿を見て、『何という愚かなことだ。衣食のためにこんなに苦労している。私が昔、あなたが安心して暮らせるようにと思い、私の家を訪ねてきた折《おり》、高価すぎて値段がつけられない〝無価の宝珠〟を着物の裏につけておいてあげたのに、それに気がつかなかったのか。それは今、現にあなたの着物についている。今その宝珠で必要なものを買えば、何の不自由もなく暮らせるのではないか』と。これと同様に、世尊は〝無価の宝珠〟、すなわち仏性《ぶっしょう》が私たちに本来具《そな》わっているということを教え、それを磨いて仏の悟りを開くようにと導いて下さったのです。

それなのに、私たちの心は、眠っていてそれに気がつかなかったのです。そして阿羅漢の悟りを得て、これが最上の悟りであるかの如く思っていました。今、仏性という宝珠は、ここにあります。自分の中にあります。世尊はその仏の悟りを得よ、といって励まして下さったことを今、初めて知ることができました。私たちも、仏子《ぶっし》でした。菩薩でした。今、成仏の記別《きべつ》を親しく授けて下さいました。この喜びは、言葉に尽くすことはできません」

と、羅漢たちは世尊に対して感謝を述べました。

9 授《じゅ》学《がく》無《む》学《がく》人《にん》記《き》品《ほん》 第九

◆概略

釈尊が学人と無学人とに記別《きべつ》を授ける内容であるため、この名称がつけられています。学人とは、これから学ばなければならない人です。無学人とは、もうすでに学び尽くしこれ以上学ぶものがない人のことをいいます。

前の五百弟子受記品《ごひゃくでしじゅきほん》において、五百人の羅漢《らかん》たちは、仏になるという保証を得て、大いに喜びました。

これを見た阿難《あなん》と羅睺羅《らごら》の二人も、

「同じように成仏の保証を得ることができたら、どんなにうれしいだろう」

と思いました。羅睺羅は、釈尊の実子です。阿難は釈尊の従弟《いとこ》に当たる人で、後に釈尊の常《じょう》随《ずい》弟子（付き人、お世話係）になった人です。

この二人は、釈尊に申し上げました。

「私たちにも、成仏の保証がいただけないでしょうか。私たちが帰依するのは、世尊（釈尊）一人です。私たちが記別を得ることができたならば、世の人々も喜んでくれると思います」と懇願《こんがん》しました。

◆阿難《あなん》と羅睺羅《らごら》への成仏の保証

そこで釈尊は、阿難に記別を与えます。名は山海恵自在通王如来《さんがいえじざいつうおうにょらい》、国名は常立勝幡《じょうりゅうしょうばん》、時代は妙音偏満《みょうおんへんまん》といいます。

この時に同席していた新発意《しんぼっち》（新しく発心《ほっしん》した者）の菩薩たち八千人が「私たち菩薩でさえも、このような記別を得られないのに、どうして声聞《しょうもん》の人々が、記別を得られるのだろうか」と不思議に思いました。

阿難の像（敦煌）

すると、世尊はそれを察して、

「諸《もろもろ》の善男子《ぜんなんし》よ、それは、私と阿難らとは、昔、空王仏《くうおうぶつ》という仏のもとで、悟りを求める心を発《おこ》したのです。そのとき阿難は、常に多くの教えを聞くことを望み、私は常に勤めて精進《しょうじん》しました。この故に私は早く仏になることができました。阿難は、私の下にあって私の教え（法）を護持《ごじ》し、また将来の多くの仏のもとで、法蔵《ほうぞう》を護持し、諸の菩薩たちを教化《きょうけ》し、成就《じょうじゅ》せしめるでしょう。これが本願《ほんがん》であるから、ここに記別が得られるのです」

と過去の因縁《いんねん》を説いたのです。

阿難は、成仏の保証が与えられたことを喜び、過去の奇《く》しき因縁を回想して、仏徳《ぶっとく》を讃えるのです。

次に、世尊は、羅睺羅にも記別を授けました。その名を踏七宝華如来《とうしっぽうけにょらい》といい、その徳を讃えました。

そして世尊は、学・無学の二千人の人々をご覧になり、この人々には、宝相如来《ほうそうにょらい》という名号《みょうごう》をあたえて、成仏の保証をいたしました。

この人々は、大変喜んで、「世尊は智慧の灯明です。今、授記《じゅき》の声を聞いて、心の歓喜《かんぎ》充満し、あたかも甘露《かんろ》の雨を注《そそ》がれたようです」といって、心から喜びと感謝の意を釈尊に表したのです。

10 法師品《ほっしほん》第十

◆概略

法師とは、仏の正法《しょうぼう》を世に弘《ひろ》める人という意味です。

嘉祥大師吉蔵《かじょうだいしきちぞう》（五四六～六二三）の『法華経疏《しょ》』には、「世の薬師《くすし》が能《よ》く薬をもって、人の病を治するように、法師は大法《だいほう》を弘め、ものの師となる。故に法師という」とあります。仏の正法を信じて、これを己《おの》が身に実践し、また、人にも教えて実行せしめることに尽力する人は、皆、法師と称せられるのです。

「その時に世尊《せそん》、薬王菩薩《やくおうぼさつ》に因《よ》せて、八万の大士《だいじ》に告《つ》げたもう」と、この品は始まります。

「薬王よ、汝《なんじ》はこの大衆の中の、在家・出家の男女、その他多くの人々が、悟りを求めて集まっているが、これらの人々も仏前において、法華経の一偈《いちげ》でも一句でも聞いて、たとえわずかでも随喜《ずいき》するならば、私は皆に授記《じゅき》を与えるであろう。また、如来の滅後に、もし人ありて、法華経の一偈でも受持《じゅじ》し、読誦《どくじゅ》し、解説《げせつ》し、書写《しょしゃ》して、この経を仏に対するように敬い、視《み》る人あれば、その人はすでに過去の世に十万億の仏に仕《つか》え、諸仏の下で大願を発《おこ》して衆生《しゅじょう》を愍《あわれ》むが故に、この人間界に生まれたのである。だから、この人々は必ず仏に成ることができる」

として、ここに「五種法師《ごしゅほっし》」の修行と「十種供養《じっしゅくよう》」の義《ぎ》が説かれます。

◆五種法師《ごしゅほっし》と十種供養《じっしゅくよう》

五種法師とは、①受持《じゅじ》 ②読《どく》 ③誦《じゅ》 ④解説《げせつ》 ⑤書写《しょしゃ》の五つです。

この中で第一の受持が正行《しょうぎょう》で、第二以下が助行《じょぎょう》です。「受」とは、この経を有り難く受けて、深く信じることで、「持」とは、その信を長く持《たも》ち続けることです。この受持の力は、仏の教えを我が身に実行するにも、これを世に弘めるにも基本（根本）となるものですから、正行となるのです。正行とは修行の本体《ほんたい》です。そしてこれを助ける修行（助行）が、読・誦・解説・書写です。

十種供養とは、華《け》・香《こう》・瓔珞《ようらく》・抹香《まっこう》・塗香《ずこう》・焼香《しょうこう》・繒蓋《ぞうがい》・幢幡《どうばん》・衣服《えぶく》・伎楽《ぎがく》を供養し、合掌《がっしょう》恭敬《くぎょう》することです。

世尊の滅後に、人のために法華経のわずか一句でも説き聞かせる人があれば、この人は仏の使いであり、仏から使わされて仏の大きな仕事を実行する者であるのです。大衆の中においてこの経を説く人は、実に貴い人といわなければなりません。もし、悪人が、不善の心をもって仏を罵《ののし》るとしても、その罪はまだ軽く、この法華経を受持する在家・出家の法師を罵る者は、その罪は非常に重いのです。法華経を信仰する人は、仏の徳をもって、自分の身を荘厳《しょうごん》する（飾る）人なのです。

「その人は仏の肩に担《にな》われているような人である。この人には、最上の供養を捧げるがよい」と言葉を尽くして、法華経が如何《いか》に貴いものであるかを説き、釈尊が過去・現在・未来の三世《さんぜ》にわたって説くすべての経の中で、この法華経が最大第一であると宣言されるのです。

そして、この最大第一の法を世に弘める人は、どのような困難にも耐える覚悟が必要で、正しい法を弘めるには必ず大きな困難が伴うというのです。

「しかも、この経は、如来の現在すら、なお怨嫉《おんしつ》多し。況《いわん》や滅度《めつど》の後《のち》をや」

といって戒《いまし》めています。しかしそれを覚悟の上で、命をかけてこの経を弘める者は仏の心をもって、我が心とする者です。

「即《すなわ》ち、如来の手をもって、その頭を摩《な》でたもうことを得ん」

とありますから、仏の力がその人に加わり、危険や困難を回避でき、さらに多くの仏によって護られ、信仰・願望・精進にも一層の力が加わるというのです。

釈尊は更に薬王菩薩に語ります。

「薬王よ、在家であれ、出家であれ、成仏を志《こころざ》して、菩薩道を修行しようとしても、法華経を読誦し、解説し、書写し、供養することができないのなら、その人は本当の菩薩道を修行しているとはいえない。もし、この法華経の心を会得《えとく》することができれば、この時はじめて、この人は真の悟りに近づいているのだ」

そしてこれを譬《たと》えて説くのです。

「薬王よ、譬えていえば、渇《かわ》きに苦しんでいる人が高原で水を求めて、高原に井戸を掘るとする。いくら掘っても乾いた土が出てくる間は、水は遠いことを知らねばならぬ。しかし、たゆまず掘り進んで行くと、ようやく湿った土が出てくる。さらに進むと水を多くふくんだ泥土に達する。そこで初めて水が近くにあることを知るであろう。仏道の修行もこれと同様で、この法華経について聞くことなく、解することなく、修行することなく、その人は、真の悟りを去ること、極めて遠いことを知るべし」

と。この法華経を聞いて、その義を会得《えとく》し、心に思い、身に実行するようになれば、その人は真の悟りに近づくことができるのです。真の悟りは法華経においてのみ得られるのです。

「方便《ほうべん》の門を開いて真実の相《そう》を示す」という教えは、このことを示したものです。

そこでこの貴い法華経を説くための三つの覚悟として、「弘経《ぐきょう》（衣座室《えざしつ》）の三軌《さんき》（経を弘めるための三つの心得）」を説くのです。

◆衣《え》・座《ざ》・室《しつ》の三軌《さんき》

「薬王、若《も》し善男子《ぜんなんし》・善女人《ぜんにょにん》有りて、如来の滅後に、四衆《ししゅ》のために是《こ》の法華経を説かんと欲せば、云何《いかんが》、応《まさ》に説くべき。この人々は、如来の室《へや》に入《い》り、如来の衣《ころも》を着、如来の座《ざ》に坐《ざ》して、しかして乃《すなわ》ち、応に四衆のために広くこの経を説くべし」とあります。

これを「衣座室の三軌」といいます。

如来の室《しつ》（へや）とは、一切衆生に対する大慈大悲《だいじだいひ》の心です。

如来の衣《え》（ころも）とは、いかなる苦難や、侮辱《ぶじょく》にも耐える柔和《にゅうわ》、忍辱《にんにく》の心です。

如来の座《ざ》とは、一切法空《いっさいほうくう》、即ち、万物《ばんぶつ》を正しく平等に見る心です。

この如来の室に入り、如来の衣を着て、如来の座に座して、人々のために広く説くことによって、仏の加護が必ずこの人に加わるというのです。

11 見《けん》宝《ほう》塔《とう》品《ほん》 第十一

◆概略

前の法師品《ほっしほん》では、「法華経こそ仏の本意を説き明かした経典であるから、これを世に弘《ひろ》める人は、あらゆる難《なん》に堪《た》えて、苦をしのぶ覚悟をもたなければならない」として、三つの心得が示されました。さらにこの経を弘める人の功徳が並々ならぬことも明らかにされました。

このことは、この法を聞く人に非常に深い感銘を与えたに違いありません。この人々は、今までの肉体をもったまま仏と成る、すなわち「即身成仏《そくしんじょうぶつ》」ができることを知って、自分自身を見直すことができたのです。

さて、この品の名である「宝塔《ほうとう》を見る」について、次のような説明があります。

「その時に、仏前に七宝《しっぽう》の塔あり、高さ五百由旬《ゆじゅん》、縦広二百五十由旬にして、地より涌出《ゆじゅつ》して、空中に住在《いま》せり。種々の宝物をもって之《これ》を荘校《かざ》り、五千の欄楯《らんじゅん》ありて、部屋は千万なり。無数の幢幡《どうばん》をもって厳飾《ごんじき》となし、宝の瓔珞《ようらく》を垂れ、宝の鈴は万億あり」

人々はこれを見て大変驚いていると、その時その塔の中から、「善哉《ぜんざい》（よきかな）、善哉、釈迦牟尼世尊《しゃかむにせそん》、よく平等の大慧《だいえ》、菩薩の教える法にして、仏に護念《ごねん》せらるるところの妙法華経《みょうほけきょう》をもって、大衆のために説きたもう。かくの如し、かくの如し。釈迦牟尼世尊よ、説く所の如きは、皆これ真実なり」と、大音声《だいおんじょう》が聞こえます。これは多宝如来《たほうにょらい》の声です。

一会《いちえ》の大衆は、この宝塔の涌現《ゆげん》（地から涌《わ》き現れる）するのを見、塔の中からの声を聞いて、非常に驚き、且《か》つ喜んで塔中の声の主《ぬし》の姿を拝したいと願いました。

釈尊はこれを制して、「この塔の中には、多宝如来がいるが、容易にその姿を拝することはできない。法華経が説かれている所には必ず現れて、その教えが真実であることを説明し、証明することが多宝如来の念願であるから、それゆえに、今この霊鷲山《りょうじゅせん》において、自分が法華経を説いている所へ出現せられ、我が所説の真実であることを証明したのである。しかし、この多宝如来には深重《じんじゅう》の願《がん》がある。それは、法華経を説く仏の分身仏《ふんじんぶつ》が、ことごとく、集まった後でなければ、決して姿を現さないということである」と告げられました。

さらに続けて「もしどうしても多宝如来を拝したいと願うならば、自分の分身の仏が十方世界にいるのを、ことごとくここへ集めて、その後に多宝如来のお姿を拝することにしたいが、一同

二仏並坐（向かって左が釈尊、右が多宝如来）

の考えはどうだろうか」と、釈尊は尋ねました。

「分身仏《ふんじんぶつ》」とは、仏が教えを説くこと久しくなれば、これを受ける弟子の中に機根《きこん》の勝《すぐ》れたものがあって、その聞いたところを信解《しんげ》してその智慧が仏と同様になる、このような弟子を「分身仏」というのです。

大楽説菩薩《だいぎょうせつぼさつ》は一同を代表して、「世尊（釈尊）、我等《われら》、亦《また》、願わくは世尊の分身の諸仏を見たてまつり、礼拝《らいはい》し供養《くよう》せん」と答えました。

ここにおいて、釈尊は、身より光を放って十方《じっぽう》の世界を照らし、十方世界の諸仏はこれによって、釈尊が自分たちの来集《らいしゅう》を求めていることを知り、各自に大菩薩を侍者《じしゃ》として、この娑婆《しゃば》世界に来集したのです。その数は、無量無数です。

そこで釈尊は右の指で、かの宝塔を開きました。「大音声を出すこと、関《けん》・鑰《やく》（扉の鎖）を却《のぞき》て、大城の門を開くが如し」と扉の重々しさが表現されています。

塔の中には多宝如来が端座《たんざ》して居《お》られ、直《ただ》ちに声を発して、「善哉、善哉、釈迦牟尼仏、快《こころよ》く是《こ》の法華経を説きたもう。我この経を聞かんがために、特にこの所へ来至《らいし》せり」と告げられました。この声は、一同に深い感激を与えました。

そして多宝如来は「釈迦牟尼仏、この座《ざ》に就《つ》きたもうべし」と仰《おお》せになりました。

釈尊は、直ちに塔の中に入って多宝如来と相並《あいなら》んで坐し（二仏並坐《にぶつびょうざ》）、大音声をもって大衆に向かって告げました。

「今、正しくこれ時なり。如来久しからずして、まさに涅槃《ねはん》に入るべし。仏、此《こ》の妙法華経をもって付嘱《ふぞく》して、在ること有らしめんと欲す」

と、この娑婆世界に広く法華経を弘めるべきことを命じたのです。

そして、次に有名な「六難九易《ろくなんくい》」の法門が説かれます。

◆六難九易《ろくなんくい》

釈尊は、末法《まっぽう》の世にこの法華経を弘めることには大変な功徳があると説きます。しかし、「諸《もろもろ》の善男子《ぜんなんし》、各《おのおの》、諦《あきらか》に思惟《しゆい》せよ。これは是《これ》、難事《なんじ》なり、宜《よろ》しく大願を発《おこ》すべし」と、末法の世で法華経を弘め、書写や受持させることは、非常に困難が伴うとも説きます。その困難なことがら六つを「六難」といいます。

六難を実行することは、難中の最難事であると、釈尊は断じています。

①若《も》し仏の滅後に　悪世《あくせ》(末法)の中において能《よ》くこの経を説かば　これ則《すなわ》ち難《かた》しとなすなり。

②自ら書き持《たも》ち　若しくは人をして書かしめば　これ則ち難しとなすなり。

③仏の滅度の後に　悪世の中において　暫《しばら》くもこの経を読まば　これ則ち難しとなすなり。

④わが滅度の後に　若しこの経を持ちて　一人のためにも説かば　これ則ち難しとなすなり。

⑤わが滅後において　この経を聴受《ちょうじゅ》し　その義趣《いみ》を問うは　これ則ち難しとなすなり。

⑥わが滅後において、若し能くかくの如き経典を持《たも》ち奉らば　これ則ち難しとなすなり。

そして、「九易」が説かれます。九易は、それぞれに非常に難しいことですが、末法に世において法華経を弘める「六難」に比べれば、これらのことは難事とするには足りぬというのです。

①諸の余《よ》の経典は　数、恒沙《ごうしゃ》(ガンジス河の砂)の如し　これらを説くといえども、いまだ難しとなすに足らず。

②若《も》し須弥《しゅみ》(山《せん》)を接《と》りて、他方の無数の仏土《ぶつど》に擲《な》げ置かんも　亦《また》、未だ難しとなさず。

③若し足の指をもって　大千界を動かして　遠く他国に擲《なげうた》んも　亦、未だ難しとなさず。

④若し有頂《うちょう》に立ちて　衆《もろびと》のために　無量の余経を演説すとも　亦、未だ難しとなさず。
⑤仮使《たとい》、人ありて　手に虚空を把《と》りて　もって遊行《ゆぎょう》すとも　亦、未だ難しとなさず。
⑥若し大地をもって　足の甲《つめ》の上に置きて　梵天《ぼんてん》に昇るとも　亦、未だ難しとなさず。
⑦仮使《たとい》、劫焼《こうしょう》に　乾きたる草を担負《にな》いて　中に入りて焼けざらんも　亦、未だ難しとなさず。
⑧若し八万四千の法蔵《ほうぞう》と　十二部経とを持《たも》ちて　人のために演説し　諸の聴く者をして　六《ろく》神通《じんづう》を得せしめば　能くかくの如くすと雖《いえど》も　亦、未だ難しとなさず。
⑨若し人、法を説きて　千万億の無量無数　恒沙の衆生をして　阿羅漢《あらかん》を得て　六神通を具《ぐ》せしめば　この益《やく》有りと雖も　亦、未だ難しとなさず。

この「六難九易」の教えから、末法の世において法華経を弘めることが如何《いか》に困難であるかがわかります。しかし、その困難を乗り越えてこの経を弘める人の功徳は広大無辺で、それ故に「斯《か》くの如きの人は、諸仏の褒《ほ》めたもう」ところであるというのです。

仏が説く無量の経の中で、この法華経が最も重要なのです。よく持《たも》つことのできる人は、仏身《ぶっしん》を持つ者なのです。しかし、難事であるから「諸の善男子、我が滅度の後において、誰か　よくこの経を受持《じゅじ》し、読誦《どくじゅ》するか、今仏前において、自ら誓言《せいごん》を説け」と、念をおすのです。そして仏前で法華経を弘める誓言をした人々を褒めて、

「この経は持《たも》つこと難《かた》し　若《も》し暫《しばら》くも持つ者あらば、われ、即《すなわ》ち歓喜《かんぎ》せん。諸仏もまた然《し》かならん。かくの如きの人は、諸仏の歎《ほ》めたもう所なり。これ即ち勇猛《ゆうみょう》なり。これ即ち精進《しょうじん》なり。これ戒《かい》を持《たも》ち、頭陀《ずだ》を行《ぎょう》ずる者と名づく。即ち為《こ》れ、疾《と》く無上の仏道を得たるなり。能《よ》く来世において、この経を読み持《たも》たば、是《こ》れ真《まこと》の仏子《ぶっし》にして、淳善《じゅんぜん》の地に住するなり。仏の滅度の後に能く其《そ》の義を解《げ》せば、これ諸の天・人の世間の眼《まなこ》なり。恐畏《くい》の世において、能く須臾《しゅゆ》も説かば、一切の天・人は皆、応《まさ》に供養すべし」

と偈《げ》を述べます。この偈文《げもん》はとても有名で、法事や朝夕のお勤めなどでも読誦されています。

この見宝塔品において、釈尊が大衆に対して、

「末法の世の娑婆世界でこの経を弘めるように」

と勧めるのに先立って、多宝如来の宝塔が出現し、十方分身の諸仏が来集したのはどのような意味があるのでしょうか。多宝如来は、真理の象徴です。仏の智慧は、真理を悟ることですから、真理と智慧とは一つのものの両面といえます。真理のことを真如ともいいますが、この真如から来たものという意味で「如来」というのです。ですから、多宝如来と釈迦如来が宝塔の中で並んで坐したということは、この法華経に説かれていることが真理である、ということを象徴しているのです。

◆舞台は虚空会《こくうえ》へ

釈迦・多宝の二如来が宝塔の中の師子座《ししざ》に並んで坐したのを見て、大衆は思いました。

「仏は高遠《こうおん》に坐したまえり。唯《ただ》、願わくは、如来よ、神通力をもって、われ等《ら》の輩《ともがら》をして、
倶《とも》に虚空に処《しょ》せしめたまえ」

と。すると即時《そくじ》に釈尊は、神通力をもって、諸々の大衆を皆、空《そら》高く虚空に昇らせたのです。

ここで法華経の会座《えざ》は、霊鷲山の地上（霊山会《りょうぜんえ》）から、虚空（虚空会《こくうえ》）へ移ったのです。これは属累品《ぞくるいほん》第二十二まで続きます。

法華経の会座は「二処三会《にしょさんね》」といいますが、「二処」とは霊鷲山と虚空で、「三会」とは最初の霊山会、この虚空会、そして最後の霊山会をいうのです。

この虚空会の最初に釈尊は、娑婆世界において法華経を宣布《せんぷ》することを付嘱《ふぞく》（委嘱《いしょく》）するのです。高遠の仏の座に、大衆が共に処したということは、凡夫《ぼんぷ》の身に仏性《ぶっしょう》があることを自覚したことを意味するのです。

12 提婆達多品《だいばだったほん》 第十二

◆概略

提婆達多は、人の名前です。この人は釈尊の父の弟の子といわれ、また阿難《あなん》の兄であるともいわれています。

若いころは、釈尊のライバルとして対抗意識が強く、いろいろの迫害を釈尊に加えた人としても知られています。

この品《ほん》は二段に分かれて説かれます。

前段は仏敵となった提婆達多でも、後に必ず成仏すると説きます。

後段では龍王の女《むすめ》が、文殊菩薩《もんじゅぼさつ》（文殊師利《しり》菩薩）に随《したが》って法華経を学んで成仏したことを示します。

まず、ある国の王と阿私仙人との物語が述べられますが、この王とは、釈尊の前身（前世の姿）です。

◆善知識・提婆達多

この王は非常な名君《めいくん》でした。常に菩薩道の実行に心を打ち込んでいました。しかし王はなお、これをもって足れりとせず、仏の境地に到達すべき道を知りたいと望みました。そして王位を太《たい》子《し》（王子）に譲って、普《あまね》く天下に師を求め「もし私のために、大法《だいほう》を伝える人があるならば、自分はその人の奴《ぬ》僕《ぼく》となって、これに仕《つか》えよう」と宣言しました。

時に、阿私仙人が王を訪れて「もし、自分に忠実に仕えるならば、仏と成るべき道を伝えましょう」と申し上げました。

王はこれを聞いて非常に喜び、直ちに仙人の従僕《じゅうぼく》となり、仙人の身近に仕えて雑用をこなしました。経文には、

「この実を採《と》り、水を汲《く》み、薪《たきぎ》を拾い、食を設《もう》け、乃至《ないし》身を以《も》って牀座《じょうざ》となせしに、身心は倦《う》きこと無かりき」

とあります。妙法を求める気持ちが強かったので、長い間給仕をすることができたのです。

このようにして修行を重ね、終《つい》に仏の境界《きょうがい》に到達したといいます。これは「仏となって一切《いっさい》衆生《しゅじょう》を救いたい」という望みをもっていたから続けることができたのです。「普《あまね》く、諸《もろもろ》の衆生

のために、大法を勤求《ごんぐ》」したので成し遂げられたのです。

釈尊は続けます。「その時の王とは、我が前身であり、時の仙人とは、提婆達多の前身である」。提婆達多は、仏法の流布を妨げるために、さまざまな方法で釈尊とその弟子たちに迫害を加えたのですが、釈尊はこれを怨《うら》まず、却《かえ》って彼を善知識《ぜんちしき》（正しい教えを与えてくれる師や友人）と呼んだのです。

釈尊の前身たる王は阿私仙人に仕えて、あらゆる苦労をして、ついに仏智《ぶっち》を成就《じょうじゅ》しました。苦労したことが王の智を磨き、徳を積むための大きな力となったのです。仙人が王に苦労をかけたことは、実に大きな恩恵になった、ということでしょう。

そして釈尊は、提婆達多が加えた数々の迫害を、過去の世において阿私仙人のために苦労したのと同様に、深く感謝しているのです。この因縁によって提婆達多は「やがて成仏して、名を天《てん》王如来《のうにょらい》といい、その世界を天道《てんどう》というであろう」と記別《きべつ》を受けたのです。

前段はここで終わり、後段に入ります。

◆女人成仏《にょにんじょうぶつ》

時に多宝如来《たほうにょらい》の侍者《じしゃ》である智積《ちしゃく》菩薩《ぼさつ》が、「まさに本土《ほんど》（自分のもといた世界）に還《かえ》りたもうべし」

といいました。釈尊はこれを止めて「ここに菩薩あり、文殊師利《もんじゅしり》と名づく。ともに相見《あいまみ》ゆべし。妙法を論説して（文殊菩薩と法華経について議論して）、本土に還るべし」と仰《おお》せになりました。

その時、文殊師利菩薩（文殊菩薩）は、娑竭羅《しゃから》龍宮《りゅうぐう》から多くの菩薩を随《したが》えて現れました。そして法華経を説いて、多くの人々を教化《きょうけ》したことを語りました。智積菩薩はこれを聞いて感動しました。

「大智徳《だいちとく》（文殊菩薩）よ、勇健《ゆうごん》にして、無量の衆を化度《けど》せり。今この諸の大会《だいえ》と及びわれとは、皆、すでに見たり。実相《じっそう》の義を演暢《えんちょう》し、広く諸の群生《ぐんじょう》を導きて、速《すみや》かに菩提《ぼだい》を成《じょう》ぜしめたるを」

といって功労《こうろう》を讃えました。

すると文殊師薩は、「これはものの数ではない。それよりも、もっと喜ぶべきことは、龍王の女《むすめ》（龍女《りゅうにょ》）のために、法華経を説いて、悟りを得させたことである」といって、龍王の女の徳を讃えました。

しかし、智積菩薩をはじめとしてその席にいた大衆は、容易にこれを信じることができませんでした。

それは、当時の一般の考え方では、女性は罪障《ざいしょう》の深いもので、男性より劣っているという考えがあったからです。

龍女は女性であり、しかもまだようやく八歳になった子どもだというのに、法華経によって仏智を得たというのですから、人々が信じられないのは当たり前です。

「釈尊でさえも、前世以来、種々の難行苦行を積んだ上でようやく仏になったというのに、わずか八歳の少女が短期間の修行で、仏の境地に達したというようなことは、あるはずがない」と、ほとんどの大衆はそう考えたのでした。

ところがです。人々が戸惑《とまど》っているうちに、龍女はそこへ姿を現し、恭《うやうや》しく偈《げ》を説き始めました。釈尊の徳を讃嘆《さんだん》し、

「また、聞いて菩提を成ずること、唯、仏のみ、まさに証知《しょうち》したもうべし、我、大乗の教えを聞いて、苦の衆生を度脱《どだつ》せん」

と自分が成仏したことを告げたのです。そして一つの宝珠《ほうじゅ》を釈尊に献上《けんじょう》し、釈尊は快《こころ》よくこれをお受けになりました。これは、釈尊がこの少女に記別を与えたことを意味しています。

少女はたちまちに仏身となり、文殊師利菩薩の言説《ごんぜつ》が偽りでないことを人々に示したのです。

人々は、これを目《ま》の当たりに見て、法華経を信じる力がいかに大きなものかを知り、大変驚くと同時に、大歓喜《だいかんぎ》の念を起こしたのです。

自分たちも真心《まごころ》をもって法華経を信じさえすれば、必ず終《しまい》には仏に成ることができるという

自信を得たのです。

提婆達多品はこれで終わるのですが、この龍女の成仏という事実によって、大衆の胸中に湧《わ》き起こった感激は、非常に大きいものでした。それは、今までに釈尊から成仏の保証（授記）を与えられたのは男性ばかりであり、年齢も長じて修行も積んでいる人々でした。

ところが、この龍王の女はわずか八歳の少女で、しかも直接に仏から説法を聞いたのではなく、文殊菩薩に随従《ずいじゅう》して法華経を学んだに過ぎないのです。この少女が成仏したことにより、人々は信仰の上では、男女の別とか、長幼《ちょうよう》、賢愚《けんぐ》の別は無いものなのだ、ただ真心を打ち込んで、仏の本意を会得《えとく》すれば、これによって、ただちに仏智を成就することができるのだ、ということを知ったのです。

提婆達多の成仏は「悪人成仏」、龍女の成仏は「女人成仏」の実例です。

13 勧《かん》持《じ》品《ほん》第十三

◆概略

「勧持」とは、法華経を持《たも》つ（受持する）ことを勧《すす》めるという意味です。

この品では、法華経の行者が受難《じゅなん》を覚悟すべきであることを述べています。持つとは、受持することです。仏の教えを深く信ずることを「受」といい、その信を持ちつづけることを「持」といいます。

この法華経は、大乗仏教の最高峰であって、人々が共に仏と成るべき大道《だいどう》を示しています。それには菩薩道の修行に励んで、常に世のため、人のために力を尽くすことに、悦《よろこ》びを感じなければなりません。法華経の受持を志《こころざ》す以上は、世のため、人のために力を尽くして、このためにはどのような困難にあっても少しも悔いることのない覚悟を持たなければならないのです。

ここでは多くの有徳の菩薩たちが、末法《まっぽう》の世に出《い》でて、この法華経を弘《ひろ》めるために力を尽くすことを誓い、この経を弘める人の身にふりかかってくるであろう迫害を数えあげて、「自分たちは必ず、これらの諸難《しょなん》に堪《た》えて、この経を弘めることに努めよう」と約束したのです。

この立派な覚悟の根底となっているのが、

「私は、仏の使いとして世に出て、この経を弘める者である」

との自覚です。

最初に薬王菩薩《やくおうぼさつ》や大楽説菩薩《だいぎょうせつ》などが、仏前において誓言《せいごん》を述べます。前の提婆達多品《だいばだったほん》で、悪人成仏と女人成仏《にょにん》の実例によって、仏の大慈悲と、法華経が真に「諸経《しょきょう》の王」であることが示されました。そこでこれらの菩薩たちは、「如何《いか》なる苦難に遇《あ》おうとも、この経を末法の世に弘めることに、力を尽くそう」と覚悟を定めて、釈尊の許しを請うのでした。

末法の世の衆生が、救い難《がた》いものであることは充分承知の上で、この大事にあたろうとするのですから、

「教化《きょうけ》すべきこと難《かた》しといえども、われ等《ら》は、当《まさ》に大忍力《だいにんりき》を起こして、この経を読誦《じくじゅ》し、持《たも》ち、説き、書写《しょしゃ》して、種々に供養《くよう》し、身命《しんみょう》をも惜《お》しまざるべし」

と命を賭して法華経を弘通することを誓ったのです。

この貴《とうと》さは、世尊の慈悲に感激した、弟子たちの至情《しじょう》の発露《はつろ》なのです。

◆摩訶波闍波提比丘尼《まかはじゃはだいびくに》と耶輸陀羅《やしゅだら》比丘尼の授記《じゅき》

この菩薩たちの誓言に続いて、摩訶波闍波提比丘尼と耶輸陀羅比丘尼に記別《きべつ》が授けられます。

摩訶波闍波提比丘尼というのは、別名を憍曇弥《きょうどんみ》といい、釈尊の姨母《おば》で、摩耶夫人《まやぶにん》（釈尊の生母）の妹です。

摩耶夫人《まやぶにん》は、釈尊が生誕されてまもなく死去しましたので、父の浄飯王《じょうぼんのう》は、その妹の摩訶波闍波提を後の妃《きさき》として、釈尊の養育にあたらせました。姨母ではありますが、実の母にも負けないほど心を尽くして釈尊を育てた育母です。

釈尊は「その大恩《だいおん》を決して忘れない」と感謝していたことから、摩訶波闍波提比丘尼は一切衆《いっさいしゅ》生喜見如来《じょうきけんにょらい》の名で授記されました。

また、耶輸陀羅比丘尼は、釈尊が太子《たいし》（王子）だった時の妃で、釈尊の一子、羅睺羅《らごら》の母です。彼女もまた具足千万光相如来《ぐそくせんまんこうそう》の名で授記を得ました。

この二人の女性は、いずれも早くから仏弟子となり、持戒《じかい》も堅固《けんご》で、人々からも尊敬を受けていたのですが、養育してくれた摩訶波闍波提や妻であった耶輸陀羅が最後に授記を与えられたというのは、どのような意味があるのでしょうか。

釈尊が、悟りを開いて仏陀《ぶっだ》となった数年後、父の浄飯王は九十七歳に達して、老齢のため衰弱していました。もはや余命幾《いく》ばくもない父のため、釈尊は急いで帰国し、父王のため懇切《こんせつ》に法を説きました。父王は心から満足してその教えを受け、安らかに臨終《りんじゅう》を迎えました。

浄飯王の葬儀は、王家の形式により厳格に営まれ、釈尊は人の子として自ら香炉《こうろ》を取って、父の棺《ひつぎ》の前に立って、遺骨を墓所に送ったといいます。

この時の釈尊の父王への説法とその徳によって、仏教に帰依《きえ》の心を生じた者が多く、その中でも直《ただ》ちに出家して、仏弟子となることを切望した人がいました。

それが、摩訶波闍波提と耶輸陀羅です。共に出家を望みましたが、釈尊は「婦人の身では、出家者としての修行が困難であり、もし中途で退転《たいてん》するようなことになるくらいなら、最初から出家しないほうが良い」と考え、出家を許可しませんでした。

ところが、釈尊の信任の厚い阿難《あなん》が、この二人に深く同情して、言葉を尽くして、二人の出家を懇願《こんがん》しました。

釈尊は、「一度出家したら、いかなる難行苦行にも堪《た》えなければならない」とよく諭《さと》した上で、二人が仏弟子の列に入ることを許したのです。

これが仏教教団（仏門）における最初の比丘尼（女性出家）です。この二人は、仏弟子として、模範の弟子になったといいます。

さて法華経では、仏がこの世に出現したのは、一切衆生《いっさいしゅじょう》をことごとく仏と成《な》さしめるためであると説かれています。

「一切衆生をして我が如く、等《ひと》しく異なること無からしめん」

との釈尊の言葉を拝聴して、その一切衆生の中には女性である自分たちも含まれていることを知り、大変悦《よろこ》んだのです。

提婆達多品の前半までの授記は、すべて男性だけでした。しかし、一切衆生となれば女性も含まれるのです。

そんな時に、龍女《りゅうにょ》の成仏という教えが説かれ、いよいよ女人成仏ができることが確実となったのです。しかし釈尊は、憍曇弥（摩訶波闍波提）と耶輸陀羅の二人に対してなかなか授記を与えませんでしたので、二人の心は釈尊の心の中を測《はか》りかねて、不安の心で釈尊を仰《あお》いでいたのです。

釈尊は、その心を察して、まず憍曇弥に向かって告げるのです。「決して不安の念を抱くに及びません。声聞《しょうもん》であっても、菩薩行を励んで怠《おこた》るまいと決心して誓願した者は、将来必ず仏に成れると保証しました。その中には女人も含まれているのです」。こうして、憍曇弥と耶輸陀羅の二人に対して菩薩道を修めることを条件に授記を与えたのです。

憍曇弥に対しては、「将来の世に、当に六万八千億の諸仏の法の中において、大法師《だいほっし》となるべし。……汝《なんじ》はかくの如く、漸々《ぜんぜん》に菩薩の道を具《ぐ》して、当《まさ》に仏と作《な》ることを得」と述べ、耶輸陀羅には「来世の百千万億の諸仏の法の中において、菩薩の行を修し、大法師となり、漸《よう》く仏道を具し、善き国の中において、当に仏と作ることを得る」と説きます。この二人の授記によって、霊鷲山（および霊鷲山上の虚空）での授記は最後となるのです。

そこで、今まで授記された人々は、法華経を弘めるために身命《しんみょう》をも惜しまず全力で尽くそうと決心したのです。

その代表として、八十万億那由佗《なゆた》という多数の菩薩たちが、仏前において、改めて誓願をして、末法の世に出てこの経を弘める者の覚悟を改めて述べるのです。

これが「二十行の偈《げ》」として知られるところです。

◆二十行の偈《げ》

「二十行の偈《げ》」は、次のとおりです。

「唯《ただ》、願わくは 慮《うらおもい》したもうべからず　仏の滅度の後恐怖《くふ》の悪世の中において　われ等は、当《まさ》に広く、説くべし。
諸《もろもろ》の無智《むち》の人の悪口《あっく》・罵詈《めり》などし
及び刀杖《とうじょう》を加うる者あらんも　われ等は、皆、当に忍ぶべし。
悪世の中の比丘は　邪智《じゃち》にして心に諂曲《こびへつらい》あり
未だ得ざるに、為《こ》れを得たりと謂《おも》い　我慢《がまん》の心、充満せん。
或《あるい》は阿練若《あれんにゃ》に納衣《のうえ》にて空閑《しずけきところ》に在りて
自ら真《まこと》の道を行ずと謂《おも》いて　人間を軽賤《きょうせん》する者あらん。
利養に貪著《とんじゃく》するが故に　白衣《びゃくえ》のために法を説きて
世のために恭敬《くぎょう》せらるること　六通の羅漢《らかん》の如くならん。
この人は悪心を懐《いだ》き　常に世俗の事を念《おも》い
名を阿練若に仮《か》りて好んでわれ等《ら》の過《あやまち》を出し
しかもかくの如き言を作《な》さん『この諸の比丘等は
自らこの経典を作りて世間の人を誑惑《たぶらか》し
名聞《みょうもん》を求めんが故に　分別《ふんべつ》してこの経を説くなり』と」

この偈の中には、末法の世となって法華経を弘める人に迫害を加える「三類の強敵《ごうてき》」があげられています。

①俗衆増上慢《ぞくしゅうぞうじょうまん》
②道門《どうもん》増上慢
③僭聖《せんしょう》増上慢
の人々です。

増上慢とは、いまだ悟りを得ていないのに、悟りを得たと勘違いし、自分は優れていると思いあがった慢心のことです。

増上は四慢《しまん》（増上・卑下《ひげ》・我《が》・邪《じゃ》）の一つ、また七慢《しちまん》（慢・過慢・慢過慢・我慢・増上慢・卑慢・邪慢）の一つです。自分の価値を実際以上に見ることです。また俗にいう自惚《うぬぼ》れに相当します。

増上慢の記述は、『倶舎論《くしゃろん》』巻十九には「いまだ証得《しょうとく》せざる殊勝《しゅしょう》の徳の中において已《すで》に証得すると謂《おも》うを、増上慢と名づく」とあります。また法華経の方便品《ほうべんぼん》第二には、釈尊が法華経以前に説いた教えは権教《ごんきょう》（仮の教え）だったとして、真実の仏法を説こうとしたところ、五千人の増上慢の比丘が「それならば聞く必要はない」としてその座を立って去った（五千起去《きこ》）とあります。

まず、①の俗衆増上慢ですが、末法の世において、法華経以外の教えを信じ法華経の行者を敵とする、在俗の人々のことです。二十行の偈では、「諸の無智の人が、法華経の行者に対して、悪口・罵詈し、あるいは、刀杖を加えるであろう」とあります。無智＝無知の人とは、仏法を学びながら、仏の心を正しく会得《えとく》することのできない人です。

この無知の人は、自身が無知であることを知らず、自分は、仏の本意にかなった信仰をしていると思い込んでいるので、「法華経を弘める人は世間を迷わす者である」として、これを憎み、その勢力を除くために、種々の迫害を企てるのです。

その方法が、悪口《あっく》・罵詈《めり》、刀杖、殺害などで、これらの迫害に堪《た》えなければ、法華経を弘めるという聖業《しょうごう》（聖なる業《わざ》）を完成することはできないのです。

②道門増上慢というのは、法華経以外の教えを弘める僧侶を指します。これらの人々の中には「末法の世に入っては、全ての人の品性が下劣となる。大乗の経典を読んでも、その深い意味を会得することなどできない。釈尊以外の如来や菩薩の慈悲にすがり、死後に娑婆《しゃば》ではない他土《たど》の浄土で救われることを求める以外に道はない」と主張して法華経を否定してしまう人々がいます。また、別の人々は、「経典など、いかに極めても、仏の心などわかるものではない。坐禅などの瞑想だけをして、我が心の中に仏を求めるのが、唯一の悟りに至る道である」と主張したりもします。前者は他力本願、後者は自力本願で、これはいわゆるペシミズム（悲観主義）とオプティ

ミズム（楽天主義）と言い換えることができるのではないでしょうか。

末法の世は、複雑多端《たたん》な時代です。経典などを読んだり研究したりしても、信仰を定めることなどできないとあきらめてしまって、ただ仏の制定した戒律だけを守って、日常の行いに過失のないように勤めていればいいというのは求道者《ぐどうしゃ》の態度ではありません。

③僭聖増上慢というのは、持戒堅固《じかいけんご》の聖人のように見えて、実は名誉の欲にとらわれている僧侶のことです。現実の苦難に立ち向かう法華経の行者に対して邪魔をして迫害を加えるのです。

「聖」とは、一切の煩悩を離れた人のことで、「僭聖」とは、聖者のように装《よそお》って、世間を欺《あざむ》き、世間の有力者に迎合《げいごう》して、自分の勢力を増大することだけを考えている者です。こういう僧侶は、人里離れたところの山寺に住んで清浄《しょうじょう》を装います。

しかし、苦しんでいる者を救ったり、里に出向いて説法をしたりなどはしません。当然、魂を打ち込んで仏法を極める情熱もありませんから、仏の本意が示されている法華経ではなく、方便の教えに執着しています。そして法華経を弘める人を恐れて、法華経の行者を圧迫しようとするのです。自分の信徒を利用して法華経や法華経の行者に対する悪口をいわせ、自分の立場のみよくすることだけに熱心になるのです。

日蓮聖人は『立正安国論《りっしょうあんこくろん》』で、これらの増上慢を戒《いまし》めています。カルトの教祖は自分を絶対化して信徒を利用し、教団の拡張と権力・財力を獲得することに欺きのテクニックを使い、信徒を奴隷のように従属させているのですから、まさに大罪をなしているといえるのです。

「悪口・罵詈」、「刀杖を加える」、「世間の権力者の力をかりて法華経の行者の邪魔をする」。経文では「国王、大臣、バラモン、居士《こじ》、及び余の比丘衆に向かって誹謗《ひほう》し、我が悪を説きて、これ邪見《じゃけん》の人、外道の論議を説くなりと謂《おも》わん」とあります。

国王、大臣は国の政治を掌握《しょうあく》する者、バラモンは宗教者・学者として世間から尊敬されている人、居士とは、民間で信用され、力のある人です。これらの人々に向かって、法華経の行者の悪口をいい、その他種々の難題を世間に吹聴するのです。

経文には「数々、擯出《ひんずい》せられ塔寺を遠離《おんり》せん」とありますから、寺を追われ、遠国へ流されることもあるのです。

これらの迫害が一身に集まってくると、到底堪《た》えられないと思うのですが、諸々の菩薩は「必ずこれを忍ぶ」と誓ったのです。

人間は自分の名利《みょうり》（名誉・利益）のためには、かなりの苦難にも耐えられますが、名利が得られなくなるとたんに挫折してしまいます。

しかし、諸々の菩薩は「恩に報ずるために、苦を忍ぶ」という高い心境にあるので、苦を忍ぶことの中に、無限の満足が存在しているのです。ですから、いかにその苦が続いても、中途で挫折することはありません。

勧持品の中で菩薩たちは、

「われ等は、仏を敬信《きょうしん》したてまつるをもって、当《まさ》に忍辱《にんにく》の鎧《よろい》を著《き》（着）るべし。この経を説かんがための故に、この諸《もろもろ》の難事《なんじ》をも忍ばん」

と誓うのです。そこで菩薩たちは、

「われは身命《しんみょう》を愛せずして、但《た》だ、無上道を惜しむなり」

という有名な誓願をするのです。

また、

「われは、当に善く法を説くべし。願わくば仏よ、安穏《あんのん》に住したまえ」

と、覚悟のほどを示したのです。

14 安楽行品《あんらくぎょうほん》 第十四

◆概略

末法《まっぽう》の世に出《い》でて法華経を弘《ひろ》める人は、あらゆる法難《ほうなん》を忍ばなければなりません。その諸難《しょなん》がどのような人々によって、どのように加えられるかを具体的に説き、しっかりと覚悟をして、この経を持《たも》つことを勧《すす》めたのが前の勧持品《かんじほん》です。そして、一切の難事《なんじ》に打ち勝つ力は仏を敬信《きょうしん》する一念によってのみ得られる、ということも示されました。仏を敬信する人には、仏の力が通《かよ》っているのですから、どのような敵も、これに勝つことはできないのです。

仏を敬信することが根本にあり、さまざまな迫害を忍んでいく覚悟と用意を、詳しく心得ておくことも肝要であるというのです。

そこで釈尊は、文殊師利菩薩《もんじゅしりぼさつ》（文殊菩薩）の求めによって「安楽行《あんらくぎょう》」という教えを示すのです。

安楽行の安とは、「安忍《あんにん》」です。これは、歯を噛《か》み締《し》めて猛火の中を駆《か》け抜ける、というような一時的な忍び方ではありません。

天台大師《てんだいだいし》が「安忍なれば、能《よ》く忍びて道事《どうじ》を行《ぎょう》ず」と論じているように、安忍とは安らかに忍ぶことができるということです。久しく続いても忍ぶことに苦痛が伴わないので、大事を成就《じょうじゅ》することができるのです。

この品《ほん》は、文殊師利菩薩が、末法の悪世に法華経を弘めるには、どのような心得が必要かを、釈尊に尋ねることから始まります。

釈尊はこれに対して、四安楽の行法《ぎょうぼう》を説きました。

◆四安楽行《しあんらくぎょう》

四安楽とは、次の通りです。

①身《しん》安楽行
②口《く》安楽行
③意《い》安楽行
④誓願《せいがん》安楽行

まず、第一の身安楽行は、「行処《ぎょうしょ》」と「親近処《しんごんしょ》」の二つに分けて説明されています。

「行処」とは、安らかに法華経を行じるための根本的心得です。つまり「忍辱《にんにく》」の徳を守り、柔和善順《にゅうわぜんじゅん》にして人と争わず、深く諸法の実相《じっそう》を観《み》て、しかも自分の悟ったことを人に示そうとしない、増上慢にはならないなどを根本とします。

その上で、日常生活の中で慎《つつし》むべき交際が、十種に分けて説かれているのです。

①国王、大臣、官長などの権力や地位のある者に親しく近づかない。
②邪法を説く者や、世俗《せぞく》の文筆を持って遊ぶ者に親しく近づかない。
③危険な技芸《ぎげい》を業《なりわい》とする者に親しく近づかない。
④殺生《せっしょう》を業《なりわい》とする者に親しく近づかない。
⑤小乗の教えを学んで、自分だけ清浄《しょうじょう》に行いすましている利己主義の者に親しく近づかない。
⑥女性には親しく近づかない。
⑦男らしくない男には親しく近づかない。
⑧単身で人の家に入りこむような人には近づかない。
⑨女性に対して馴《な》れ馴れしい態度を示す人には親しく近づかない。
⑩年少の美少年を弟子として親しくするような人には近づかない。

の十項目を挙げるのです。そして自らも慎み戒を守り、いつも禅定《ぜんじょう》に勤《いそ》しんで心の乱れを防ぐことが大切であるとして、これを「親近処」といいます。

ところが、ここで一つ疑問が生まれます。それは、仏は大慈悲をもって一切衆生《いっさいしゅじょう》を済度《さいど》（救済）しようとしているのですから、この十種の人々に弟子たちが近づくことを禁止するのは、仏の慈悲にも限界があり、救われない人がいるのではないかということです。

ここで重要なカギは、「親近」の意味です。この親近とは、「自ら求めない」ということです。権力を利用したり、女の色香《いろか》を求めたり、有力者の財産を利用するようなことをせず、また自らこのような人に接することを戒めています。

国王も大臣も女性も一人の人間としては平等で、等しく仏の教えを受ける資格があります。そのことをよく理解して、欲を追求するのではなく、人間として正しく堂々と交際すればよいのです。

この「行処」と「親近処」に過ちがなければ、身安楽行は完成されます。

第二の口安楽行は、日常の言葉について過ちのないように努めることです。このために次の四つの戒めがあります。

①人の過失や経典の欠点をあげつらうことをしない。それを他の人に語らない。
②他の法師《ほっし》を軽蔑してはならない。
③やたらに人の善し悪しや長短を説いてはならない。また、小乗の徒を批判する場合でも、

個人の名をあげて非難してはならない。

④特に、ある人を嫌うような言葉を語ってはいけない。

この四点に注意して過ちがなければ、口安楽行は完成します。

第三の意安楽行にも、四つの避けねばならない四事が示されています。

①嫉妬《しっと》・諂誑《てんおう》（へつらい、たぶらかす）の心を抱いてはならない。

②仏道を求める人を軽《かろ》んじ罵《ののし》ってはならない。

③仏道を求める人に疑悔《ぎげ》の念を起こさせるようなことをしてはならない。

④観念の遊戯《ゆうぎ》（外道・哲学）や仏説にない霊媒《れいばい》論を振りかざしたり、口寄せ（降霊術）などをしてはならない。スピリチュアル（占い、オーラ、エネルギーの注入、手かざし）の類《たぐい》で人を惑《まど》わしたり、それを弁証《べんしょう》するような心をもってはならない。

この四点を犯さないように守り、

①一切衆生に対して大慈悲の念をもつこと。

②諸仏に対しては慈父に対するのと同じような念をもつこと。

③諸々の菩薩を自分の師として尊敬すること。

④一切衆生に対して平等に法を説き、偏頗《へんぱ》（かたよっていて不公平なこと）な心のないようにす

ること。

これらの点において過ちがなければ、意安楽行は完成します。

第四の誓願安楽行とは、必ず法華経を広宣流布《こうせんるふ》するという誓いを立て、これを実現するための努力を怠らないことです。

一切の衆生を、この法華経に帰依《きえ》させるために努力することです。なかでも小乗の教えに満足して、熱心に信仰している人に対して、それが真実の到達点ではないことを理解させることが必要です。聞き入れられないのであれば、一層の大慈悲をもって法華経を説く、という誓いをたてることです。この誓願が堅固《けんご》ならば、法を説くそのことごとくが仏の本意に合致し、多くの人から尊敬されるのです。

そして、諸天《しょてん》（神々）もその功徳を認めて、昼夜にわたり守護するのです。

この法華経は三世諸仏《さんぜしょぶつ》が常に神力《じんりき》をもって守護しているのですから、この法華経を弘める人は、その努力が決して空《むな》しくならない、という自信をもつことが大切なのです。

◆髻中《けいちゅう》の珠《たま》の譬《たと》え

釈尊は四つの安楽行を説き終わって、さらに「髻中の珠の譬え」によって、この法華経が最《さい》勝《しょう》であることを証明するのです。

この「髻中の珠の譬え」は、「法華七喩《ほっけしちゆ》」の第六です。ある国王がいて、その命令に従わない者を討伐《とうばつ》していました。戦《いくさ》で武功《ぶこう》をたてた者にはその功にふさわしい褒美《ほうび》を与えましたが、ただ一つ、自分の髻《もとどり》（頭髪のまげ）の中に結《ゆ》ってある明珠《みょうじゅ》という宝石だけは最上の宝物であり、容易に人には与えませんでした。しかし、最後に最大の功を立てた者に、この明珠を授けたという譬えです。

仏が、ずっと方便《ほうべん》の教えを説いて衆生の機根《きこん》を調《ととの》え、最後に法華経を説くのも、まさしくこの明珠を与えるようなものであるというのです。

釈尊は、文殊師利菩薩に向かって、

「文殊師利よ、この法華経は、これ諸《もろもろ》の如来の第一の説にして、諸説の中において、最もこれ甚深《じんじん》なるものなれば、末期《まつご》に賜《たま》い与うること、彼《か》の強力《ごうりき》の王の、久しく護れる明珠を、今乃《すなわ》ち、これを与うるが如し」

と仰《おお》せられ、この経を軽々しく説かない理由を述べるのです。「一切の世間に怨《あだ》多くして信じ難《がた》し」と、この経が説く教理は甚深微妙《じんじんみみょう》のものであるから、世間にこれを信じ理解できる人は極めて少数であるというのです。

これを弘める時には、今までの方便の教えに満足していた者が、今までの信念が動揺することを怨《うら》んで、法華経を弘める者を迫害することが多いというのです。

しかし、どのような迫害も、この法華経の弘通《ぐづう》を阻止することはできないのです。結局最後には、世間が法華経を弘める者に帰依し、信じるようになります。

このような行人《ぎょうにん》を集めて、釈尊は、

「この経を読まん者は、常に憂悩《うのう》なく、また病痛《びょうつう》もなく、顔色《げんしき》は鮮白《せんびゃく》にして、貧窮《びんぐう》、卑《ひ》賤《せん》、醜陋《しゅうる》に生れざらん。衆生は見《まみえ》んと楽《ねが》ふこと、賢聖《けんしょう》を慕《した》うが如くにして、天の諸の童子はもって給使《きゅうじ》をなさん、刀杖も加えられず、毒も害すること能《あた》はず、若《も》し人、悪《にく》み罵《ののし》らば、口は即《すなわ》ち閉塞《へいそく》せん。遊行《ゆぎょう》するに畏《おそ》れなきこと、師子王《ししおう》の如く、智慧の光明は、日の照《てら》すが如くならん」

と、法華経弘通の功徳を諭《さと》すのです。

また、この偈《げ》の中には、法華経の行者が種々の素晴らしい夢を見る、と述べられています。その夢では、仏が多くの比丘に囲まれて説法をしている様子や、自分が他の衆生を救うために説法する様子、仏によって授記《じゅき》を与えられる姿や、禅定《ぜんじょう》に入って仏の心と一致したのを深く悦《よろこ》んでいる姿を見るといいます。

これらの素晴らしい夢を見るようになると、最後には仏の八相成道《はっそうじょうどう》（釈尊の一生における重大事件を八つにまとめたもの）の夢を見るようになります。これは、自分がこの経の弘通に尽力《じんりょく》した功徳によって、必ず最後には仏となることができる確信を得たということを示すものです。

法華経を弘めて、人間の住むこの娑婆《しゃば》世界に、寂光浄土《じゃっこうじょうど》を実現すべきなのです。このために受ける諸難《しょなん》は、ものの数ではないと考える人こそ、大利益《だいりやく》を得るのです。

第四章

法華経の略講（本門）

15 従地涌出品《じゅうじゆじゅっぽん》 第十五

◆概略

「従地涌出《じゅうじゆじゅつ》」とは、地より涌《わ》き出るという意味です。これは、この娑婆《しゃば》世界の地下から涌き出る菩薩《ぼさつ》たちをさしています。

この品では、上行《じょうぎょう》菩薩を上首《じょうしゅ》（衆生《しゅじょう》を導くリーダー）とする四大《しだい》菩薩（上行菩薩・無辺行《むへんぎょう》菩薩・浄行《じょうぎょう》菩薩・安立行《あんりゅうぎょう》菩薩）をはじめとして、無量の菩薩たちが地から涌出して、釈尊にまみえるのです。

そして、その時に、他方の国土の諸々《もろもろ》の菩薩・摩訶薩《まかさつ》（摩訶薩はすぐれた菩薩の尊称）、恒河沙《ごうがしゃ》（ガンジス河の砂）の数にも及ぶほどの求法者《ぐほうしゃ》が、大衆の中から起立し、礼拝《らいはい》し、仏に申し上げました。

「世尊《せそん》（釈尊）よ、若《も》しわれ等《ら》に、仏の滅後《めつご》において、この娑婆世界に在りて、勤めて精進《しょうじん》を加えて、この経典を護持《ごじ》し、読誦《どくじゅ》し、書写《しょしゃ》し、供養《くよう》せんことを聴《ゆる》したまわば、当《まさ》にこの土《ど》において、広くこれを説きたてまつるべし」

娑婆世界ではない他方の国土の菩薩たちが、この法華経を広布《こうふ》することを許して下さいとお願いしたのです。

その時、釈尊は諸々の菩薩・摩訶薩に告げました。

「止《や》めよ、善男子《ぜんなんし》よ。汝等《なんだち》の、この経を護持することを、須《もち》いず。所以《ゆえ》はいかん。わが娑婆世界に、自《おのずか》ら六万の恒河《ごうが》の沙《すな》に等《ひと》しき菩薩・摩訶薩有り、一一の菩薩に各《おのおの》、六万の恒河沙の眷属《けんぞく》あり。この諸《もろもろ》の人等《ら》は、能《よ》くわが滅後において、護持し、読誦して広くこの経を説けばなり」

釈尊はこれらの他国から来た菩薩たちの貴《とうと》い心を充分認めながらも、いや充分に認めたからこそ、あえてこの人々の願いを拒絶するのです。その理由は、この娑婆世界、私たちの現実世界を教化《きょうけ》して、寂光浄土《じゃっこうじょうど》（素晴らしい、住みよい社会国土）とする大きな仕事はわれわれの使命であり、それはもっとも栄光ある義務でもあるからです。だからこそ、他方来《たほうらい》の菩薩たちを制止したのです。そして、この娑婆世界には、恒河の砂の数ほど多くの菩薩がいると告げるのです。この人たちこそ、釈尊の滅後においてこの経を弘める者であると表明するのです。

すると突然、地の底から無量の菩薩たちが、雲が涌《わ》き起こるかのように出現したのです。

「この諸の菩薩は、身、皆金色《みなこんじき》にして、三十二相《さんじゅうにそう》と無量の光明《こうみょう》とあり」と経典にあるように、

この菩薩たちは仏と異ならない尊い姿であることが示されています。そして一人ひとりの菩薩は、

「皆、これ大衆の唱導《しょうどう》の首《はじめ》（リーダー）にして、各《おのおの》六万の恒河沙等の眷属を将《ひき》いたり」

とあるように、仏に代わって大衆を導く力と情熱をもっているのです。

これらの菩薩たちは、それぞれ眷属を連れていたのですが、その眷属の数が非常に多い菩薩もいれば、少ない菩薩もいます。中には全然眷属がいなくて独り退《ひ》いて道を楽しむような人もいます。でも眷属の多い少ないで菩薩の優劣や人格の差があるのではありません。

このような菩薩が、一時に大地の底から涌出《ゆじゅつ》して、宝塔《ほうとう》の中の多宝如来《たほうにょらい》と釈迦如来《しゃかにょらい》を拝して二人の如来（二世尊《せそん》）の徳を讃歎《さんだん》するのです。

経には、

「諸の菩薩の種々の讃法《さんぼう》をもって、以て讃歎したてまつり、一面に住在《じゅうざい》して、欣楽《ごんぎょう》して二世尊を瞻仰《あおぎみ》たてまつる。この諸の菩薩・摩訶薩は、地より涌出して、諸の菩薩の種々の讃法をもって、仏を讃《ほ》めたてまつる」

とあります。これは二如来の理想と誓願《せいがん》とを頂《いただ》いて、この経の流布に努める決心を示したものです。しかも、この経の弘通《ぐづう》に力を尽くして悔いがなく、大きな感激と法悦《ほうえつ》をもっていたことがわかります。

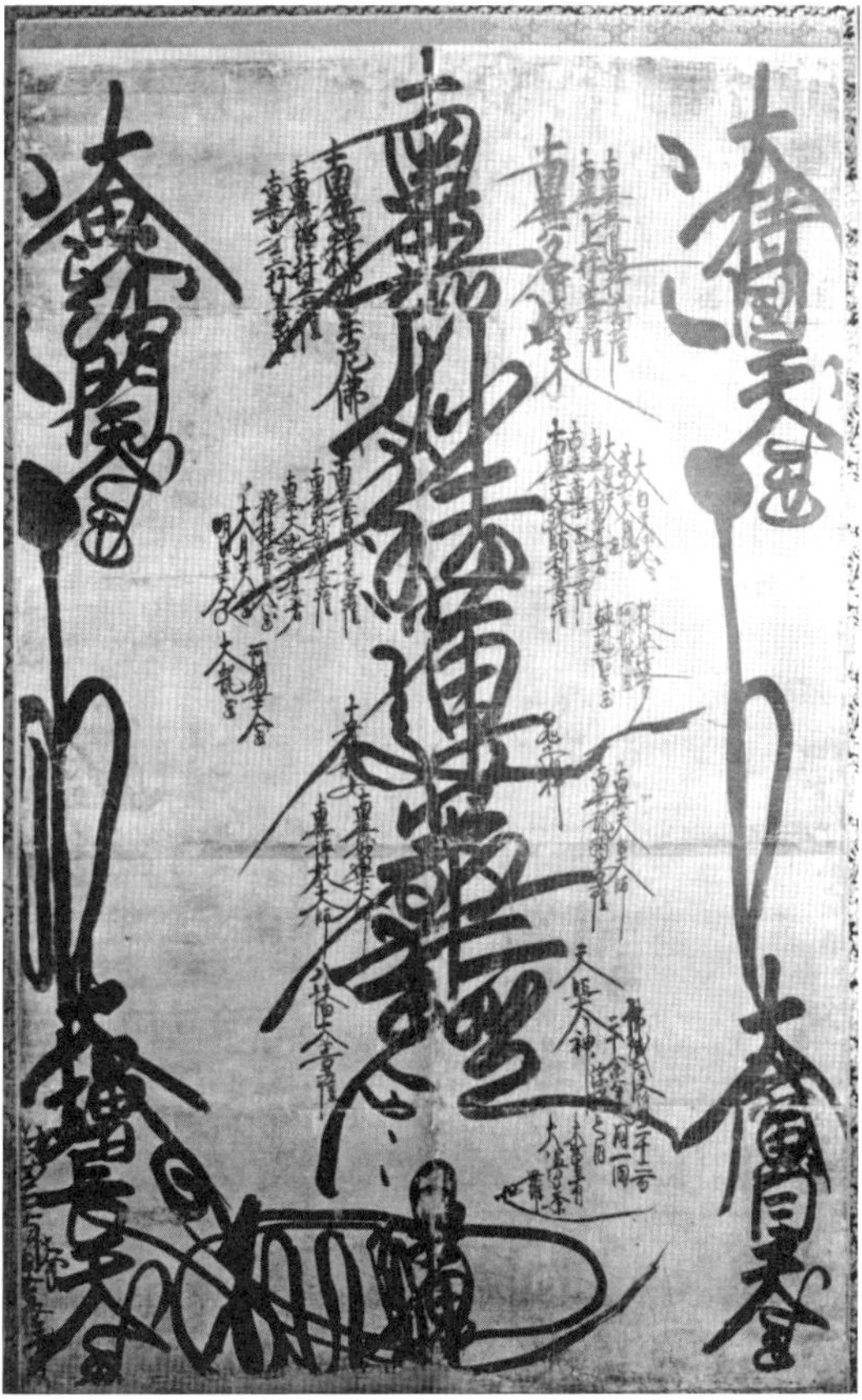

日蓮聖人が図顕した大曼荼羅本尊にも、上行・無辺行・浄行・安立行の四菩薩が勧請されている。（写真は日蓮聖人真蹟「臨滅度時の大曼荼羅本尊」　妙本寺格護）

この菩薩たちの代表ともいうべき、上行・無辺行・浄行・安立行の四大菩薩が大衆に代わって、釈尊に対して慰問《いもん》の言葉を述べ、娑婆世界での衆生教化に、深い感謝の意を表しました。

釈尊はこれに答えて「如来は安楽にして、少病・少悩なり。諸の衆生等《ら》は、化度《けど》すべきこと易《やす》く、疲労あることも無し」と告げました。実状からいえば化度すること易しどころではなく、釈尊は衆生を教化するために非常に多くの苦心と努力を重ね、そのために幾《いく》たびも大難《だいなん》に遭《あ》っています。

釈尊が生涯に経験した九つの大難を「九横《くおう》の大難」といいます。

◆九横《くおう》の大難《だいなん》

九横の大難については諸説がありますが、おおよそ次の九種をいいます。

①孫陀梨《そんだり》の謗《そし》り（婬女《いんにょ》・孫陀梨に、釈尊と関係したと謗《そし》られた。孫陀梨は外道に謀殺《ぼうさつ》されたが、それを仏徒《ぶっと》のしわざとして宣伝された）

②婆羅門《ばらもん》城の金鏘《こんず》（托鉢《たくはつ》を得られず、ただ老いた召使いに破れた瓦器《かわらけ》にくさい偣淀《ばんでい》〈米をといだ淀《よど》み汁〉を盛られて供養された）

③阿耆多王《あじゃたおう》の馬麦《めみゃく》（阿耆多王は釈尊に法を請《こ》うたが、享楽《きょうらく》にふけり供養するのを忘れて馬に食わせる麦を施《ほどこ》され、それは九十日間の長きに及んだ）

④琉璃《るり》の殺釈《せっしゃく》（舎衛国《しゃえこく》の王である毘琉璃王は太子《たいし》のころ、釈迦族のカーストの低い女性の子どもであるとして屈辱をうけた。彼は王位についた後、兵をおこして釈迦族の多くを殺した）

⑤乞食空鉢《こつじきくうはつ》（婆羅門城で法を説こうとした時、王が布施《ふせ》を制止したため人々は法を聞かず、空《から》の鉢をだした）

⑥旃遮女《せんしゃにょ》の謗《そし》り（旃遮婆羅門女が木の鉢を腹に入れて釈尊の子種を宿したと吹聴したこと）

⑦調達《ちょうだつ》が山を推す（調達＝提婆達多《だいばだった》が霊鷲山《りょうじゅせん》から大石を釈尊の頭めがけて落とし、釈尊は足の母指《おやゆび》を負傷した）

⑧寒風《かんぷう》に衣《ころも》を索《もと》む（冬至《とうじ》前の八夜、釈尊は衣を索《もと》めて寒さを防いだが、寒風に耐えたため背を痛めた）

⑨六年の苦行《くぎょう》（成道《じょうどう》以前、釈尊は六年間の苦行をした）

釈尊は大慈悲によって、これらを少しも苦とせず、疲労することもなかったのです。またそれは、仏の教化力には無限の可能性があることを示しているのです。

◆弥勒《みろく》菩薩の問い

この菩薩たちが涌出したのを見て、大衆は非常に驚きました。大衆にとってはこの娑婆世界、人間の現実世界は長い間、穢土《えど》（すみにくい、罪の多い世界）であり不浄と考えられていたからです。その娑婆世界の地の底から、このような無量の菩薩たちが涌出し、しかもこの人たちは最も勝《すぐ》れた徳を具《そな》えていたのです。

弥勒菩薩はこれを「巨身《こしん》にして大神通《だいじんづう》あり、智慧は思議《しぎ》し固くその志念《しねん》は堅固《けんご》にして、大忍辱《だいにんにく》の力あり」と述べています。高徳で天才と称されるほどの弥勒菩薩が「四大菩薩の大神通力とその智慧は、論議しても知ることはできない」とおっしゃったのですから、大衆の驚きが極致《きょくち》に至ったのは、当然の成り行きかもしれません。

そこで弥勒菩薩は、

「世尊よ、われは昔よりこのかた、未だ曾《かつ》てこの事《じ》を見ず。願わくは、その従う所の国土の名号《みょうごう》を説きたまえ。

われは、常に諸国に遊べども、未だ曾てこの事を見ざりしなり。われは、この衆の中において、乃《いま》し一人をも識《し》らず、忽然《こつねん》として地より出《い》でたり。願わくは、その因縁《いんねん》を説きたまえ。

今、この大会《だいえ》の無量百千億の、この諸《もろもろ》の菩薩等《ら》は皆、この事を知らんと欲す」

と釈尊の説明を求めたのです。

さらに続けて「この諸の菩薩衆には、本末《ほんまつ》の因縁あるべし。無量の徳ある世尊よ、唯《ただ》、願わくば、衆《もろびと》の疑《ぎ》を決したまえ」と、釈尊の説明を待ちます。

この質問に対する釈尊の答えに、大きな意義があるのです。

釈尊は「これらの菩薩は皆、自分が教化した者である」と答えたのです。歴史的には仏の成道は、法華経を説く時点からわずかに四十年ほど前のことですから、いかに仏の力が偉大でも、この四十年という間に、これほど多くの菩薩を教化することはできるはずがないのです。

つまり釈尊の化導《けどう》の年数は、四十年あまりではなく、非常に遠い昔、久遠《くおん》の昔から行われていたことが説き示されるのです。

そしてこれこそが、仏教における重大な問題の解決となるのです。だからこそ釈尊は特に力を込めて説きました。

「まさに精進して心をひとつにすべし、われはこの事を説かんと欲す。疑悔《まどい》あることを得ることなかれ、仏智は思議すること固ければなり。

汝《なんじ》よ、今、信力《しんりき》を出して、忍善《まごころ》の中に住せよ。昔より未だ聞かざる所の法を、今皆まさに聞くことを得べし」

一般の常識では考えられないことを説くのですから、どこまでも仏の言葉を信受《しんじゅ》するという覚悟をもたなくてはならないのです。

このように大衆が一心に耳を傾けたところで釈尊は「これらの菩薩たちは、私がこの娑婆世界において教化し、名誉や利益を求めるようなことがない人々である」として、

「この諸の善男子《ぜんなんしら》等は、衆にありて多く説く所あることを楽《ねが》わずして、常に静かなる処《ところ》を楽い、勤行《ごんぎょう》し精進《しょうじん》して、未だ曽《かつ》て休息《くそく》せず。亦《また》、人《にん》・天《てん》に依止《えじ》して住せず、常に深智《じんち》を楽って、障礙《しょうげ》あることなく、亦、常に諸仏の法を楽い、一心に精進して、無上慧《むじょうえ》を求めたり」

と、この地から涌き出た菩薩たちは、娑婆世界でこの法華経の弘通《ぐづう》すべき時の来るのを待ってい

たことを告げるのです。

　この世における釈尊の教化は四十余年に過ぎませんが、その教化を受けた菩薩の数は無量無辺で、その一人ひとりが立派な大徳者《だいとくしゃ》であるというのです。釈尊が四十余年の間にそれほどの人を教化したということは、如何《いか》にしても納得することはできません。

　そこで、弥勒菩薩は、釈尊に、

「世尊よ、かくの如きの事は、世の信じ難き所なり、譬えば人有り、色美《うるわ》しく、髪黒くして、年二十五なるに、百歳の人を指して『これわが子なり』と言い、その百歳の人も亦、年少のものを指して『これわが父なり、われ等を生育《しょういく》せり』と言うに、この事信じ難きが如く、仏も亦、かくの如し」

と申し上げます。

　しかし、仏の言葉を虚妄《こもう》であると思う人は一人もいません。自分たちの知識は有限であり、仏の智慧は無限なのです。しかし今、世尊の説明がないと、後世の人々が永く疑惑の念をもってしまうので、弥勒たちは重ねて問うのです。

「われ等は、復《また》仏の宜《よろ》しきに随《したが》って説きたもう所の仏の出《いだ》したもう所の言《みこと》は、未だ曾《かつ》て虚妄ならず、仏は知るべき所のものをば、皆悉《ことごと》く通達《つうだつ》すと信ずと雖《いえど》も、然《しか》も諸の新発意《しんぼっち》の菩薩は、仏の滅後において、若しこの語を聞けば、或《あるい》は信受せずして、法を破る罪業の因縁を起《おこ》さん。唯然《ただしかり》。世尊よ、願わくは、ために解説《げせつ》して、我らの疑を除きたまえ」

この問いに対しての答えが、次章となる如来寿量品《にょらいじゅりょうほん》で説かれることになるのです。

◆不染世間法《ふぜんせけんほう》　如蓮華在水《にょれんげざいすい》

この従地涌出品《じゅうじゆじゅっぽん》に、

「不染世間法　如蓮華在水」（世間の法に染まらぬこと　蓮華の水に在るが如し）

という有名な文句があります。この句は、この本化地涌《ほんげじゆ》の菩薩の徳を讃えたものです。

「本化地涌の菩薩」は、「迹化他方来《しゃっけたほうらい》の菩薩」と対《つい》になる名称ですが、迹化とは、迹仏《しゃくぶつ》（歴史的な釈尊）の教化を受けて、釈尊を一人の老比丘としか見ることのできない境地にある者です。

本化とは、本仏《ほんぶつ》（如来寿量品で明らかになる、久遠の命をもつ釈尊）の教化を受けて、この歴史的な釈尊を媒介《ばいかい》として、本仏を信じる人々のことです。

本化地涌の菩薩は一般大衆の中にいて、人々と共に悩み、苦しみ、楽しみを享受している人々で、平凡な人間ですが、ただ一つ、人の本道を踏み外さず人のためになることを心がけている人をいいます。

これが「不染世間法　如蓮華在水」の意味なのです。

この本化地涌の菩薩こそ、法華経における最も望ましい人間のモデルなのです。

日蓮聖人は、

「若《も》し日蓮、地涌の菩薩の数に入らば、豈《あ》に日蓮が弟子檀那《だんな》、地涌の流類《るるい》に非《あら》ずや。経に曰《いわ》く、『能《よ》くひそかに一人の為《ため》に、法華経の乃至《ないし》一句を説かば、当《まさ》に知るべしこの人はすなわち如来の使《つかい》、如来の所遣《しょけん》として如来の事《じ》を行ずるなり』と。豈に別人の事を説き給うならんや。……（中略）……末法《まっぽう》にして妙法蓮華経の五字を弘めん者は、男女はきらうべからず、皆地涌の菩薩の出現に非ずんば、唱え難《がた》き題目なり。日蓮一人はじめは南無妙法蓮華経と唱えしが、二人三人百人と次第に唱え伝えるなり。未来もまた然るべ

日蓮聖人は、自分は上行菩薩（地涌の菩薩のリーダー）の生まれ変わりであるという自覚に立って法華信仰に生きた。（写真は清澄山の日蓮聖人像）

し。是れ豈に地涌の義にあらずや」（『諸法実相鈔《しょほうじっそうしょう》』）

と述べ、地涌の菩薩であることの自覚を促し、弟子信者を励ましています。

これは、娑婆世界の現実界の問題は、傍観者《ぼうかんしゃ》的・依存的態度では解決されないことを示していきます。

この現実世界で悩み苦しんでいる人々が、自ら問題を解決しようとする態度が大事なのです。私たち平凡な人間に非凡《ひぼん》な生き方を自覚させ、自分たちの手にこそ、現実世界の問題を解決する最後の鍵《かぎ》が握られていることを教えているのです。

迹化の菩薩と本化の菩薩の違いを理解しないと、法華経信仰の本義を失うことになります。

16 如来寿量品《にょらいじゅりょうほん》 第十六

◆概略

この品《ほん》は、如来の寿命の長さと大きさを量《はか》って説いているので、如来寿量品と名づけられています。

この部分は古来から、法華経の中心、仏教の精髄《せいずい》であるといわれています。「宗教」の特徴は、①何を信じるか ②どのように信じるのか によって決まります。この品は、法華経の信仰の対象と方法を説き明かすのです。

前の涌出品《ゆじゅっぽん》で、地下から無量の菩薩《ぼさつ》が涌出《ゆじゅつ》しました。この人々はいずれも大徳《だいとく》の勝《すぐ》れた人々であり、長い間、釈尊の弟子であったと示されています。

「世尊《せそん》（釈尊）の成道《じょうどう》（からの年数）は、わずか四十余年であるのに、どうしてこのような多くの菩薩を教化《きょうけ》することができたのだろうか」

これが大衆一同の疑問であり、この疑問を代表して弥勒《みろく》菩薩が説明を懇願《こんがん》したことから、釈尊がこれに応じて説き始めたのが、この寿量品なのです。

◆本門《ほんもん》の三誡《さんかい》・本門の四請《ししょう》

釈尊は弥勒菩薩の質問に答えて、いよいよ、仏の本身《ほんじん》を示すのです。

「その時、仏は諸《もろもろ》の菩薩及び一切の大衆に告げたもう『諸の善男子《ぜんなんし》よ。汝等《なんだち》は、当《まさ》に如来の誠諦《まこと》の語《ことば》を信解《しんげ》すべし』と。また大衆に告げたもう『汝等よ、当に如来の誠諦の語を信解すべし』と。又復《また》諸の大衆に告げたもう『汝等よ、如来の誠諦の語を信解すべし』と」

と、初めに三度もの大変丁寧《ていねい》な誡《いまし》めの言葉が告げられます。これは、ここに展開される法門が、重要なものであることを表現しているのです。これを「本門の三誡」といいます。

すると、「菩薩の大衆は弥勒を首《はじめ》となして、合掌《がっしょう》して『世尊よ、唯《ただ》、願わくはこれを説きたまえ。我らは当に仏の語を信受《しんじゅ》したてまつるべし』と。かくの如く、三たび白《もう》し已《おわ》りて、またいわく」と、三度さらなる説法を願うのです。その後もう一度重ねて請《こ》うので、これを「本門の四請」といいます。

この三誡四請という厳《おごそ》かな手続きをふんで「汝等よ、諦《あきらか》に聴け、如来の秘密、神通《じんづう》の力を」と念をおすのです。

秘密とは「極めて奥深い」という意味で、「かくす」というニュアンスで使われているのではありません。英語のシークレットとは違うのです。

本仏《ほんぶつ》の力は、広大無辺《こうだいむへん》ですから、人の容易に測《はか》り知ることのできるものではありません。しかし、人の「信《しん》」と「解《げ》」が進むにつれて、次第に明らかになっていくのです。

神通の力とは、自由自在であること、つまり無障礙《むしょうげ》ということで、障害のないさまをいいます。

ここでは主として一切衆生《いっさいしゅじょう》を導く働きについて自由自在であることを意味しています。また「力」は、その本体に具《そな》わる力と、それが他の一切のものに及ぼす働きとの二つの意味があります。例えば火には熱という内なる力があって、外に働いて物を焼く力があるのです。

本仏の無限の力から、三世十方《さんぜじっぽう》にわたっての教化がなされる、その無限の力を秘密といい、その力の働きを神通というのです。「如来秘密神通之力《にょらいひみつじんづうのちから》」とは、仏の智慧と慈悲の「本体《ほんたい》」と「作用」を示すものです。

◆久遠実成《くおんじつじょう》の本師釈迦牟尼仏《ほんししゃかむにぶつ》（本仏）

この秘密神通の力をもつ如来には、久遠《くおん》（永遠）の命があって、その寿命は無量であるといいます。そして、これを説明するために説かれたのが、五百塵点劫《ごひゃくじんでんごう》の譬喩《ひゆ》です。

三千大千《さんぜんだいせん》世界（全宇宙）を、五百千万億那由他《なゆた》阿僧祇《あそうぎ》の数だけ集め、それを打ち砕《くだ》いて微塵《みじん》にし、東方に向かって無数の国を過ぎたとき、打ち砕いて微塵とした中の一塵《いちじん》を地に置いていく。こうしてその微塵が尽きてなくなるまで行ったとすれば、その通過した世界の数は、とても計算できる量ではありません。「算数《さんじゅ》の知るところに非《あら》ず、亦《また》、心力《しんりき》の及ぶ所にも非ず」と説明されています。

ところが更に通過した世界の全体を、一塵を置いた所と、置かなかった世界をも含めて、更に打ち砕いて微塵としたといえば、その数は「無量」であり、想像も及ばないような数になります。

このように無量無限の数の微塵の一つを「一劫《いっこう》」（劫は時間）として数えてみると、本仏《ほんぶつ》としての釈尊は、それよりも、百千万億那由他阿僧祇劫の前から、すでに仏であったというのです。これを「久遠実成《くおんじつじょう》の本師釈迦牟尼仏《ほんししゃかむにぶつ》」といいます。

この五百塵点劫の譬喩を説いた世界は、「自従是来　我常在此　娑婆世界　説法教化」（これより来《このかた》、われは常にこの娑婆《しゃば》世界にありて、法を説きて教化す）と寿量品の経文《きょうもん》に示されています。

この経文は本仏と迹仏《しゃくぶつ》、久遠仏《くおんぶつ》と今仏《こんぶつ》（今日《こんにち》の仏）との関係を語っているものです。

これによって、娑婆＝穢土《えど》＝忍土《にんど》という現実世界は、本仏が常に止住《しじゅう》して法を説いている、尊貴《そんき》なる世界であることを教えているのです。

何《いず》れの仏でも、化土というものが定まっています。

化土《けど》とは、その仏の「教化の力」「感化の働き」が及ぶ範囲のことをいいます。つまり、西方《さいほう》の極楽浄土《ごくらくじょうど》は、阿弥陀如来《あみだにょらい》の化土、東方《とうほう》の浄瑠璃《じょうるり》世界は、薬師如来《やくしにょらい》の化土で、私たちの娑婆世界は釈迦牟尼如来の化土です。

※東方＝浄瑠璃世界＝薬師如来
　西方＝極楽浄土＝阿弥陀如来
　　娑婆世界＝釈迦牟尼如来

ところが、久遠実成本師釈迦牟尼仏となりますと、限定された化土ではなく、十方世界がすべて化土であるということを示しています。

十方世界の諸仏はすべてこの本仏が、ある時間と空間の限定のもとに、具体的な存在として現出したものなのです。

諸仏の数は無量ですが、元来は唯一の本仏が異なった条件のもとで、異なった形で出現したものなのです。

本仏の寿命は永遠です。しかし迹仏として、人間の現実世界、すなわち娑婆世界に出現した仏は、必ず入滅《にゅうめつ》するのです。釈尊も八十歳という寿命で、クシナガラの地、沙羅双樹《さらそうじゅ》のもとで入滅していきます。

久遠実成本師釈迦牟尼仏（本仏）と、上行・無辺行・浄行・安立行の四菩薩
（立正大学・石橋湛山講堂／写真提供：立正大学）

ところが、この入滅自体が、実は大慈悲の発現である、ということも重要な意味をもちます。これには二つの理由が示されます。一つは、仏には「値《あ》い難《がた》し」という念が、仏に対する帰依《きえ》のこころを一層深くするということです。もう一つは、仏の入滅をみると、人生の無常《むじょう》が痛感され、今生きていることの有《あ》り難《がた》さが、はっきりわかるということです。

この自覚が、人に精進《しょうじん》（努力）の念を起こさせるのです。このような理由で、如来の入滅が示されるのですが、本仏は元来、時間と空間に限定されるものではありませんから、生滅《しょうめつ》も変化もないのです。「然《しか》るに、われは実に成仏してよりこのかた、久遠なることかくのごとし」とあるのもそのためです。

なお、修行を積んで覚《さと》り（悟り）を得ることを始覚《しがく》といい、本来覚《さと》っていることを本覚《ほんがく》といいます。

仏教における信仰の対象は東方を化土とする薬師如来や、西方を化土とする阿弥陀如来などではなく、時間と空間に限定されない「久遠の本仏」こそが唯一絶対の仏であって、これをもって信仰の対象とすることが大切です。

つまり、十方三世の諸仏はすべて迹仏であるのです。

経文では、

「如来の演《の》ぶる所の経典は、皆衆生を度脱《すくわ》んがためなり。或《あ》るいは己《おの》が身を説き、或いは他の身を説き、或いは己が身を示し、或いは他の身を示し、或いは己が事を示し、或いは他の事を示せども、諸の言説《ごんぜつ》する所は、皆、実《じつ》にして虚《むな》しからざるなり」（ここに「或《わく》」の字が六回使われるので、「六或示現《ろくわくじげん》」という）

と説いています。

※「他の身」（他身《たしん》）とは、薬師如来や阿弥陀如来をいい、「己が身」（己身《こしん》）とは本仏の仏身を指します。また、他身は、聖人・賢人の類《たぐい》を示す場合もあります。

この「如来の演ぶる所の経典」は、本仏が人間に与えるすべての教えを指します。その教えの目的は一貫して、衆生を度脱《どだつ》する（救う）ことにあります。度脱とは、済度《さいど》し、解脱《げだつ》させることですから、人々の苦を脱し、人の心を救い、悟りへと導くのです。

これは宗教の本質です。論理を明らかにして、人々の知性、理性を満足させるのは、科学など学問の領域です。それに対して宗教は直接的に、具体的に人々に安心立命《あんじんりつめい》を与えるもので、これが度脱することなのです。

さて、久遠本仏は、絶対無限であり、始めも無く、終わりもありません。その化導《けどう》も、久遠の昔から続いているのですから、その在り方は、一様《いちよう》ではありませんでした。ある時は阿弥陀如来、ある時は薬師如来の名で世に出てくることもあれば、聖人や賢人として世に出現することもあるのです。

前出の経文の「己事」とは仏としての化導を表しますが、「他事」とは仏ではなく聖人や賢人として世に出て化導するということです。

化導とは、教化示導《きょうけじどう》の略で、衆生を教化して仏道に入らしめることです。

そして、その教えはすべて「皆実不虚」（皆実にして虚しからず）、つまり、すべて仏性《ぶっしょう》を開発する力をもつ教えである、と述べているのです。

この仏の教えが真実であるのは、仏智《ぶっち》をもって観ずるところがすべて真実であるからです。自然現象も人間も転変し、推移して止《や》まないものですが、その千差万別の中を一貫して、永遠不滅の理が存在しているのです。

経文ではこのことを、次のように説いています。

「如来如実知見　三界之相　無有生死　若退若出　亦無在世　及滅度者　非実非虚　非如非異　不如三界　見於三界」（如来は如実に三界《さんがい》の相は、生まれること死すること、もしくは退すること、もしくは出《い》ずること有ることなく、また、世に在るもの及び滅度する者もなく、実にもあらず、虚もあらず、如にもあらず、異にもあらざることを知見《ちけん》して、三界のものの三界を見るが如くならざればなり）

三界とは、欲界《よくかい》・色界《しきかい》・無色界《むしきかい》の三です。これは迷いの因果が尽きない凡夫《ぼんぶ》の境界《きょうがい》を示しています。迷える凡夫の知恵では、この三界の実相《じっそう》を知ることができませんが、仏はこれをあるがままに知り尽くしているのです。

この仏知見《ぶっちけん》をもって見ると、あらゆる離合集散《りごうしゅうさん》の変化は、ただ仮の現象として現れたものであって、一切の本質は、永遠に不生不滅《ふしょうふめつ》であるのです。

右の経文にある「無有生死　若退若出」は自然界について、「亦無在世　及滅度者」は人生についての記述です。

生死とは、動物や植物が単に生きたり、死んだりするという意味ではなく、全てのものの変化を表しています。つまり風が吹いたり、波が打ち寄せたり、日月が昇り傾くのもみな生死なのです。「若退若出」とは、現れたり、消えたりすることを意味します。つまり、生死、退、出とは、自然現象や人間現象の絶えず変動して止まないことを意味しているのです。

たとえば、人の身には生《しょう》・老《ろう》・病《びょう》・死《し》の変化がありますが、これは視点を換えれば人の肉体を組織している物質の状態が変化するだけのことであって、人の精神は永遠不滅なのです。これを「亦無在世　及滅度者」と説いています。

さて、ここで本仏の寿命が無量であることがわかれば、すべての人が、本仏と同じような無量の寿命をもつことが信じられるようになります。

現実世界を娑婆（忍土《にんど》）というのは、そこに住む人々の心が煩悩でみたされている穢土（けがれ多き世界）だからであり、法華経の流布により、衆生の心に煩悩がなくなれば穢土はそのまま「寂光《じゃっこう》の浄土」になるのです。寂光の浄土とは、本仏が止住《しじゅう》して常に法を説いている、悟りの光（寂光）に満ちた世界です。

ところで、人間には「種々の性、種々の欲、種々の行、種々の憶想分別《おくそうふんべつ》」があります。そこで仏は、それぞれの人の機根《きこん》に合わせて教えを説く（対機説法）のです。そしてこれは、止むことはないといいます。

経文には、次のようにあります。

「欲令生諸善根　以若干因縁　譬喩言辞　種種説法　所作仏事　未曾暫廃　如是我成仏已来

甚大久遠……」（いろいろな仕事に従事し、種々さまざまな意図をもってそれぞれに良心による判断に従って行動する人々に、善根《ぜんごん》を生じさせようとして、如来は種々の経説を種々の信憑《しんぴょう》すべき根拠に基づいて語るのである。しかも、如来は如来がなさねばならないことを実行するのだ。いずれにせよ、久しい以前に「悟り」に到達した如来は、無限の寿命の長さをもち、常に存在するのだ）

栄・枯、盛・衰、利・害、得・失の八つの事がらに悩まされる現実世界は、娑婆＝忍土＝穢土となりますが、この娑婆世界の他には真の浄土はなく、極楽浄土や天国のような〝娑婆世界以外の理想世界〟をわざわざ求める必要はない、ということが知られるのです。

これで如来の寿命（本仏の寿命）の説明は終わり、次に説き明かされるのが、「法華七喩《ほっけしちゆ》」の第七である「良医《ろうい》の譬《たと》え」です。

◆良医《ろうい》の譬《たと》え

学識があって賢明であり、知性豊かで、あらゆる病気の治療に優れた医者がいました。この医者には子どもがあって、その数は百人にも達しました。ある時、この医者が旅に出ている間に、これらの子どもが誤って毒薬を飲んでしまったのです。その状況は、毒物に焼かれて地上をのたうちまわっていて、その幾人かは意識が顚倒《てんどう》（正しい認識ができない状態）しているかのようでした。

父の医師が帰宅すると、その姿を見た子どもたちは、大いに喜び、自分たちを救って下さいとお願いするのです。「善安穏帰　我等愚痴　誤服毒薬　願見救療」（お父さん、お帰りなさい。ご無事でよく帰られました。私たちの災難を救って下さい。毒を消して下さい。私たちの命を助けて下さい）と懇願《こんがん》したのです。

父の良医は薬方《やくほう》を案じ、最善、最良の薬を調合《ちょうごう》して、子どもたちに与えました。

経文には、次のようにあります。

「依諸経方　求好薬草　色香美味　皆悉具足　擣篩和合　與子令服　而作是言　此大良薬色香美味　皆悉具足　汝達可服　速除苦悩　無復衆患」（色も香りも味も勝《すぐ》れた、素晴らしくよく効く薬を用意して、石臼《いしうす》で磨《す》りつぶし、息子たちに呑《の》ませるために「この薬を呑みなさい。このよく効く薬を飲めば、すぐに毒は消され楽になり、病気は治ります」といったのです）

しかし意識が顚倒している子どもたちは、色も香りも味も気にいらず、用意された薬を飲まなかったのです。本心を失っていない息子たちはこの薬を飲み、快復することができました。

経文には、

「其諸子中　不失心者　見此良薬　色香倶好　即便服之　病盡除愈　餘失心者　見其父来

雖亦歓喜問訊　求策治病　然與其薬　而不肯服 所以者何　毒気深入　失本心故　於此　好色香薬　而謂不美　父作是念 此子可愍　為毒所中　心皆顛倒　雖見我喜　求策救療　如是好薬　而不肯服　我今當設方便　令服此薬　即作是言　汝等當知　我今衰老　死時巳至　是好良薬　今留在此　汝可取服　勿憂不差　作是教已　復至他國　遺使還告 汝父巳死　是時諸子　聞父背喪　心大憂悩　而作是念　若父在者　慈愍我等　能見救護　今者捨我　遠喪他國　自惟孤露　無復恃怙　常懐悲感　心遂醒悟　乃知此薬　色香味美　即取服之」（「この子どもたちは、毒のために意識が顛倒している。彼らはこのよく効く薬を飲まず、私の処方《しょほう》を悦《よろこ》ばない。私は巧妙な手段を用いて、子どもたちに、この薬を飲ませよう」と。そこで、かの医者は子どもたちに巧妙な手段を用いて薬を飲ませようと思い、このように言うとしよう。「私は年をとってしまった。よい子どもたちよ、私は老衰して、死期も近づいた。だが、お前たちは悲しんではならぬ。また、気落ちしてはならぬ。これは、私がお前たちのために用意した、よく効く薬だ。飲みたいと思うなら、この薬を飲みなさい」。彼は巧妙な手段を用いて、このように子どもらに指示を与えて、他国へ出かけた。そこへ行った後、病気の子どもたちに、彼が父は死んだと告げさせたとしよう。そのとき、子どもたちは非常に嘆き悲しむであろう。「われわれの父であり生みの親であり、また保護者で、われわれを慈《いつく》しんでくれた、ただひとりの人だったのに、亡くなってしまった。今や、我々は頼る人がない身の上となった」。彼らは頼る人のいなくなった自身を省《かえり》みて、また庇護者《ひごしゃ》のいない自分の身の上を考えて、繰り返し嘆き悲しむであろう。そして、繰り返し嘆き悲しんでいるうちに、彼らの顚倒していた意識がもとに返るであろう。そして、色・香り・味を具《そな》えたその薬を、色も香りも味もあるものと気づくであろう。こうしてそのとき、彼らはその薬を服用しよう。そして、薬を服用した彼らは、その苦しみから完全に解放されよう。そこで、かの医者は息子たちが苦しみから解放されたことを知って、自分の姿を現すであろう）

※この「良医」が本仏・釈尊で、与えられた「良薬」とは本仏の真実の教え＝法華経です。もちろん良薬を与えられた「子どもたち」とは、私たち（一切衆生、とりわけ末法の時代を生きる衆生）のことを指します。

このようにして、父は子どもの心の目を開かせるために、死を示したのですが、子どもたちの目が開かれると、直ちに帰り来て、再び子どもたちに会い、末永《すえなが》く父と共に楽しく住むことができたという物語です。

この譬喩は、法華経の心を正しく信解するものは、如来の寿命が無量であることを知ると共に、自分たちにも永遠の生命があることを知って、菩薩の道を実践すれば、永遠に仏と共に住むことができるということを説いています。

以上は「法華七喩」の第七番目の譬喩で、僧侶の説法などでもよく聞く話です。

しかし法華経を読んでいても、この譬喩を知っていても、僧侶はそれを信仰のポイントとして意識しているでしょうか。

一九九五年に起こったオウム真理教の無差別殺人事件。この少し前、あるテレビ番組で、オウム信徒とある巨大な教団の幹部との論争がありました。その時、オウム真理教の幹部が「法華経読みの法華経知らず」と、巨大教団の幹部に投げかけたことがありました。

まさに、法華経を用いて教団の教義としていながらも、信仰の糧《かて》として、まったく理解しようともしないで「ただ法華経は良薬だから飲めば治る」と、この良医の譬えを都合よく歪《ゆが》めていることを非難した発言でした。

そこで、法華経の譬喩の理解と、それによる信仰のポイントを次の「自我偈《じがげ》」の部分で説明していきたいと思います。

この寿量品はとりわけよく読まれ、重要とされています。とくにこの物語が終わると、「重ねて、この義を宣《の》べんと欲して、偈《げ》を説いて言《のた》もう」と釈尊は偈を説きます。これが「自我偈」で、百二句、五百十文字から構成されているものです。

その第一句が「自我得仏来《じがとくぶつらい》」で始まるので、自我偈と名づけられたのです。

法華経の最重要の部分が如来寿量品で、その寿量品のエッセンス（一番の核心となる部分）が、この自我偈であるといえます。

◆自我偈《じがげ》

自我偈の経文は、次の通りです。

自我得仏来《じがとくぶつらい》　所経諸劫数《しょきょうしょこっしゅ》　無量百千万《むりょうひゃくせんまん》　億載阿僧祇《おくさいあそうぎ》　常説法教化《じょうせっぽうきょうけ》
無数億衆生《むしゅおくしゅじょう》　令入於仏道《りょうにゅうおぶつどう》　爾来無量劫《にらいむりょうこう》　為度衆生故《いどしゅじょうこ》　方便現涅槃《ほうべんげんねはん》
而実不滅度《にじつふめつど》　常住此説法《じょうじゅうしせっぽう》　我常住於此《がじょうじゅうおし》　以諸神通力《いしょじんづうりき》　令顛倒衆生《りょうてんどうしゅじょう》
雖近而不見《すいごんにふけん》　衆見我滅度《しゅけんがめつど》　広供養舎利《こうくようしゃり》　咸皆懐恋慕《げんかいえれんぼ》　而生渇仰心《にしょうかつごうしん》
衆生既信伏《しゅじょうきしんぶく》　質直意柔軟《しちじきいにゅうなん》　一心欲見仏《いっしんよくけんぶつ》　不自惜身命《ふじしゃくしんみょう》　時我及衆僧《じがぎゅうしゅそう》
倶出霊鷲山《くしゅつりょうじゅせん》　我時語衆生《がじごしゅじょう》　常在此不滅《じょうざいしふめつ》　以方便力故《いほうべんりきこ》　現有滅不滅《げんうめつふめつ》
余国有衆生《よこくうしゅじょう》　恭敬信楽者《くぎょうしんぎょうしゃ》　我復於彼中《がぶおひちゅう》　為説無上法《いせつむじょうほう》　汝等不聞此《にょとうふもんし》
但謂我滅度《たんにがめつど》　我見諸衆生《がけんしょしゅじょう》　没在於苦海《もつざいおくかい》　故不為現身《こふいげんしん》　令其生渇仰《りょうごしょうかつごう》
因其心恋慕《いんごしんれんぼ》　乃出為説法《ないしゅついせっぽう》　神通力如是《じんずうりきにょぜ》　於阿僧祇劫《おあそうぎこう》　常在霊鷲山《じょうざいりょうじゅせん》
及余諸住処《ぎゅうよしょじゅうしょ》　衆生見劫尽《しゅじょうけんこうじん》　大火所焼時《だいかしょしょうじ》　我此土安穏《がしどあんのん》　天人常充満《てんにんじょうじゅうまん》

園林諸堂閣《おんりんしょどうかく》　種種宝荘厳《しゅじゅほうしょうごん》　宝樹多花果《ほうじゅたけか》　衆生所遊楽《しゅじょうしょゆらく》　諸天撃天鼓《しょてんきゃくてんく》
常作衆伎楽《じょうさしゅぎがく》　雨曼陀羅華《うまんだらけ》　散仏及大衆《さんぶつぎゅうだいしゅ》　我浄土不毀《がじょうどふき》　而衆見焼尽《にしゅけんしょうじん》
憂怖諸苦悩《うふしょくのう》　如是悉充満《にょぜしつじゅうまん》　是諸罪衆生《ぜしょざいしゅじょう》　以悪業因縁《いあくごういんねん》　過阿僧祇劫《かあそうぎこう》
不聞三宝名《ふもんさんぼうみょう》　諸有修功徳《しょうしゅくどく》　柔和質直者《にゅうわしちじきしゃ》　則皆見我身《そっかいけんがしん》　在此而説法《ざいしにせっぽう》
或時為此衆《わくじいししゅ》　説仏寿無量《せつぶつじゅむりょう》　久乃見仏者《くないけんぶっしゃ》　為説仏難値《いせつぶつなんち》　我智力如是《がちりきにょぜ》
慧光照無量《えこうしょうむりょう》　寿命無数劫《じゅみょうむしゅこう》　久修業所得《くしゅうごうしょとく》　汝等有智者《にょとううちしゃ》　勿於此生疑《もっとしししょうぎ》
当断令永尽《とうだんりょうようじん》　仏語実不虚《ぶつごじっぷこ》　如医善方便《にょいぜんほうべん》　為治狂子故《いじおうしこ》　実在而言死《じつざいにごんし》
無能説虚妄《むのうせっこもう》　我亦為世父《がやくいせぶ》　救諸苦患者《くしょくげんしゃ》　為凡夫顛倒《いぼんぶてんどう》　実在而言滅《じつざいにごんめつ》
以常見我故《いじょうけんがこ》　而生憍恣心《にしょうきょうししん》　放逸著五欲《ほういつじゃくごよく》　堕於悪道中《だおあくどうちゅう》　我常知衆生《がじょうちしゅじょう》
行道不行道《ぎょうどうふぎょうどう》　随応所可度《ずいおうしょかど》　為説種種法《いせつしゅじゅほう》　毎自作是念《まいじさぜねん》　以何令衆生《いがりょうしゅじょう》
得入無上道《とくにゅうむじょうどう》　速成就仏身《そくじょうじゅぶっしん》

「自我得仏来　所経諸劫数　無量百千万　億載阿僧祇」（我、仏を得てより来《このかた》、経《へ》たる所の諸《もろもろ》の劫数は無量百千万、億載阿僧祇《おくさいあそうぎ》なり）から始まり、「常説法教化　無数億衆生　令入於仏道」（世尊は成仏してからこの方、無量の寿命をもって生きていて、この間に無量の衆生を教化して、皆、仏道に入らしめた）

までをみると、この釈尊（世尊）が人間として、肉体の条件によって八十歳にして死んでいくのは、衆生に心の目を開かせるための方便であって、「而実不滅度　常住此説法」（しかも実《じつ》には滅度せずして、常にここに住して法を説くなり）とあり、実は亡くなっていなかったのです。「ここに住して」というのは、この現実世界に住してということなので、この娑婆世界のあさましく見える現実が、本当は寂光《じゃっこう》の浄土であったことが知らされます。

現代日本社会の、年間三万人を超える自殺者――世を儚《はかな》み、生きることの意味が見つからない、そんな苦悩に悩む人たちが、この世が寂光の浄土であったことがわかれば、少なくとも世を捨てなくても済んだかもしれないと思うと、法華経を説く使命の重さを痛感します。

仏は人間の現実世界に生きているのですが、衆生の心の目が開かないと、これを見ることができないのです。

そして「令顚倒衆生　雖近而不見」（顚倒の衆生をして、近しと雖《いえど》もしかも見ざらしむ）というのです。

顚倒とは、心の平常を失って、価値判断がおかしくなり、自分の心が煩悩で充満して、意義のない生活をしていながらこれに気づくことができないでいる状態のことです。

そこで、この顚倒の衆生に仏というものの価値を認識させ、仏法に対する深い帰依の情を起こさせるために、本仏は、あえて滅《めつ》の相《そう》をとるのです。

そして、幸いにも仏に値《あ》うことができた人には、

「憂怖諸苦悩　如是悉充満　是諸罪衆生　以悪業因縁　過阿僧祇劫　不聞三宝名　諸有修功徳　柔和質直者　則皆見我身　在此而説法　或時為此衆　説仏寿無量　久乃見仏者　為説仏難値」（彼らは、この世界が誠に怖ろしく、みじめで、幾百の悲しみが散在している、と見るであろう。幾千万劫の間、彼らは余《よ》の名を聞かず、また如来たちの名を聞かず、余の教えについても、余に従う集団についても聞くことはなかった。悪業の果報はこのようなのだ。しかし、この人間世界に、心が穏やかで親切な人々が現れた時、彼らは生まれるやいなや、清らかな業によって、教えを世に弘めている余を見るのだ。余は彼らに未だかつて余のこのような無限の行いを語ったことはない。従って、余は長い間、彼らの眼に触れた。それにもかかわらず、「仏たちに会うのは得がたい」とも語るのだ）

と、仏に会うことは難しいと説き、仏に会うことが難しいと感じている人には、

「衆生既信伏　質直意柔軟　一心欲見仏　不自惜身命　時我及衆僧　倶出霊鷲山　我時語衆生　常在此不滅　以方便力故　現有滅不滅」（この世の人々が心ただしく、穏やかで、愛欲を離れた者となった時、そこで余は弟子の集団を集め、ここ霊鷲山に余は姿を現す。そして、そののちに、余は彼らに、このように話すのだ。「あの時、この世で余は入滅したのではない。僧たちよ。あれは余の巧妙な手段なのだ。余は繰り返し繰り返し人間の世界にいるのだ」）

と本仏の永遠の命を説くのです。

ですから、どこかの教団の教祖のように、「仏陀再誕」などと自称している人もいますが、あまりに無知です。決して仏陀は再誕しません。久遠本仏なのです。

「質直意柔軟」の質直とは、質素・正直で無用の附属物《ふぞくぶつ》はなく、その本心が本当に真実を求めていることを意味します。柔軟《にゅうなん》とは、自分に都合のいい私見《しけん》を捨てて、素直に道を求めてやまぬことです。この質直意柔軟となってはじめて、仏の教えがわかるのです。

「時我及衆僧　倶出霊鷲山」（時に、我及び衆僧《しゅそう》、倶《とも》に霊鷲山に出《い》づ）とあるのは、霊鷲山とは人間の現実界のことを意味し、これによって娑婆世界がそのまま寂光の浄土であることが知らされるのです。そして、心の目が開いた人は久遠本仏・釈尊が「常にここに在《あ》って滅せず」ということを確信するのです。

絶対なる本仏の教化は、この娑婆世界だけに限らないので、「余国有衆生　恭敬信楽者　我復於彼中　為説無上法」（余国に衆生の恭敬《くぎょう》し、信楽《しんぎょう》するものあれば、我また、彼の中において、ために無上の法を説くなり）と続きます。

ここでいう「無上の法」とは、仏の真実の教法という意味です。釈尊は、仏眼《ぶつげん》をもって衆生を見るのですが、仏眼とは、真理を認識する五種のものの見方、「五眼《ごげん》」のうちの一つです。

五眼とは、
①肉眼《にくげん》…凡夫の迷いからなるものの見方
②天眼《てんげん》…科学的なものの見方
③慧眼《えげん》…哲学的なものの見方
④法眼《ほうげん》…芸術的なものの見方
⑤仏眼《ぶつげん》…宗教的なものの見方

この仏眼をもって人間を見ると「我見諸衆生　没在於苦海」（我、諸の衆生を見るに、苦海に没在《もつざい》せり）と、苦の大海の中で溺《おぼ》れているように見えるのです。そんな私たちに、「故不為現身　令其生渇仰　因其心恋慕　乃出為説法　神通力如是　於阿僧祇劫」（しかし、余はその時、姿を現さない。ともあれ、余を見たいと懇望せよ。渇望するものたちに余は正しい教えを弘めよう。考えることもできないほどの幾千万億劫の間、余の神秘な力は常にこのようであった）と、法を説く条件を示しています。

そして仏が貴い法を説き、心から仏に帰依した者が集まって、邪念・妄想がなくなったときに、寂光の浄土がその場に実現します。その様子は次のようなものです。

「我此土安穏　天人常充満　園林諸堂閣　種種宝荘厳　宝樹多花果　衆生所遊楽　諸天撃天鼓　常作衆伎楽　雨曼陀羅華　散仏及大衆」（余の仏国土には神々と人間たちが充ち溢《あふ》れるのだ。そこには、幾千万の遊園・楼閣《ろうかく》・鳳輦《ほうれん》があって、彼らには、さまざまの娯楽と愛欲の楽しみがあり、国土は宝玉づくりの山々と花が咲き、果実の実った樹木で飾られている。天空では神々が楽器を奏で、また曼陀《まんだ》羅華《らけ》の雨を降らす。花の雨は余と弟子たちに降りかかり、また覚《さと》りを求めて努力する他の賢者たちにも降りかかった）

あさましく生きている私たちにとっては、全く別次元の世界、四次元の世界の話でしょう。しかし、これを実現すべきは決して別天地であってはならないのです。仏は一切衆生を一人も残さず、皆、仏と成さしめる心持ちでこの人間界に出《い》でて、衆生と同じ相《そう》（すがた）をもって、法を説いて下さいました。人々が法華経の教えによって生きるようになれば、寂光土（寂光の浄土）をこの世界に実現させることができるのです。

法華経の教えは、現実の世界を寂光土とすることが本願であり目的なのです。日蓮聖人の「立《りっ》正安国《しょうあんこく》」の思想もこれに基づいています。

日蓮聖人は『観心本尊鈔《かんじんほんぞんしょう》』で、

「今、本時《ほんじ》の娑婆世界は、三災《さんさい》を離れ、四劫《しこう》を出《い》でたる常住《じょうじゅう》の浄土なり。仏、既《すで》に過去にも滅せず、未来にも生《しょう》ぜず、所化《しょけ》以《も》って同体《どうたい》なり。是《こ》れ即《すなわ》ち己心《こしん》の三千具足《さんぜんぐそく》三種の世間也《せけんなり》」

と、法華経の世界観を示しているのです。

釈尊は、父なる良医が子どもを救おうと心を砕《くだ》くように、一切衆生を哀愍《あいみん》（悲しみ哀れむこと）するのです。そのために、

「我常知衆生　行道不行道　随応所可度　為説種種法　毎自作是念　以何令衆生　得入無上道　速成就仏身」（余は絶えず世間の人々のあれこれの行為を知り、「どのようにして、彼らを覚りに導こうか、どのようにして、彼らに仏の教えを得させようか」と考えて、世間の人々に、それぞれに語るのだ）

仏は、いつでも人々の道を行ずる者と行じない者とを見分けて、救うべき最適の方法を考えてさまざまに法を説くのです。仏は、三世常恒《さんぜじょうこう》にわたって、どのようにすれば、我ら凡夫を仏と成すことができるだろうか、ということばかりを考えています。このような慈悲は、親が子に対する慈悲よりほかに譬えようがないのです。これこそ仏の願い、本願なのです。

人々（衆生）が無上道に入り速やかに仏身を成就する、ということは、この人間世界がそのまま仏国土となり、そのまま寂光土を成就することを意味します。一切の衆生が成仏するならば、同時にその現実世界（娑婆）は寂光の浄土として完成するのです。

寿量品は、仏教の本質を説いているといえます。釈尊の寿命が永遠で無始無終《むしむしゅう》であることを説くことによって、一切衆生の生命の不滅をも示しています。これは、一切衆生の成仏であり、これによって苦界《くかい》である娑婆が、即《そく》、寂光土となるのです。

とくにこの寿量品の本仏については、昔から種々異論があって、多々論じられています。

余談ですが、オウム真理教事件の折《おり》、私は、オウム信者たちと「仏身」について論争したことがあります。彼らによれば、彼らはチベット仏教（彼らの都合のいいように教義を歪《ゆが》められた、偽物のチベット仏教）を中心の教えとして修行していて、そのステージ（修行の進みぐあい）を、ヒナヤーナ（小乗）からマハーヤーナ（大乗）、そして最終ヴァジラヤーナ（金剛《こんごう》乗、密教）へ進めるためには、応身《おうじん》から報身《ほうじん》、そして法身《ほっしん》たる〝ダルマ身〟になる行程が必要だ、というのです。もちろん、その過程で煩悩を払うための「カルマ（業）落とし」として、厳しい戒律を厳守しています。だから蚊もゴキブリも、食事（オウム食）も、やたらなものを殺さず食さないというのです。

この寿量品の「仏身」は、法身――報身――応身の三身《さんじん》が即一身《そくいっしん》であるのです。オウムの教義でいうような、それぞれ別のステージではないのです。しかし、三身の中でどれを主となすかが問題となります。久遠実成《くおんじつじょう》の本仏は、三身のうちどれを中心として即一身となるのか、ということです。

ここで明確にしておかなければならないのは、迹仏と本仏との関係です。

迹仏とは、人間世界に生まれてきて、一人の人としての生涯を送り、八十才にして入滅した歴史上の釈尊です。この迹仏は、唯一絶対の本仏が、衆生を救う方便のために、現実の相をとったものですので、本仏の実在が根本にあるのです。

鳩摩羅什の弟子であった僧肇《そうじょう》という名僧は、このことを説明して、

「本仏に非《あらざ》れば迹仏を垂るることなく、迹仏に非れば以《も》って本仏を顕《あらわ》すこと無し。本迹、殊《こと》なれりと雖《いえど》も、而《しか》も不思議は一なり」

と述べています。われわれ人間にとっては、歴史上の釈尊（迹仏）を媒介として初めて、本仏を知ることができるので、人間にとっては、迹仏がそのまま本仏であるのです。

この迹仏しか見ることのできない者が、「迹化《しゃっけ》の菩薩」であり、迹仏を媒介として、本仏を見ることのできる人が「本化《ほんげ》の菩薩」（＝地涌《じゆ》の菩薩）です。

この本化の菩薩（地涌の菩薩）こそが、法華経において最も望ましい理想の人間として説かれているのです。

三身即一身、迹仏即本仏であるのです。某教団のように、いたずらに本仏の霊格などを論じたりしないように注意しなくてはいけません。間違えると釈尊の真意を失うことになります。

◆仏難値《ぶつなんち》＝ありがたい

自我偈には、「仏難値《ぶつなんち》」（仏には値《あ》い難《がた》し、仏さまに会うことは難《むずか》しい）という言葉が出てきます。

これは「有《あ》り難《がた》い」という感謝の言葉に、似ています。

《「有り難い」の語源》

人に何かして頂いた時、私たちは「有り難い」「有り難《がと》う」と感謝します。「有り難い」「有り難う」とは「有ることが難しいこと、困難なことが有ること」「非常に稀《まれ》であること」を意味します。

それがどうして感謝の気持ちを表す言葉として、日常で何気なく使われているのでしょうか。

この言葉は本来は、感謝を表す言葉ではありませんでした。

昔、世に極めて稀なことや珍しいことは、神や仏の力で実現されると考えられていました。そういう稀な出来事や奇跡を起こした神仏の力を讃え、同時に感謝の気持ちを表して「有り難し」と手を合わせて神仏を拝んだそうです。

珍しい、有り得ないことが起こった場合に使われた言葉だったのです。

今日《こんにち》、私たちの日常においても、人の好意、親切、助力、協力はいつも「有る」ものではありません。時々示してもらうからこそ「有り難い」のです。ここから「有り難い」「有り難う」が感謝やお礼の言葉に使われるようになったのです。

私たちの存在は、決して一人では成り立たず、他に生かされなければ存在することができません。それが、

「自然とは、自分であり、然《しかれども》自分でなし」

の境地です。

自分を生かしてくれている仏さまに出会うことは、大変難しい。だからこそ、本仏の化身である多くの仏さまと出会うように努力する人生が、素晴らしい人生なのです。

なかなか会うことのできない仏さまに会って「ありがとう」と言う。「値《あ》い難《がた》し」も「ありがとう」も同じ意味の言葉なのです。

17 分《ふん》別《べつ》功《く》徳《どく》品《ほん》 第十七

◆概略

如来の寿命が永遠（久遠）であることを会得することができた人は、今までの煩悩に支配された生き方に対して深い反省をします。そして人生の真の意義を求めるようになります。そうすることで、その人は如来の功徳を享受し、肉体的にも精神的にも生まれ変わるのです。

この如来の功徳（本仏の功徳）を分類して説くのが、この分別功徳品です。

ここには、仏道修行の段階について、「四信五品《ししんごほん》」が説かれています。

これは、仏教修行者の信仰の段階を、釈尊在世のときと釈尊滅後のときをそれぞれ四信と五品に分けて説くものです。

・四信……①一念信解《いちねんしんげ》 ②略解言趣《りゃくげごんしゅ》 ③広為他説《こういたせつ》 ④深心観成《じんしんかんじょう》

・五品……①初随喜《しょずいき》 ②読誦《どくじゅ》 ③説法《せっぽう》 ④兼行六度《けんぎょうろくど》 ⑤正行六度《しょうぎょうろくど》

◆四信《ししん》

①一念信解《いちねんしんげ》……如来の寿命が永遠であることを聞いて、これを一念に信解すること。
②略解言趣《りゃくげごんしゅ》……釈尊の教えを達意的に会得する境地。
③広為他説《こういたせつ》……法華経の内容を広く人のために説くこと。これには口による説法と身に実行する説法の二つがある。
④深心観成《じんしんかんじょう》……深い信心を会得して、人生観・世界観を完成すること。

◆五品《ごほん》

①初随喜《しょずいき》……初は、道の第一歩という意味で、随喜とは勝れた教えや行為を聞いたり、見たりして、心から素直に積極的にこれを受け入れ、それに喜び、感謝の意《こころ》をもつこと。法華経寿量品の教えを聞いて、人は正しく随《したが》うべきところが定まる。
②読誦《どくじゅ》……法華経を読んで、誦《じゅ》すること。読とは、一々の文字、文章を細かく知って読むこと。誦とは、経文の意味内容を達意的に把握して諳《そら》んじること。

③説法《せっぽう》………法華経について領解したことを人のために説くこと。この方法には、言葉による説き方と実行による説き方がある。

④兼行六度《けんぎょうろくど》……六度（六波羅蜜《ろくはらみつ》）の徳目を部分的に行うこと。

⑤正行六度《しょうぎょうろくど》……六度（六波羅蜜）の徳目を完備して行うこと。

なお、この六度（六波羅蜜）とは、①布施《ふせ》 ②持戒《じかい》 ③忍辱《にんにく》 ④精進《しょうじん》 ⑤禅定《ぜんじょう》 ⑥智慧《ちえ》の六つです。

①布施《ふせ》………財施、法施という言葉があるように、物や教えを他に施すこと。根本的には人類の進歩と平和に有用な人でありたいと念じ、実行すること。

②持戒《じかい》………布施の心を持つと、自分自身について深い反省をなし、仏の戒《いまし》めを持《たも》つようになる。戒名とは戒を受けた名ということなので、仏教の戒律を持つことを前提とする。真理を持つことから、法名ともいう。本来は、亡くなってからではなく、生きているうちにつけてもらうもので、戒を持つ誓いを立てた仏教徒としての名ということになる。他に対する布施は、自分に対する持戒によって、ますます、その輝きを増すといえる。

③忍辱《にんにく》………辱《はずかし》めをうけても堪《た》え忍ぶこと。法華経の教えを言葉や身で説くには、諸々

の困難に負けず、これに堪える心構えが必要。従地涌出品第十五には、本化地涌の菩薩を弥勒《みろく》が賞賛して「其《そ》の志念《しねん》は堅固《けんご》にして大忍辱《だいにんにく》の力あり。衆生の見《まみえ》んと楽《ねが》う所なり」「忍辱の心は決定《けつじょう》し、端正《たんじょう》にして威徳あり。十方《じっぽう》の仏に讃《ほ》められて、よく分別して説けり」とある。忍辱の心がなければ、仏の正法を世に伝える行為はできない。

④精進《しょうじん》……仏と成ることを期する者は、並々ならぬ努力（精進）を重ねていく必要がある。この目的のためには、全生活を賭す覚悟をしなければならない。精進の反対語は、懈怠《けたい》だが、これは何事もなさずに、怠けているという意味ではない。毎日忙しく、あくせくと生活していても、一片の道を求める心のない人をいう。だから懈怠の者の生涯は、虚しく終わるのである。精の字には、精米などというように「雑《まじ》（混じる）り無い」という意味がある。この心を持って、一定の目的に向かって進むことが精進である。

⑤禅定《ぜんじょう》……「心を専《もっぱ》らにし、念を収め、一を守りて散ぜざるの謂《いい》なり」と仏教の辞書にある。周囲の変化によって、散乱する心を収め、静かに心を統一して瞑想し、真理を観察すること。またそれによって心身ともに動揺することがなくなっ

た、安定した状態（環境に支配されないこと）を指す。経文には「深く禅定に入って、十方の仏を見る」とあるが、深く禅定に入ることによって仏と共にあるという信念を得ることができる。

⑥智慧《ちえ》……智とはものの区別を知ること、慧とはその共通点を見ること、仏の智慧とは、諸法の実相を知る心の能力をいう。法華経の結経『観普賢菩薩行法経《かんふげんぼさつぎょうほうきょう》』には、「一切の業障海《ごっしょうかい》は、皆妄想より生ず、若し懺悔《さんげ》せんと欲せば、端座《たんざ》して実相を思え、衆罪《しゅうざい》は霜露《そうろ》の如く、慧日能消除《えにちよくしょうじょ》す」とある。この慧日とは、仏の智慧であり仏智見である。つまり法華経の思想においては、人間の現実は、人々の妄想、即ち利己的なものの考え方によるもので、これが煩悩であり、この煩悩を霜《しも》や露《つゆ》に譬《たと》えれば、霜や露はいくら消そうとしてもきりがないが、智慧という日光を当てれば、すべてを消すことができると説いている。この智慧が無ければ真の布施・持戒・忍辱・精進・禅定も無い。逆に、布施・持戒・忍辱・精進・禅定の本質を把握すれば、真の智慧を見出すことができる。仏になるための菩薩の修行は、智慧という土台の上に立たなければ完成しない。

法華経受持の傍《かたわ》らに行われる修行は、自分のおかれた特殊な境遇や環境によって、部分的・限定的に行われることになります。これを兼行六度といいます。

これに対して、正行六度とは、それらの限定的な条件を離れて、根本的に六度の修行を完成することです。この六度の修行こそが菩薩行です。

釈尊は、どのような人に対しても、

「皆、菩薩の道を行じて、当《まさ》に作仏《さぶつ》すべし」

釈尊が修行し悟りを得た地、インド・ブッダガヤの金剛宝座

と教えています。法華経の修行は、一念信解から出発して、仏の智慧にまで達することです。

この品は次のように締めくくられます。

「若し能《よ》くこの行を行《ぎょう》ぜば、功徳は量《はか》るべからざらん。若しこの法師の、是《かく》の如き徳を成就せるを見れば、応《まさ》に天華《てんげ》をもって散じ、天衣《てんね》をその身に覆《おお》い、頭面《ずめん》に足を接して礼《らい》し、心を生《おこ》すこと仏の想いの如くにすべし。また、応《まさ》にこの念を作《な》すべし、久しからずして道場に詣《いた》り、無漏《むろ》、無為《むい》を得、広く諸《もろもろ》の人、天を利せん、と。その所住止《とどま》る処に経行《きょうぎょう》し、若しくは坐臥《ざが》し、乃至《ないし》、一偈をも説かんには、この中に応に塔を起て、荘厳し、妙好《みょうこう》ならしめて、種々に以《も》って供養すべし。仏子この地に住せば、則ちこれ仏、受用《じゅゆう》したまい、常にその中に住《ましま》して、経行し、若しくは坐臥したまわん」（もし誰かが、この経典を護持して教えを語る、このような人を見るならば、彼は、この人を尊び崇めよう。「この人は如来である」と確信して、その両足を拝み、天上の花を撒き散らし、天上の衣服で包むであろう。この人を見て、その時人々は思うのだ、「この人は菩提樹の根元に赴き、神々もともに住む世間の人々のために、この上なく祝福された〈さとり〉をさとるであろう」と。このような賢者が、どの散歩の場所にいようと、どこに坐っていようと、また、賢者がどこに臥していようと、この経典から一詩頌でも語るところに、そこに、人は最高の人〈仏〉のために、美しく素晴らしい塔を造らせよう。また、世に尊ばれる指導者の仏に、その場所で素晴らしい供養をしよう。この大地の地

点は、余の嘉納《かのう》したところ、余は自らそこを散歩し、また、そこに余は坐り、かの仏の息子のいるところに、余は止まろう）

このように、法華経を受持し、六度（六波羅蜜）を修行することによって得られる功徳は、はかり知ることができません。

悟りを得て、仏と共に生きることができるようになるのです。

【まとめ】

【消極的修行】

《四　信》

①一念信解…寿量品を聞いて仏の長寿なることを一念に信ずる。
②略解言趣…釈尊の教えを達意的に会得する。
③広為他説…法華経の内容を他のために口と身で説く。
④深心観成…深い信心を会得して、人生観・世界観が正しく完成する。

【積極的修行】

《五　品》

①初随喜……仏の説法を聞いて喜び、それに感謝する。
②読誦……法華経の内容を一字一句間違いなく理解し、意味内容を把握する。
③説法……法華経を他に説き、また、身で行う。
④兼行六度…法華経受持の傍ら、限定的に六度の修行を行う。
⑤正行六度…人生を賭して根本的に六度の修行を行う。

【修行の内容】

《六　度》

①布施……説法を広め、財を施すこと。人類の進歩と平和に役立つこと。
②持戒……仏の戒《いまし》めを持《たも》って身心を清浄にすること。
③忍辱……辱めを受けても堪え忍ぶこと。
④精進……仏と成るには努力し、懈怠《けたい》があってはならない。
⑤禅定……周囲の事情に左右されず、心を統一して専念する。
⑥智慧……仏の智慧を自己の智慧とすること。

18 随《ずい》喜《き》功《く》徳《どく》品《ほん》 第十八

◆概略

釈尊の教えの特徴は、すべての人を無上道に導き入れて、仏と等しい境地にまで向上させようとするところにあります。そして、世のため、人のためにつくして、他を利することによって、自己を利することができると考えるのです。これを会得した人の功徳は絶大なものですが、その第一歩を初随喜といいます。

随喜の功徳を特にとりあげて説明したのが、この随喜功徳品です。

◆五《ご》十《じゅっ》転《てん》展《でん》随《ずい》喜《き》

ここには「五十転展随喜」という功徳が説かれています。随喜とは発心《ほっしん》のことです。発心とは、悟りを求める心を発することです。

まず弥勒菩薩が世尊（釈尊）に質問します。

「世尊よ、若し善男子・善女人ありて、この法華経を聞きたてまつりて随喜せば、幾所《いくばく》の福を得るや」（世尊よ、良家の息子あるいは娘で、この経説が教えられているのを聴いて、心から帰依するならば、この良家の子女はどのような福徳を得るでしょうか）

と。

これに対して釈尊は、次のように答えます。

「阿逸多《あいった》（弥勒）よ、如来の滅後に、若しくは比丘・比丘尼・優婆塞・優婆夷及び余の智者、若しくは長《としたけ》たるもの、若しくは幼きものにして、この経を聞いて随喜し已《おわ》り、法会《のりのあつまり》より出でて余処に至り、若しくは僧坊に在り、若しくは空閑《しずけ》き地、若しくは城邑《じょうゆう》（都）・巷陌《こうばく》（ちまた）・聚落《じゅらく》（町）・田里《でんり》（村）にて、その所聞の如く、父母・宗親《やから》・知識《しりびと》のために、力に随って演説せば、この諸の人等《ら》は聞き已りてまた、随喜

弥勒菩薩（阿逸多）

し、教を転《つた》え、かくの如くして第五十に至らん。

阿逸多よ、その第五十の善男子・善女人の随喜の功徳をわれ今、これを説かん。汝よ、当に善く聴くべし、『若し四百万億阿僧祇《あそうぎ》の世界の六趣・四生の衆生あり、卵生《らんしょう》のもの、胎《たい》生《しょう》のもの、湿生《しっしょう》のもの、化生《けしょう》のもの若しくは有形《うぎょう》のもの、無形《むぎょう》のもの、有想《うそう》のもの、無《む》想《そう》のもの、非有想《ひうそう》のもの、非無想《ひむそう》のもの、無足なるもの、二足なるもの、四足なるもの、多足なるもの、かくの如き等の衆生数《しゅじょうしゅ》に在るものに、人あり福を求めて、その欲する所に随って娯楽の具を皆これに給与せんとて……』」

（誰か良家の子女で、阿逸多よ、如来が完全な「さとり」の境地に入ったのちに、この経典が教えられ説かれているのを聴いたとき、あるいは僧であれ尼僧であれ、あるいは信者の男女であれ、勝れた判断を持つ人であれ、あるいは少年であれ少女であれ、それを聴いて、心から帰依する気持ちを持つようになったとしよう。

そこで、もしその人が教えを聴いたのち立ち上がって、それを伝えるために、どこかへ出かけるとすれば、あるいは僧院に行き、家に帰り、あるいは森林に赴き、街道に出かけ、あるいは村落に行き、集落に赴いて、その理由と根拠を話し、教えを聴いた通りに、また理解した通りに、相手の能力に応じて他の人々に告げるとしよう。母にせよ父にせよ、あるいは親類の者にせよ、それを聴いて、心から帰依する気持ちを起こし、あるいは他の人が満足して、帰依する心を起こしたとしよう。もしその中の誰かが帰依する気持ちを起こして再び他の人に告げるとしよう。その人が聴いて、帰依する気持ちを起こして、この人もこの教えを聴いて、この人も帰依する気持ちを起こすとしよう。

こうして、このように順次に五十人まで伝わっていったとしよう。ところで阿逸多よ、この五十番目の人まで順次に心から帰依する気持ちの持ち主であるとすれば、阿逸多よ、この人が良家の息子であれ娘であれ、その人が心から帰依した結果として得る福徳の蓄積を、余は説明しよう。それを、よく聴き、しっかりと覚えよ。余はそなたに話そう。

それはこうなのだ、阿逸多よ。四十万阿僧祇という世界に生存していて、六種の運命をたどる者たちは、卵生のものであれ、胎生のものであれ、湿気から生まれたものであれ、自然に生まれたものであれ、あるいは、形のあるものであれ、形のないものであれ、良心のあるものであれ、良心のないものであれ、非想のものであれ、非想でないものであれ、あるいは足のないものであれ、二足・四足・多足のものであれ、ありとあらゆる衆生界に一緒に集まってきた場合を考えてみよう。

そのとき、一人の男がこの世に生まれて、衆生の福徳を欲し利益を望んで、衆生の全体の者に、かれらが欲し望み愛好し、かれらの気にいる、あらゆる快楽・娯楽・慰安・享楽の道具を贈るとしよう……）

修行をして悟りを開き、法を説くことの功徳は絶大なものです。その法がめぐりめぐって五十人に伝えられたとして、その五十番目に随喜をなしたその功徳は、幾千万億の衆生を八十年間、満足させるために財物を施した功徳よりも大きいというのです。これを「五十転展随喜」といいます。

これは初随喜の一念がいかに功徳の大きいものであるかを説明するものです。そして法華経を人に語り、また聴聞するならば、その功徳によって、人は肉体的にも精神的にも生まれ変わります。この経を修行する功徳、結果の大きいことを示しているのです。

19 法《ほっ》師《し》功《く》徳《どく》品《ほん》第十九

◆概略

ここで法師《ほっし》というのは、出家した僧侶だけを指すのではありません。在家の人でも、法華経の信仰に生きる決心をした人は、みな法師なのです。

この法師功徳品では、法華経を説く法師が受ける功徳について具体的に説明しています。法師というと、三蔵法師や一寸法師などが思い浮かびますが、特別に優秀な僧ではなく、この法華経に随喜（感動）して受持、読誦し、解説《げせつ》し、書写する者をいいます。そして法師が受ける功徳ははかり知ることができないのです。

経文では、

「その時、仏は常精進菩薩《じょうしょうじんぼさつ》・摩訶薩《まかさつ》に告げたもう『若し善男子・善女人にして、この法華経を受持し、若しくは読み、若しくは誦し、若しくは解説し、若しくは書写せば、この人は当《まさ》に八百の眼《げん》の功徳、千二百の耳《に》の功徳、八百の鼻《び》の功徳、千二百の舌《ぜつ》の功徳、八百の身《しん》の功徳、千二百の意《い》の功徳を得べし。この功徳をもって、六根《ろっこん》を荘厳《しょうごん》して皆、清浄《しょうじょう》ならしめん」と眼・耳・鼻・舌・身・意の六根に功徳のあることが説かれています。

◆五種法師《ごしゅほっし》

まず、常精進菩薩に五種の修行（受持《じゅじ》・読《どく》・誦《じゅ》・解説《げせつ》・書写《しょしゃ》）を説きます。この修行を「五種法師」「五法行」などと呼びます。

①受持…法華経を心にしっかりと受けたもつこと。
②読……経文を見て読むこと。
③誦……経文を暗誦《あんしょう》すること。
④解説…経文を人に解説すること。
⑤書写…写経すること。

法華経の行者はこの五種を行うことを修行とするのです。この修行には、自分のために行う修行（自行《じぎょう》）と他人のために教え導く修行（化他《けた》）の二つが含まれています。

そしてこの五種法師を精進した人は、眼・耳・鼻・舌・身・意の六根に素晴らしい功徳が備わるのです。

◆六根清浄《ろっこんしょうじょう》

六根の根とは器官の意味です。これは私たちの持つ心身の働き全体を指します。法華経の修行者はその功徳により、心身が清らかになり、「悟り」に近い状態になるのです。これを「六根清浄」といいます。

①眼根《げんこん》清浄…眼の感覚作用が清らかになり、全世界の様子を、下は最悪の阿鼻地獄から上は最高の有頂天に至るまでよく見ることができる。また、その中にいる一切衆生が作《な》す業の原因と果報、生まれた境涯などをことごとく見ることができる。

②耳根《にこん》清浄…耳の感覚作用が清らかになり、全世界のありとあらゆる声を聞くことができる。もろもろの僧や尼僧また菩薩たちで経典を読誦し、また人に読み聞かせる者があれば、ことごとくその声を聞くことができる。仏世尊が衆生のために、大法座にあって微妙《みみょう》な法を演説するときも、その声をすべて聞くことができる。

③鼻根《びこん》清浄…鼻の感覚作用が清らかになって、全世界のよい香りを嗅ぐことができる。またいろいろな香りを嗅ぎ分け、その所在を知ることができる。また人間の心の状

態も嗅ぎ分けることができるし、修行者たちがどの場所でどのような修行をしているのか、それらのすべてを香りによって知ることができる。

④舌根《ぜっこん》清浄…舌の感覚作用が清らかになって、味のよいものも悪いものも、舌の上にのせれば、すべて甘露のように最上の美味に変じることができる。またその舌をもって大衆の中で演説すれば、深く妙《たえ》なる声を出して人々を喜び楽しませる。このとき天子・天女をはじめ、あらゆる種類の生類《しょうるい》がやって来て、その言葉を聞いて供養する。また仏や菩薩・声聞《しょうもん》たちもこの人に会いに来る。

⑤身根《しんこん》清浄…この人の身は浄瑠璃《じょうるり》（宝玉）のように清らかとなって、誰もがかれに会ってみたいと願うようになる。この清らかな身体には全世界のありとあらゆるものの、仏や菩薩たちが説法される姿まで、そこに写し出す。

⑥意根《いこん》清浄…この人は清らかな意《こころ》によって、法華経の一偈一句を聞いただけでも、限りなく深いその意味を体得することができる。どんな教えが説かれても、その意味を正しく把握して真理に反することはない。もしかれが仏教以外の世間一般の書物、政治、経済などの論議を説くならば、それらはすべて正しい法（仏教の真理）にかなったものとなる。かれが思索したり推理したり文言で説いたりしたものの

は、みな仏法と一致して真実でないものはなく、いにしえの諸仏の教えのとおりのものになる。

意根清浄について、経文に「若し俗間《ぞっけん》の経書、治世の語言、資生の業等を説かば、みな正法に順《したが》わん」とあります。治世の語言とは政治、資生の業とは生活に資する生業《なりわい》ですから、商業や産業などの経済を意味します。この二つをあわせて世法と称します。これに対し仏教（仏法）は世俗を超越した聖なる世界ですが、法華経においては「仏法は世法に無関心であってはならない」と教えています。世法を正しく指導して、世法に基礎を与えるものが仏法であるのです。政治や経済も、仏教の精神に立脚してはじめて正しく行われるのです。

「経済」という言葉は、中国古典の「経世済民」からくる言葉です。世を経《おさ》め民を済《すく》うと書き下しますが、仏教的に考えれば経は正しい教え（仏法）、世は世の中で、この教えを縦の糸として柱とし、世間を指導するのが経世です。済は救済ですから、済民とは民衆を救うことです。つまり経済とは、仏法をよりどころとして人々を救う、という意味になるのです。

日蓮聖人は『観心本尊鈔《かんじんほんぞんしょう》』で「法華を識《し》るものは世法を得べきか」と、法華経を真に理解することによって、世の中のことをすべてを明らかに見ることができると述べています。

私たちは、法華経（お題目）を身に受け持《たも》ち、口に唱え、意《こころ》に受け、身・口・意の三業にわたる修行をすることが大切だということです。

この法華経の心を体得した人は、肉体的にも精神的にも生まれ変わり、それを六根清浄と名づけるのです。

この品の最後に、

「法華経を持《たも》つ者は、意根の浄《きよ》きこと斯くのごとくにして、未だ無漏《むろ》を得ずと雖《いえど》も、先《ま》ずかくの如き相あらん。この人、この経を持たば、希有《けう》の地に安住して一切の衆生のために、歓喜《よろこ》ばれて愛敬《あいぎょう》せられん。能《よ》く千万種の、善巧《たくみ》なる語言を以って分別して演説《のべと》くは、法華経を持つが故なり」（この法華経を心にとどめ読誦する者の、心の感覚は実にこのようである。しかし、彼は未だ自由自在な智慧を得ていないが、彼のもつ心の感覚はそれに先行するのだ。この仏の経典を心にとどめて、幾千万の解説に巧みで、すべての者に教えを説く者は、教師の位にあるのだ）

とあるのは、法華経を持《たも》つことによって自ずと六根清浄となることを明らかにするためです。

20 常《じょう》不《ふ》軽《きょう》菩《ぼ》薩《さっ》品《ぽん》第二十

◆概略

常不軽とは、菩薩の名です。

この品のはじめに法華経を毀謗《きほう》（悪口をいう）する罪の恐ろしさと、法華経を歎美《たんみ》（褒《ほ》め称《たた》える）する功徳の大きさが説明されます。

そして釈尊は、得大勢《とくだいせい》菩薩・摩訶薩に常不軽菩薩の物語を話し始めるのです。

「遠い昔、それは無量阿僧祇劫という昔、威音王《いおんのう》如来という仏がいました。その時一人の菩薩比丘がいて、人を見れば礼拝をして、その人に仏性《ぶっしょう》の自覚を促《うなが》した因縁を説いていました……」

法華経における信仰のあり方は、常不軽菩薩に象徴されるように「仏性の自覚」と「菩薩行実践の決意」であることが、この品で明らかに示されるのです。

◆常不軽菩薩の但行礼拝《たんぎょうらいはい》

物語では、

「得大勢よ、数えることもできないほどの劫の昔に、さらにそのはるか以前に、威音王如来という如来がこの世に現れた。この如来は離水《りすい》という劫に、大成《だいじょう》という世界において、完全な学識と勝《すぐ》れた所行を具《そな》え、この上ない幸いに到達して、最もよく世間を知り、人間を訓練する調教師であり、神々および人間の教師であり、仏であり、世尊であった。

この世尊が入滅したあとに、正しい教えが消滅し、正しい教えの模倣の教えが消滅しはじめていて、その教訓が高慢な僧によって攻撃されているとき、常不軽という求法者《ぐほうしゃ》がいた」

この常不軽という呼び名は、当時人々が仮《かり》につけた「あだ名」でした。なぜそんな名で呼ばれたのでしょうか。釈尊はその因縁を説き明かします。

「求法者は、僧であれ尼僧であれ、男の信者であれ女の信者であれ、会う人ごとに近づいて、このようにいうのであった。『我深く汝等《なんだち》を敬う。敢《あ》えて軽《かろし》め慢《あなど》らず。所以《ゆえ》は何《いか》ん。汝等は皆菩薩の道を行じて、当に仏と作《な》ることを得べければなり』（私はあなたがたを軽蔑しません。あなたがたは軽蔑されていない。それは何故であるか。あなたがたは、みな、求法者の修行をしたまえ。

そうなさるならば、あなたがたは完全な「さとり」に到達した阿羅漢の如来になられるでしょう）と」

この菩薩の特徴は、経典を読誦せず、但《た》だ礼拝《らいはい》を行ずる（但行礼拝《たんぎょうらいはい》）のみであるところにあります。

このように礼拝される人の中には、そのために怒りを生じ、心不浄の者や、悪口雑言をあびせる者もありました。さらには、

「衆人《もろびと》、或いは杖木瓦石《じょうもくがしゃく》を以ってこれを打擲《うちたた》けば、避け走り、遠くに住《とどま》りて、猶《なお》、高声に唱えて言《いわ》く、『我敢えて汝等を軽しめず、汝等は皆当に仏と作るべし』と」

こうして暴力を振るわれても、どのように罵詈《ばり》されても、彼は決して怒らず、「あなたがたは必ず成仏なさるのです」といって礼拝するのです。

「我深く汝等を敬う。敢えて軽慢《きょうまん》せず」

と繰り返すことから、人々は彼を常不軽と呼ぶようになったのです。

この修行は長く続きましたが、常不軽が臨終を迎える時、空中から威音王如来の説く法華経が聞こえました。彼はこれを信受したので、六根清浄の徳を得て、寿命を増し、さらに長い間法華経を説くことができ、ついには成仏することができたのです。

彼に常不軽の渾名《あだな》をつけ、彼を苦しめた増上慢の人々も、彼が不思議な力を得て雄弁に法華経

を弘通するのを目《ま》の当たりにして、先非《せんぴ》を悔いて信伏《しんぷく》するようになりました。

釈尊は、

「その時の常不軽菩薩は豈《あに》、異人ならんや。則《すなわ》ちわが身これなり。若《も》しわれ宿世において、この経を受持し読誦して他人のために説かざりせば、疾《と》く阿耨多羅三藐三菩提《あのくたらさんみゃくさんぼだい》を得ること能《あた》わざりしならん。われ先仏の所《みもと》において、この経を受持し読誦し、人のために説きしが故に、疾く阿耨多羅三藐三菩提を得たるなり」

と、常不軽が釈尊の前世の姿だったことを説き明かします。

この時、常不軽菩薩に迫害を加えた増上慢の人々は、その罪によって二百億劫という長い間、仏にも値わず、法をも聞けず、僧を見ることもなく、三宝に値遇《ちぐう》しないで、千劫の間、無間地獄《むけんじごく》に落ちて苦しみ、その罪がようやく消えて初めて、常不軽の教化に浴することになったといいます。

このことを経文では、

「彼《か》の時の四衆たる比丘・比丘尼・優婆塞・優婆夷は瞋恚の意を以って、我を軽んじ賤《いや》しむるが故に、二百億劫に常に仏に値《あ》いたてまつらず、法を聞かず、僧を見ずして、千劫、阿鼻地獄において大苦悩を受く。この罪を畢《お》えること已《おわ》りて、復《また》常不軽菩薩の、阿耨多羅三藐三菩提に教化するに遇《あ》えり、得大勢よ、汝が意において如何《いか》ん。その時の四衆の、常にこの菩薩を軽しめたるものは、豈《あ》に異人ならんや。今、この会の中の跋陀婆羅《ばっだばら》等の五百の菩薩と師子月《しがつ》等の五百の比丘尼と思仏《しぶつ》等の五百の優婆塞との皆阿耨多羅三藐三菩提において退転せざる者、これなり。得大勢よ、当に知るべし、この法華経は大いに諸々の菩薩・摩訶薩を饒《にょう》益《やく》して、能く阿耨多羅三藐三菩提に至らしむ。この故に諸の菩薩・摩訶薩は、如来の滅後において、常に応にこの経を受持し読誦し解説し書写すべし」

と書いてあります。

法華経はこのように、仏道に志す者を悟りまで導くものですから、「私が死んだ後も、常にこの経を受持し読誦し解説し書写して、信仰に励むように」と勧めているのです。

法華経の信仰と布教を志す者は、五種法師の大切さを自覚しなければなりません。

21 如《にょ》来《らい》神《じん》力《りき》品《ほん》 第二十一

◆概略

如来神力とは名前のとおり、如来の神通力という意味です。この法華経の迹門と本門とが、究極的には一致する、ということが説かれています。この法華経では、浅い内容から徐々に深い内容へと移っていくのです。

さらにこの神力品では、法華経の教えによって生きようとする信仰者が態度を決定《けつじょう》すべきことを示しています。

経文には、次のようにあります。

「その時、千世界の微塵に等しき菩薩・摩訶薩《もうさ》の地より涌出《ゆじゅつ》せる者は、皆仏の前において一心に合掌し尊顔《そんげん》を仰ぎ見て、仏に申して曰く『世尊よ、われ等は仏の滅後において、世尊を分身《ふんじん》の在《いま》す所の国土の滅後の処にて、当に広くこの経を説くべし。所以《ゆえ》は如何《いかん》。われ等も亦、自らこの真浄の大法を得て、受持し、読誦し、解説し、書写して、これを供養せんと欲すればなり』」（寿量品で大地の割れ目から現れた、三千大千世界の極めて微細な粒子の数にも等しい、幾千万億という求法者たち＝地涌の菩薩たちは、すべて世尊に向かって合掌して、世尊にこのように語った。「我々は、世尊よ、如来が完全に平安の境地に入られたのちには、世尊の国土であるところは何処であれ、すべての仏の国土において、また世尊が完全に平安の境地に入られる場所という場所で、この経説を説くでありましょう。我々は、世尊よ、記憶し、読誦し、教示し、説き、あるいは書写するために、この勝れた経説を欲しています」）

大地から涌《わ》き出て来た本化地涌の菩薩たちが、一心に合掌して、

「私たちが釈尊の滅後に、この法華経の教えを説き弘めたい」

と申し出るのです。

すると釈尊は文殊師利菩薩をはじめとする大勢の聴衆の前で大神力を現して、からだ中から、無数の光を放ち、十方の世界（四方四維《しほうしい》と上下）を照らし出しました。それぞれ宝珠の下の尊い座に座っていた無数の仏たちも、同じように身体から一せいに光を放ちました。このように大神力を現して十万年もの年月が経ったのです。

それから釈尊と他の仏たちは一せいに咳払《せきばら》いをして、指をはじきました。この咳払いと弾指《たんじ》の二つの音が十方世界に響いて、大地は大きく震動しました。

そして世界中の一切衆生は皆、釈迦仏と多宝如来が宝塔の中に並んで坐っている姿と、数限りない菩薩や弟子や信者たちが釈迦仏を取り囲んで礼拝している様子をはっきりと見ることができたので、かつてない大きな喜びに包まれました。

このとき空中から、

「いま、釈迦仏は法華経という大乗経典を説いている。皆は心から歓迎して釈迦仏を礼拝し、供養しなさい」

という声が聞こえました。そこで十方世界の一切衆生は一せいに「南無釈迦牟尼仏、南無釈迦牟尼仏」と唱えて、華や香など種々の供物を、娑婆世界におられる仏たちの上に高く投げて供えました。

そして、文殊師利菩薩をはじめ、数多くの菩薩、僧俗の四衆（比丘・比丘尼・優婆塞・優婆夷）、天龍八部衆（天・龍・夜叉・乾闥婆《けんだつば》・阿修羅《あしゅら》・迦楼羅《かるら》・緊那羅《きんなら》・摩睺羅迦《まごらが》。天龍八部衆はもともとはバラモン教の邪神で、釈尊に帰依して仏教の守護神となったとされている）の前で、釈尊は「十種の神力」を現すのです。

◆十種の神力《じんりき》

十種の神力とは、

①出広長舌《すいこうちょうぜつ》…仏語が妄語でないことを示す。釈尊の教えが真実であることを証明するため、三十二相の一つ、広長舌（広く長い舌を梵天まで至らしめること）を示す。

②毛孔放光《もうくほうこう》…偉大なる徳が周囲を感化することを示す。釈尊の身体全体の毛穴からさまざまな色の光を無量に放つ。

③一時謦欬《いちじきょうがい》…釈尊が法を説こうとして大きな咳払いをする。

④倶共弾指《くぐたんじ》…釈尊と諸仏が同時に指をはじき、音を出す。法華経を弘める決意と喜びを表す。

⑤地六種動《じろくしゅどう》…大地を震動させる。これらの神力を見たり聞いたりした人々の非常に大きな感動を表す。

⑥普見大会《ふげんだいえ》…十方世界の一切衆生が虚空会《こくうえ》上の二仏並坐《にぶつびょうざ》を拝し、歓喜する。

⑦空中唱声《くうちゅうしょうしょう》…諸天が虚空で「妙法蓮華経に深く随喜し、世尊を礼拝し供養せよ」と高声《こわだか》に唱え、法華経を未来に弘通すべきことを説く。

⑧咸皆帰命《げんかいきみょう》…十方世界の一切衆生が空中の声を聞いて、ことごとく釈尊と法華経に帰依する。諸々の人々が娑婆世界に向かって「南無釈迦牟尼仏　南無釈迦牟尼仏」と唱え、帰命する。

⑨遥散諸物《ようさんしょもつ》…このような信仰を持てば、十方から世尊を讃える装飾品（華・香・瓔珞《ようらく》）や説法を讃える旗、さしかけられる傘の装飾品（幡蓋《はんがい》）などが雲のように集まり、諸仏の上を覆《おお》う。

⑩通一仏土《つういちぶつど》…十方世界が一仏土（仏の世界）となること。人々が法華経と釈尊に対する信仰をもつようになれば、国境や人種を超越した、平和で幸福な人間社会が実現する。

このように、十の不思議な様相《ようそう》が展開するのです。法華経の中では他にも、序品や見宝塔品の中でも奇瑞《きずい》（前兆として起こる不思議な現象）の記述が見られます。これは、次に繰り広げられるすばらしい教えの端緒《たんしょ》です。以下に示される釈尊の教えの偉大さを表現しているのです。

十種の神力を現す究極の目的は、「通一仏土」にあるといえます。人間の現実生活（娑婆）と十方仏土を通徹して一仏土であるというのは、宇宙が、相、真理、大道であることを示すものです。この第十の神力を現ずるために、その前の九つの神力を示したのです。

これらの十種の神力を人々に示した釈尊は、「仏の有《も》つ不思議な力は、このように偉大であるが、この不思議の力をもって、汝らに滅後、ことに末法の世における、法華経の弘通《ぐづう》を委託《いたく》するために、どんなに長い間かかってその功徳を説いても、説き尽くすことはできない」と告げるのです。

◆即是道場《そくぜどうじょう》

続いて「四句要法《しくようぼう》」が示されます。経文には、

「要をもって之を言わば、如来の一切の所有《しょう》の法、如来の一切の自在の神力、如来の一切の秘要の蔵、如来の一切の甚深《じんじん》の事、皆この経において宣《の》べ示し顕《あらわ》に説けり」

とあります。それは、仏の説く一切の経法、仏の有《も》つ一切の力と作用、仏の悟った諸法の実相、仏が究《きわ》めている因果の大事は、すべて残さずこの法華経に説き尽くしてあることをいいます。

そして人々に、仏の滅後に余念なく、この法華経を受持し、読誦し、解説し、書写して、仏の本意に合致した修行をするようにとすすめています。

法華経の信仰に生きる人の生活の場は、どのような場所でも、そこが道場であると述べるのです。

このことを経文では、

「若しくは経巻所住の処ならば、若しくは園の中においても、若しくは林の中においても、若しくは樹下においても、若しくは僧坊においても、若しくは白衣《びゃくえ》の舎《いえ》にても、若しくは

殿堂に在りても、若しくは山・谷・曠野《こうや》にても、この中に皆応《まさ》に塔を起《た》てて供養すべし、所以は何《いか》ん。当に知るべし。この処は即ちこれ道場にして、諸仏はここにおいて阿耨多羅三藐三菩提《あのくたらさんみゃくさんぼだい》を得、諸仏はここにおいて法輪を転じ、諸仏はここにおいて般涅槃《はつねはん》すればなり」

と説いています。

これを「即是道場《そくぜどうじょう》の思想」といいますが、法華経に生きる人にとっては、家庭でも職場でも、人の住む所、生活の場がそのまま修行の道場であることを示しています。

《四句要法（結要《けっちょう》の四句）**》**

①如来の一切の所有の法……如来のすべての教え（真理）。
②如来の一切の自在の神力…如来のすべての不思議（自由自在）な力。
③如来の一切の秘要の蔵……如来のすべての教えの秘された肝要（深遠な教え）。
④如来の一切の甚深の事……如来のすべての深い教え。

《即是道場の思想》

神力品の結びには、

「能《よ》くこの経を持《たも》つ者は、諸法の義と、名字《みょうじ》と及び言辞《ごんじ》とにおいて、楽説《ぎょうぜつ》して窮尽《さわきり》無《な》きこと、風の空中において、一切障礙《さわり》無きが如くならん。如来の滅後において、仏の所説の経の因縁と及び次第とを知りて、義に随って実《まこと》の如く説かば、日月の光明の、能く諸の幽冥《くらやみ》を除くが如く、その人世間に行じて、能く衆生の闇《やみ》を滅し、無量の菩薩をして、畢竟《ひっきょう》して一乗に住せしめん。この故に有智《うち》の者は、この功徳の利を聞きて、我が滅度の後において、応にこの経を受持すべし、この人は仏道において、決定して疑い有ること無からん」

とあります。これは意訳すると、次のようになります。

《仏の滅後にこの経を説き弘めるものは、仏の教えの因縁や順序をよく理解し、その意味のとおり真理を語り、あたかも太陽や月の光がいろいろの暗闇を除き去るように、この人は末法の世において、法華経の教えを実践し、人々の苦しみや悩みという暗闇（幽冥）を滅して、無量の菩薩を導いて一乗の思想にしっかりと心を確立させるだろう。ゆえに、見識ある者は、このような功徳のあることを知って、仏の滅後において、法華経を受持すべきである。この人が仏のさとり（仏道）を得ることはまったく疑いないところである》

このように、仏の滅後における信仰のあり方（即是道場）を示しているのです。

◆別付嘱《べっぷぞく》

従地涌出品第十五において、釈尊の目の前で大地がさけて無数の菩薩が涌き出ました。この菩薩を「地涌の菩薩」といいますが、この菩薩の中で最高の指導者を上首唱導師《じょうしゅしょうどうし》といいます。それが上行《じょうぎょう》菩薩・無辺行《むへんぎょう》菩薩・浄行《じょうぎょう》菩薩・安立行《あんりゅうぎょう》菩薩の四菩薩です。

この四菩薩に率いられた菩薩の集団は、じつは釈尊滅後にこの現実（娑婆）世界に法華経を弘める役目を担《にな》ってこの世に出現した菩薩なのです。

この神力品では、これらの菩薩に対して釈尊が、法華経を弘めることを委託する命令を行います。これを「付嘱《ふぞく》」あるいは「嘱累《ぞくるい》」といいます。

経文には、

「その時、仏は上行等の菩薩の大衆に告げたもう『諸仏の神力は、かくの如く無量無辺不可思議なり、若しわれこの神力をもって、無量無辺百千万億阿僧祇の劫において、嘱累のための故に、この経の功徳を説くとも、猶尽《なおつく》すこと能《あた》わず』」

とあります。意訳すると、次のようになります。

《仏の神力は霊妙なこと限りがないが、私がこの神力をもって法華経を汝《なんじ》らに委託するため

に、経の功徳をいくら説いても、説き尽くすことはできないのである》

この教えを要約すると、前述の「四句要法」となるのです。

釈尊は、弟子の中から、四菩薩をはじめとして地涌の菩薩を選んで、法華経の最も重要な教えを授けられ、別に付嘱されたので「別付嘱」と称しています。

なお、日蓮聖人の『諸法実相鈔《しょほうじっそうしょう》』には、

「日蓮末法に生まれて上行菩薩の弘め給《たも》ふべき所の妙法を先立ちて粗《ほぼ》ひろめ……（中略）……奉ること余が分齊《ぶんざい》にはいみじき事なり。……（中略）……地涌の菩薩のさきがけ日蓮一人なり。地涌の菩薩の数にもや入りなまし」

とあります。

地涌の菩薩のリーダーである上行菩薩が、末法の日本国に姿を変えて出現したのが自分（日蓮聖人）なのだ、との自覚が見うけられます。

22 嘱累品《ぞくるいほん》 第二十二

◆ 概略

「嘱累」の嘱は嘱託《しょくたく》の意味で、累は煩《わずら》わしいという意味があります。法華経を弘通しようとすると、いろいろな累難があり、それを覚悟して弘通する決心をしなくてはならないのです。

経文には、

「その時、釈迦牟尼仏は法座より起《た》ちて、大神力を現わし、右の手を以って無量の菩薩・摩《ま》訶薩《かさつ》の頂《いただき》を摩《な》でて、この言《ことば》を作《な》したもう『われは無量百千万億阿僧祇劫《あそうぎこう》において、この得《え》難き阿耨多羅三藐三菩提の法を修習《しゅうしゅう》せり。今、以って汝等に付嘱す。汝等よ、応当《まさ》に一心にこの法を流布して、広く増益《ぞうやく》せしむべし』と」

とあります。これを意訳すると、次にようになります。

《釈尊は座より立って、再び大神力をあらわし、右の手で多くの菩薩たちの頭を撫でて言いました。「私は数えきれない長い年月の間、この得難い無上の菩提を修行し体得して来たが、

今これを汝等に授け委託する。汝等はこの教えを一心に流布して、世の人を利益し救わねばならない」》

このように、仏の滅後にこの経を弘めるために菩薩たちに、この経を授け委託するのです。これを嘱累、または付嘱といいます。

◆虚空会《こくうえ》の終わり

釈尊は仏弟子たちに法を施すや、惜しみなく、その悟ったところを衆生に与えるのです。釈尊は一切衆生の大施主なのです。だからこそ、

「汝等《なんだち》も亦《また》、随《したが》って如来の法を学ぶべし、慳恡《やぶさか》を生ずることなかれ。未来世において、若《も》し善男子・善女人ありて如来の智慧を信ぜば、当《まさ》にためにこの法華経を演説して聞知することを得せしむべし、その人をして仏慧《ぶって》を得せしめんがための故なり。若し衆生ありて信受せざれば、当に如来の余の深法の中において、示し教え利し喜ばすべし。汝等よ、若し能《よ》くかくの如くせば、則《すなわ》ち為《こ》れ已《すで》に諸仏の恩を報ずるなり」

というのです。この言葉を聞いた諸の菩薩は、皆大いに喜び合掌して、

「世尊の勅《いましめ》の如く、当《まさ》に具《つぶ》さに奉行《ぶぎょう》すべし。唯然《はい》、世尊よ。願わくは慮《うらおもい》したもうこと有

らざれ」

と答えるのです。

そして、釈尊は他土の十方世界から集まってきた諸仏に、もとの世界にもどり安楽に暮らすように述べます。

「諸仏各々《おのおの》、安ろう所に随いたまえ。多宝仏の塔に返りて故《もと》の如くしたもうべし」

多宝如来、十方の分身《ふんじん》の諸仏、上行菩薩をはじめ一会の大衆は安心して歓喜し、これに従いました。

こうして虚空会の法座が閉じられ、舞台はまたもとの霊鷲山にもどるのです。

◆別付嘱《べっぷぞく》と総付嘱《そうふぞく》

前の神力品《じんりきほん》における法の付嘱を「別付嘱」、そして、この嘱累品での付嘱はすべての菩薩に授与委託したので「総付嘱」といいます。

神力品で付嘱された地涌《じゆ》の菩薩は、寿量品《じゅりょうほん》で明らかにされた久遠本仏《くおんほんぶつ》（永遠無限の仏）の直弟《じき》子（所化《しょけ》）で、本化《ほんげ》の菩薩ともいいます。

これに対して、他の菩薩は迹化《しゃっけ》の菩薩といいます。神力品の中では、舊住《くじゅう》娑婆《しゃば》世界（娑婆世界に住する菩薩）が登場しますがこれらも釈尊の弟子（十大弟子たち）で、釈尊と一諸にこの娑婆に住んでいる菩薩です。その中には、娑婆世界以外の他の国土からこの世界に来た菩薩（他方来の菩薩）も含まれます。

法華経全体の教えからすると、本化地涌の菩薩は、特に末法の時代の娑婆世界において法華経を弘める任務を託された菩薩です。穢土《えど》とよばれる悪世（末法）には、法華経を信じようとしない者が多く、この時代に法華経を弘めるには、とくに優れた能力を持つ菩薩の力が必要なのです。

これに対して、迹化の菩薩や他方の菩薩の役目は、正法《しょうぼう》あるいは像法《ぞうぼう》の時代に法華経を弘めることにあるのです。

◆大曼荼羅本尊《だいまんだらほんぞん》

なお、このような本化地涌の菩薩と迹化の菩薩・他土の菩薩、別付嘱と総付嘱の関係については、日蓮聖人が図顕《ずけん》された「大曼荼羅（十界《じっかい》曼荼羅）本尊」にも表されています。

日蓮聖人は『観心本尊鈔《かんじんほんぞんしょう》』において、

「その本尊の體為《ていた》らく、本師の娑婆の上に宝塔空に居《こ》し、塔中の妙法蓮華経の左右に釈迦牟尼仏、多宝仏、釈尊の脇士《きょうじ》は、上行等の四菩薩、文殊弥勒等は四菩薩の眷属《けんぞく》として末座に居し、迹化他方の大小の諸菩薩は万民の大地に処して雲客月卿《うんかくげっけい》を見るが如く。十方の諸仏は大地の上に処したもう。迹仏迹士を表するが故也。…（中略）…正像二千年の間は、小乗の釈尊は迦葉《かしょう》阿難《あなん》を脇士と為《な》し権《ごん》大乗並びに涅槃法華経迹門等の釈尊は、文殊普賢等を以って脇士と為す。これらの仏をば正像《しょうぞう》に造り畫《えが》けども未だ寿量の仏有《あり》まさず。末法に来入してはじめてこの仏像出現せしむ可歟《べきか》」

と、法華経の世界観と大曼荼羅の配置について示しています。

23 薬《やく》王《おう》菩《ぼ》薩《さつ》本《ほん》事《じ》品《ほん》第二十三

◆概略

宿王華《しゅくおうけ》菩薩が「薬王菩薩とはどのような菩薩であるか」と質問するのに対し、釈尊が薬王菩薩の過去について語るのがこの章です。

薬王菩薩本事品の「本事」とは、前世という意味です。つまり薬王菩薩が前世でどのようなことを行ったかということを明らかにするのです。

薬王菩薩は法師品において、八万の菩薩の代表として釈尊に質問した菩薩です。

宿王華菩薩は問います。

「世尊よ、薬王菩薩は云何《いか》にして、娑婆世界に遊ぶや。世尊よ、この薬王菩薩には、若干の百千万億那由他《なゆた》の難行苦行あらん。善い哉《かな》、世尊よ、願わくは少しく解説《げせつ》したまえ」（何故に、世尊よ、偉大な志を持つ薬王菩薩は、この娑婆世界において、世尊よ、幾千万億という困難があるにもかかわらず、この世界にとどまっていられるのですか。世尊よ、どうぞ教えてください）

「娑婆世界に遊ぶ」とは、この現実世界において自由自在に行動し、ゆうゆうたる生活をしていることをいいます。容易な修行ではこのような境地に至ることができないので、不思議に思い、尋ねるのです。

世尊が説き明かします。

「乃往過去《いにしえ》、無量の恒河沙《ごうがしゃ》の劫に、仏有《いま》せり。日月浄明徳《にちがつじょうみょうとく》如来応供・正徧知・明行足・善逝・世間解・無上士・調御丈夫・天人師・仏・世尊と号《なず》けたてまつる。……（中略）……その時、彼の仏は一切衆生喜見菩薩及び衆《もろもろ》の菩薩・諸の声聞衆のために、法華経を説きたもう。この一切衆生喜見菩薩は、楽《ねが》って苦行を習い、日月浄明徳仏の法の中において、精進し経行して応に仏を求めること、万二千歳を満《みた》し已《おわ》りて、現一切色身三昧を得たり」

この世は、身分、地位、境遇、才能の異なった人々が共存していますが、この現一切色身三昧（精神統一の力）を得た人は、誰に出合っても、相手が心から自分を友として許してくれるような、万人に愛される人柄になるのです。

◆薬王菩薩の前世における焼身供養《しょうしんくよう》

この悟りの境地は、法華経を聞くことで得たものなので薬王菩薩は、日月浄明徳如来と法華経に感謝の供養をするべきだと思い、天華《てんげ》妙香《みょうこう》（虚空の中からいろいろな美しい花や香木を降らす）を捧げて供養しました。

しかし、これらのどんな供養よりも、身をもって供養するほうが勝《まさ》っていると思い、長い間あらゆる種類の香油を口にし、香油を身体に塗り、内外を浄化して清浄《しょうじょう》な身体《からだ》となり、仏の前で身体中に香油をそそぎ、自ら火を点じてその身を燃やし、その光によって全世界を照らし出しました。この焼身供養こそ真の供養、布施の中の最上の布施であると薬王菩薩は考えたのです。これは、全身全霊を仏の教えに投げこんだことを示すもので、決して焼身自殺の意味ではありません。

このようにして一切衆生喜見菩薩は千二百年、身体を燃やしつづけ、八十億恒河沙の世界を照らし、ついに燃え尽きたのです。

その後、一切衆生喜見菩薩は、再び、日月浄明徳如来の国で浄徳王という国王の王子として生まれ、王である父にも、仏を供養することを勧め、自らも仏所に至って仏を礼拝し、讃嘆しました。

このとき日月浄明徳如来は「私はついに入滅の時が来た。今夜にも入滅するであろう。私が入滅したのち、我が一切のもの（仏法をはじめ遺品すべて）、また、遺骨（舎利）を汝に委託（付嘱）する。汝は塔を建てて供養しなさい」と告げて入滅されました。

一切衆生喜見菩薩は、嘆き悲しみ、栴檀《せんだん》の薪《まき》で仏の遺骸を火葬し、舎利（遺骨）を集めて宝瓶に納め、八万四千の塔を建てて安置しました。それでも満足することができず、この塔の前で舎利を供養するために、両腕（臂《ひじ》）に火を点じ、七万二千年の間、燃やし続け、やがて菩薩の両腕が燃え尽きたとき、教化を受けた人々は喜見菩薩が両腕を失ったのを見て「我が師は、舎利を供養し奉り、身不自由となりたもう」と悲しみました。

喜見菩薩はこの様子を見て大衆の中に立って誓言しました。

「われ両《ふたつ》の臂《ひじ》を捨てて、必ず当《まさ》に仏の金色の身を得べし。もし実にして、虚《むな》しからずんば、わが二つの臂をして還復《げんぶく》すること故《もと》の如くならしめん」

と。すると両腕は完全にもとに戻ったのです。

この奇跡が現れると、三千大千世界は六種に振動し、天上から花が降りました。これを見て一切の衆生は有り難いことだと感動したのです。

釈尊は、宿王華菩薩に向かっていいます。

「汝《なんじ》が意において云何《いか》ん。一切衆生喜見菩薩は、豈《あに》、異人ならんや。今の薬王菩薩これなり。その身を捨てて布施する所は、かくの如く無量百千万億の那由他の数なり。宿王華よ、若し発心して阿耨多羅三藐三菩提を得んと欲する者有らば、能《よ》く手の指、乃至、足の一指を燃《とも》して仏塔を供養せよ。国城、妻子及び三千大千国土の山・林・河・池・諸の珍宝物をもって供養せん者に勝《まさ》らん」（この一切衆生喜見菩薩を汝は誰だと思ったのか。それは、今の薬王菩薩その人である。その身を捨てて法に捧げること、実に無量百千万億那由他という数に及んでいる。もし、発心して仏の悟りを体得しようと欲するものは、手・指、あるいは、足の一本でも、燃やして、仏に供養する誠《まこと》がなければならない。この供養は、あらゆる財産や宝物をあげて供養するよりはるかに勝れた供養なのである）

これは、身命を賭《と》した法華経の実践こそ最大の供養であり、これによって、人は完全な幸福を得ることができる、ということを示したのです。

◆十の喩《たと》え・十二の喩え

そして釈尊は、法華経がもろもろの経の中で第一に勝《すぐ》れたものであることを、十の喩えで説明します。

「宿王華よ、譬《たと》えば一切の川流、江河の諸水の中にて、海は為《こ》れ第一なるが如く、この法華経も亦復《また》、かくの如く諸の如来の所説の経の中において、最も為れ、深大《はなはだすぐ》れたり。又、土《ど》山《せん》・黒山《こくせん》・小鉄囲山《しょうてっちせん》・大鉄囲山《だいてっちせん》及び十宝山《じっぽうせん》の衆山《しゅせん》の中にて、須弥山《しゅみせん》は為《こ》れ第一なるが如く、この法華経も亦復《また》、かくの如く、諸経の中において、最も為れその上なり。又、衆星の中にて、月天子は最も為《こ》れ第一なるが如く、この法華経も亦復《また》、かくの如し、千万億種の諸の経法の中において最も為れ照明なるなり。又、日天子《にってんし》の能く諸の闇を除くが如く、この経も亦復、かくの如し、能く一切の不善の闇を破するなり。又、諸の小王の中にて、転輪聖王《てんりんじょうおう》は最も為れ第一なるが如く、この経も亦復、かくの如し、衆経の中において最も為れ尊きなり。又、帝釈《たいしゃく》の、三十三天の中において王たるが如く、この経も亦復、かくの如し、一切の賢《けん》・聖《じょう》・学・無学と及び菩薩の心を発《おこ》せる者との父なり。又、一切の凡夫人の中にて、須陀洹《しゅだおん》・斯陀含《しだごん》・阿那含《あなごん》・阿羅漢《あらかん》・辟支仏《ひゃくしぶつ》は、為れ第一なるが如く、この経も亦復、かくの如し、一切如来の所説、もしくは声聞《しょうもん》の所説たる諸の経法の中にて、最も為れ第一なり。能くこの経典を受持することある者も亦復、かくの如し、一切衆生の中において、亦為れ第一なり。一切の声聞・辟支仏の中にて、菩薩は為れ第一なり。この経も亦復、かくの如し、一切の諸の経法の中において、最も為れ第一なり。仏は為れ諸法の王なるが如く、この経も亦復、かくの如し、諸経の中の王なるなり」

この中に説かれる十の喩えをまとめると、次のようになります。

①諸川に対する海　②諸山の中の須弥山　③衆星の中の月天子　④闇を除く日天子　⑤小王の中の転輪聖王　⑥三十三天の中の帝釈天王　⑦一切衆生の父たる大梵天王　⑧一切の凡夫人の中の聖人　⑨一切の声聞・縁覚に対する菩薩　⑩諸法の王

このような喩えで、法華経が最も勝《すぐ》れた「諸経の王」であることを示しています。

そして、次のような十二の喩えによって、この法華経は「この世の病の良薬」であると結びます。

「宿王華よ、この経は能く一切衆生を救うものなり。この経は能く一切衆生をして、諸の苦悩を離れしむるなり。この経は能く大いに一切衆生を饒益《にょうやく》（豊かに利益）して、その願を充満せしむること、①清涼の池の能く一切の諸の渇乏《かつぼう》せる者を満たすが如く　②寒き者の火を得たるが如く　③裸なる者の衣を得たるが如く　④商人の主を得たるが如く　⑤子の母を得たるが如く　⑥渡りに船を得たるが如く　⑦病に医《くすし》を得たるが如く　⑧暗《やみ》に燈《ともしび》を得たるが如く　⑨貧しきに宝を得たるが如く　⑩民の王を得たるが如く　⑪賈客《こかく》（河川）の海を得たるが如く　⑫炬《かがりび》の暗を除くが如く　この法華経も亦復かくの如し。能く衆生をして一切の苦、一切の病痛を離れ、能く一切の生死《しょうじ》の縛《きずな》を解《と》かしむるなり」

このように、法華経は「この世の病の良薬」であり、苦を除く最勝の教えであることが述べられるのです。

24 妙《みょう》音《おん》菩《ぼ》薩《さっ》品《ぽん》第二十四

◆概略

この品は、説法を続けていた釈尊が、三十二相のひとつである肉髻《にっけい》と眉間白毫相《みけんびゃくごうそう》で光明を放ち、遠く東方世界を照らすところから始まります。

この光明に照らし出された遠く東方の国に浄光荘厳世界《じょうこうしょうごんせかい》（仏の清らかな光をもって周りを美しくしている世界）がありました。

その世界には、浄華宿王智《じょうけしゅくおうち》如来という、如来の十号を備えた仏がいました。

その弟子の一人に妙音と名のり、三十四の身を現じて人々を救済し、久しい間数々の徳行を積み、多くの仏のもとで、智徳を磨き、悟りを得た菩薩がいました。

妙音菩薩の悟りは「現一切色身三昧《げんいっさいしきしんざんまい》」で、相手の機根《きこん》に応じて自由自在に姿を現し、相手に適切な教えを説く力が備わっていたのです。そしてその三昧を得て、広く十方世界に法華経を弘めるのでした。

妙音菩薩は三十四の身を現じ、観音菩薩は三十三の身を現じて、人々を救済します。その違いは、妙音は東方世界、観音は西方世界の菩薩であるということです。

釈尊の放った光がその身を照らすと、それに応じて、浄華宿王智如来に向かって妙音菩薩は告げました。

「浄華宿王智仏よ、私はこれから娑婆世界に詣《もう》で、釈迦牟尼仏に礼拝して、文殊師利《もんじゅしり》菩薩、薬王《やくおう》菩薩、勇施《ゆうぜ》菩薩、宿王華菩薩、上行意《じょうぎょうい》菩薩、荘厳王《しょうごんのう》菩薩、薬上《やくじょう》菩薩等にお会いして供養したく思います」

これに対して宿王智仏は、

「汝よ、彼の国を軽《か》ろしめて、下劣の想いを生ずることなかれ。善男子よ。彼《か》の娑婆世界は高下ありて平らかならず土石《どしゃく》・諸山《しょせん》・穢悪《けがれ》充満せり。仏身は卑小《ひしょう》にして、諸の菩薩衆もその形亦《また》、小なり。しかるに汝の身は四万二千由旬《ゆじゅん》、わが身は六百八十万由旬なり。汝の身は第一端正にして、百千万の福ありて光明殊妙《こうみょうしゅみょう》なり。この故に汝、往《ゆ》きて彼の国を軽ろしめて、若しくは仏・菩薩及び国土に下劣の想いを生ずることなかれ」

と妙音菩薩に告げ、訓戒するのです。

妙音菩薩は、

「世尊よ、われ今、娑婆世界に詣《いた》らんことは、皆これ如来の力なり、如来の神通遊戯《じんづうゆげ》なり、如来の功徳・智慧の荘厳なり」

と答え、決して彼《か》の国の人々や国土を軽んじないことを誓いました。そして三昧の力を以ってその座を起《たた》ず、身を動かさず、無念夢想の境に入ります。すると霊鷲山のあたり一面に、時ならず数々の奇異な現象がおこるのです。

経文には、次のようにあります。

「妙音菩薩は座を起たず、身は動揺せずして、三昧に入り、三昧の力を以って耆闍崛山《ぎしゃくっせん》（霊鷲山）において、法座を去ること遠からずして八万四千の衆宝の蓮華を化作《けさ》せり。閻浮提金《えんぶだいごん》を茎となし、白銀《びゃくごん》を葉となし、金剛《こんごう》を鬚《しべ》となし、甄叔迦宝《けんしゅくかほう》を以ってその台《うてな》となせり」（その場にあったまま身を動かさず三昧の状態に入ると、不思議な現象が現れ、娑婆世界では、釈尊のおられる霊鷲山の周りに八万四千もの宝の蓮華が出現しました。これはすばらしく立派で、茎は金、葉は白銀、花のしべは金剛〈ダイヤモンド〉と宝石で飾られたものでした）

その状態を見て、文殊師利菩薩は釈尊に尋ねます。「世尊、突然珍しい数々の瑞相《ずいそう》（めでたきすがた）が現れましたが、これは何のためでありましょうか」と。

釈尊は答えて、「この不思議な瑞相は、浄華宿王智仏のもと、妙音菩薩が、多くの菩薩たちとともにここ（娑婆）へ来て、私（釈迦牟尼仏）と法華経を礼拝供養し、聴聞するために現した瑞相である」と説きました。

すると、文殊師利菩薩は、「世尊、その妙音菩薩は如何なる善根を植え、如何なる功徳を積み、かかる不思議な力を現すのでしょうか、その悟りについてお聞かせください。私たちもそうした修行に励みたいと存じます。どうぞ、妙音菩薩をお召し下さって、私たちに紹介していただきたいと存じます」といいました。

これに答えて釈尊は、「文殊師利よ、その問いについては、多宝如来が説明してくれるであろう、しばらく待ちなさい」と告げられます。

すると多宝如来は、妙音菩薩に「文殊師利が、御身《おんみ》に会うことを願っているから、早くここに来るようにせられよ」と呼びかけました。

妙音菩薩はその声に応じて、身は功徳により真の金色にして端正な面貌《おもざし》で、それは威徳に満ち、光明に照らされて曜《かがや》き、多くの菩薩を伴い霊鷲山に到り、七宝の台《うてな》より下りて、高価な瓔珞《ようらく》をもって、釈尊のもとに詣で、恭《うやうや》しく頭面に足を礼（五体投地）し、瓔珞《ようらく》を奉上《たてまつり》て、申し上げるのです。

「世尊よ、浄華宿王智仏は、世尊を問訊《もんじん》したもう、少病少悩、起居《きこ》軽利《かろやか》にして安楽に行じたもうや不《いな》や。四大調和なりや不や。世事は忍ぶべしや不や。衆生は度《すく》い易《やす》しや不や。貪欲《とんよく》、瞋恚《しんに》、愚痴《ぐち》、嫉妬《しっと》、慳《けん》、慢《まん》、多きこと無きや不や。父母に孝ならず、沙門《しゃもん》を敬わず邪見・不善心にして、五情を摂《おさ》めざること無きや不や。衆生はよく諸の魔怨《まおん》を降伏《ごうぶく》するや不や。久しく滅度したまえる多宝如来は七宝の塔の中に在《ま》しまして、来たりて法を聴きたもうや不や」

（世尊よ、あなたにおかれましては、万事順調に御不自由なくいらっしゃいますか。お身体の調子も良好でいらっしゃいますか。あなたに従う人々は行儀よく、あなたの教えによく従い、矯《た》めやすいでしょうか。かれらの身体は清浄でしょうか。かれらはあまりにも情熱に駆られたり、憎悪に動かされたり、愚かさに負けて行動したりしないでしょうか。これらの人々は、余りにも嫉妬に狂ったり、悪意を持ったり、父母の恩を忘れたり、沙門や婆羅門《ばらもん》を軽蔑したり、誤った邪見を信じたり、心が平静でなかったり、感官がよく保護されていなかったりはしてないでしょうか。かの人々は隙を狙う悪魔を打ち滅《ほろぼ》したのでしょうか。完全な「さとり」に到達した多宝如来は、完全な平安の境地に入られたのち、教えを聴くために、この娑婆世界に来られて、七宝の塔の中に坐っていられますでしょうか）

と問いかけました。

多宝如来は、この妙音菩薩が世尊を供養し、法華経を聴き、また、文殊師利菩薩に会うためにはるばる霊鷲山に訪れたことを、喜んで讃えます。

その時、華徳《けとく》菩薩が釈尊に尋ねました。「世尊よ、妙音菩薩は、宿世に如何なる善根を植え、如何なる功徳を積み、かかる不思議な神力を得たのでありましょうか」と。

釈尊は「華徳菩薩よ、過去に雲雷音王多陀《うんらいおんのうただ》という如来がいました。国を現一切世間と名づけ、劫（時代）を喜見と名づけました。妙音菩薩は万二千歳において、十万種の伎楽《ぎがく》をもって雲雷音王如来を供養し、八万四千の七宝の鉢を奉上《たてまつり》ました。この因縁の功徳（果報）によって、今、浄華宿王智仏の国に生まれ、このような神力をもったのです」と答えました。

そしてさらに、「華徳よ、妙音菩薩は、このように久しく善徳を積んだので、種々に身を変化《へんげ》して、衆生を化導することができるのです。その変化の身は、三十四身と多く、この衆生の娑婆世界のために教えを説きますが、他の国土においても種々の身に変化して、さまざまなかたちで法を説き弘めるので、このような不思議な神力を得たのです」と教えます。

すると、華徳菩薩は、「世尊よ、妙音菩薩の善根についてよくわかりましたが、菩薩の体得した悟りは、どのようなものなのでしょうか」と重ねて質問します。

釈尊は答えて、「その悟りの名は、現一切色身三昧といいます。菩薩はこの悟りの中にあって、かく無量の衆生を利益しているのです」と教えました。

かくして、妙音菩薩は、釈尊と多宝如来の宝塔を供養して本土に帰り、浄華宿王智仏に多くの人々を利益したことを詳しく報告したのです。

このとき、華徳菩薩は、法華三昧《ほっけざんまい》を得たといいます。

※三昧……梵語サマーディ（Samādhi）の音写で、三摩提《さんまだい》、三摩地《さんまじ》とも音写され、定《じょう》・正受《しょうじゅ》・息慮凝心《そくりょぎょうしん》などと意訳される。つまり、心を一処に定めて動かない状態（無念無想）で、真智（正しい智慧）により法を観察する心をいう。

◆妙音菩薩の三十四身と法華三昧《ほっけざんまい》

なお、妙音菩薩の変化身は、①梵天王《ぼんてんのう》 ②帝釈天王《たいしゃくてんのう》 ③自在天《じざいてん》 ④大自在天《だい》 ⑤天の大将軍 ⑥毘沙門天王《びしゃもんてんのう》 ⑦転輪聖王《てんりんじょうおう》 ⑧諸《もろもろ》の小王 ⑨長者《ちょうじゃ》 ⑩居士《こじ》 ⑪宰官《さいかん》 ⑫婆羅門《ばらもん》 ⑬比丘 ⑭比丘尼 ⑮優婆塞 ⑯優婆夷 ⑰⑱⑲⑳長者・居士・宰官・婆羅門の婦女《ぶにょ》 ㉑童男《どうなん》 ㉒童女《どうにょ》 ㉓天 ㉔龍 ㉕夜叉《やしゃ》 ㉖乾闥婆《けんだつば》 ㉗阿修羅《あしゅら》 ㉘迦楼羅《かるら》 ㉙緊那羅《きんなら》 ㉚摩睺羅迦《まごらが》 ㉛人 ㉜非人（精霊の意） ㉝苦難にあえぐ人 ㉞後宮の女性の合計三十四の変化身《へんげしん》があると説かれています。

この品に説かれた妙音菩薩の変化身は、たとえば神々に説法するためには神々の身に変化し、長者（資本家）に説法するためには長者の身に変化するのです。人間世界で説法するには人間の身に変化し、餓鬼界で説法するには餓鬼の身に変化して、法を説くのです。

私たちが反省すべきは、学校でも、会社でも、寺院でも、社長気取りや大先生気取りや大教祖気取りや大住職気取りになってはいけない、ということです。

作業着を着て、泥だらけになり、汗をかきながら法を説き、時や場所に従って礼をわきまえ、気を配り法を説くことができなければだめなのです。現代にあっては、時代や状況、風潮に合った方法で布教しなければなりません。

私たちは、お題目（南無妙法蓮華経）に真智をこめて一心に唱え、動じない心を養うことを教えています。お題目は、ただ唱えていれば救われるのではなく、真智をこめ、どこにあっても他を救済する心を忘れずに修行すべきです。自分だけ、自分たちだけ救われる教えではないのです。

25 観《かん》世《ぜ》音《おん》菩《ぼ》薩《さつ》普《ふ》門《もん》品《ぼん》第二十五

◆概略

観世音とは、仏の慈悲を表現している菩薩の名です。普門とは、この道に入る門が、万人に向けて共通に開いているとの意味です。

この品は、無尽意《むじんに》菩薩の、釈尊への質問から始まります。

「世尊よ、観世音菩薩は、どのようなわけで観世音というのですか」

この問いに対して、釈尊が説法を始めます。

観世音は菩薩の名前で「観音《かんのん》」とも略されます。観世音の「観」は、観察するという意味です。それも単に観《み》るだけではなく、多くの人々の苦しみを救済する力をもった観察です。「世」は、世界ということです。この世は身分・境遇・事情を異にしています。いろいろな境遇の人々が集まり、共存しています。「音」は、人々の欲求の声です。経文には、次のようにあります。

「『世尊よ、観世音菩薩は何の因縁をもって観世音と名づくるや』と。仏は無尽意菩薩に告げたもう『善男子よ、若《も》し無量百千万億の衆生ありて、諸の苦悩を受けんに、この観世音菩薩を聞きて一心に名《みな》を称《とな》えば、観世音菩薩は、即時《ただち》にその音声《おんじょう》を観じてみな、解脱《げだつ》るることを得せしめん』」

観世音とは世の人々の苦しみの声を聞いて、それがどのように起こったものなのか観察し聞き分け、悩みを解決して「悟り」に導いてくれるのです。この章は独立して「観音信仰」の由来の経典ともなっています。

◆七難《しちなん》

この品では、衆生の苦しみを観察して、七つの面から説明しています。それが七難です。

①大火難《だいかなん》…衆生が苦悩を受けて、この菩薩のことを聞いて、「南無観世音菩薩」と唱えれば、菩薩はその音声を聞き分けて救済してくれる。例えば、大火の中に入っても、焼かれることはない。

②大水難《だいすいなん》…大水に流されても、この菩薩の名を唱えると、浅い場所を見出すことができる。

③羅刹難《らせつなん》…宝をもって大海を渡る時、大風が吹いて船がひっくりかえり、羅刹鬼（人を食う鬼）の国に堕《お》ちた時でも、船の中の誰か一人が、観世音菩薩の名を称すると、その難

④刀杖難《とうじょうなん》…罪に問われて、まさに首を切られようとする時でも、観世音菩薩の名を称すると、刀が段々《だんだん》に折れて、切ることができなくなる。をまぬがれることができる。
⑤大鬼難《だいきなん》…全世界に充ちている多くの悪鬼（夜叉・羅刹）が悩まそうとしても、観世音の名を称すれば、どんな悪鬼も、悪眼《あくげん》をもって見る（害を加える）ことができなくなる。
⑥枷鎖難《かさなん》…無実の罪で、手枷《てかせ》・足枷《あしかせ》・首枷《くびかせ》で身を縛られても、その名を称せば、枷はとれて救われる。
⑦怨賊難《おんぞくなん》…商人が貴重な財宝をもって険しい道を通る時、三千大千国土に満ちるほどの盗賊が襲来してもその名を称せば、即時に逃れることができる。

釈尊は続けます。
「無尽意菩薩よ、観世音菩薩・摩訶薩《まかさつ》は、威神《いじん》の力の巍巍《ぎぎ》たること、かくの如し」（無尽意菩薩よ、観世音菩薩は、このように堂々たる威力、感化力があって、衆生を救いたもうのです）
「もし衆生ありて婬欲《いんよく》多からんに、常に念じて観世音菩薩を恭敬《くぎょう》せば、すなわち欲を離るるを得ん。もし瞋恚《いかり》多からんに、常に念じて観世音菩薩を恭敬せば、すなわち痴を離るるを得ん」（愛欲に耽《ふけ》る者たちでも、観世音菩薩を崇め敬うとき、愛欲の心はなくなるのだ。憎悪に狂う者たちでも、観世音菩薩を崇め敬うとき、憎悪の心は消えるのだ。愚かな振舞いをする輩でも、観世音菩薩を崇め敬うとき、愚かさは見られないのだ）

と、観世音菩薩を敬えば、貪《とん》・瞋《じん》・痴《ち》の三毒（根本煩悩）の苦しみから救われることが説かれています。七難は物質的・肉体的苦悩であり、三毒は精神的苦悩を表しています。

また、この品には、「男の子が欲しいと思う者が、この菩薩を礼拝して祈れば、福徳円満《ふくとくえんまん》の男の子が生まれる。女の子を求めると端正にして美しく、人々から愛され敬われるような女の子が生まれる」とも説かれています。

ここでいう男子・女子を求めるというのは、肉体上の性別ではなく、智慧と禅定《ぜんじょう》を意味します。智慧は活動的（動）という意味で男性的であり、禅定は静的（止）という意味で女性的であることを意味します。

こうして釈尊は、観世音菩薩の名の由来と、七難、三毒からの解放を説くのです。

観世音菩薩

◆観世音菩薩の三十三身

さらに無尽意菩薩は、釈尊に「観世音菩薩はこの娑婆世界でどのような方便によって法を説かれるのですか」と尋ねます。

釈尊は観世音菩薩が衆生を救うために三十三身に変現して、さまざまに法を説くことを説明します。そして「怖畏《ふい》に満ちた人の世に、無畏を与えるこの菩薩を娑婆世界では施無畏者と名づく」と告げるのです。

この法華経の救済は「恐れをなくす」ことであり、恐怖を与え束縛することなどは決してあってはならない行為なのです。

観世音菩薩の三十三身は次のようなものです。

①仏身《ぶっしん》　②辟支仏身《ひゃくしぶっしん》（縁覚身《えんがくしん》）　③声聞身《しょうもんしん》　④梵王身　⑤帝釈身　⑥自在天身　⑦大自在天身　⑧天大将軍身　⑨毘沙門身　⑩小王身　⑪長者身　⑫居士身　⑬宰官身　⑭婆羅門身　⑮比丘身　⑯比丘尼身　⑰優婆塞身　⑱優婆夷身　⑲長者女身　⑳居士女身　㉑官女身　㉒婆羅門女身　㉓童男身　㉔童女身　㉕天身　㉖龍身　㉗夜叉身　㉘乾闥婆身　㉙阿修羅身　㉚迦楼羅身　㉛緊那羅身　㉜摩睺羅迦身　㉝執金剛身《しゅうこんごうしん》

このような説明を受けた無尽意菩薩は、観世音菩薩の威力に深く感動して、その感激と感謝の意を表するために、自分の首にかけていた瓔珞《ようらく》（ネックレス）をはずして観世音菩薩に捧げ「仁者《きみ》よ、この法施《ほうせ》の珍しき宝の瓔珞を受けたまえ」といって供養するのですが、観世音菩薩は、これを受け取ろうとはしませんでした。

無尽意菩薩は重ねて「仁者よ、私の志を愍《あわ》れんで、何卒《なにとぞ》この瓔珞をお受け取りください」といってお願いしますが、観世音菩薩が受け取ろうとしないのを見て、釈尊は観世音菩薩に、次のように告げました。

「当《まさ》にこの無尽意菩薩と及び四衆と天・龍・夜叉・乾闥婆・阿修羅・迦楼羅・緊那羅・摩睺羅迦・人・非人と等を愍れむがゆえに、この瓔珞を受けるべし」

観世音菩薩は釈尊の言葉に従って瓔珞を受けるのですが、それを自分の身には着けないで、二つに分け、一つを釈尊に、もう一つを多宝如来に献ずるのでした。

これは、観世音菩薩の偉大な力は、すべて釈尊の教えによるものであることを示し、またこのような不思議な観音の救済は、法華経の根本精神の把握からきていることを示しているのです。

つまり、人々がこの法華経の教えを会得すれば、その人には自由自在の世界が開けるのです。

◆観世音菩薩の多くの顔・多くの手

観音信仰においては、「七観音」といって七種類の観音さまを信仰するのですが、その中でも特に十一面《じゅういちめん》観音、千手《せんじゅ》観音が有名です。十一面は十一の顔を持つ観音菩薩、千手は千の救済の手をもつ観音菩薩です。

普門とは、すべての人に開かれた門（教え）で、門は、サンスクリット語では「mukha（ムカ）」といい、「顔」という意味もあります。

多くの顔と多くの手で、多くの人々の苦しみを救う、久遠本仏の慈悲を表しているのです。

千手観音

26 陀《だ》羅《ら》尼《に》品《ほん》第二十六

◆概略

陀羅尼とは梵語《ぼんご》（サンスクリット）のdhāraṇī（ダーラニー、「記憶して忘れない」の意）を音写したもので、中国に入って「総持《そうじ》」と訳され、暗記すべき呪文という意味合いになりました。

総持とは、善事をもって失わず、悪事を抑えて、その災いを未然に防ぐという意味です。仏教の教えをよく保って失わないようにするのです。記憶したお経の文句のことを「ダラニ」といい、とくに呪文のように唱える文句を「陀羅尼呪《しゅ》（咒）」「陀羅尼神呪《じんしゅ》」と称します。

薬王《やくおう》菩薩が起立して合掌し「世尊よ、若し善男子・善女人の、能く法華経を受持する者ありて、若しくは読誦して通利《よくさと》り、若しくは経巻を書写せば、幾所《いくばく》の福を得るや」と尋ねるところからこの章は始まります。

釈尊は薬王菩薩の問いに対し、「薬王よ、もし八百万億那由他《なゆた》という、ガンジス河の砂の数ほどの多くの仏に供養すると、どれだけの功徳が得られると思うか」と聞きます。「それはとても大きな功徳です」と薬王菩薩は答えます。

釈尊は、薬王菩薩に次のように教えます。

「もし人がこの法華経の僅《わず》か一偈《いちげ》でもよいから、受持し、読誦して、その義を解釈して、教えのままに修行するのなら、この功徳は、幾千万億の仏を供養することに匹敵するのです」

薬王菩薩は感激して、

「世尊よ、私は多くの仏の秘密の語である、陀羅尼の呪文をもって、法華経の行者を守護いたします。もし、この陀羅尼の呪文を聞いても憚《はばか》らず、行者を悩ますものがあれば、それは諸仏の徳を侵す罪になります」

と、法華経の行者を守護する誓言をし、自分の陀羅尼を説きましたので、釈尊はこれを讃えます。

すると、今度は勇施《ゆうぜ》菩薩が、

「世尊よ、私も陀羅尼呪をもって、行者を擁護いたします。行者が、この陀羅尼を唱えれば、どんな悪鬼にも、とりつくすきを与えず、橋頭堡《きょうとうほ》（攻撃するための足がかり）を見出すこともできないでしょう。この陀羅尼呪を聞きながら、行者を悩ます者があれば、その罪は諸仏を誹《そし》る罪と同様です」

と申し上げるのです。

さらに、毘沙門天王《びしゃもんてんのう》が立ち、次のように申し出ます。

「世尊よ、私も衆生を愍念《あわれ》み、行者を陀羅尼呪をもって守護いたします。そして、行者をして、百由旬《ゆじゅん》（一由旬は約七キロメートル）の範囲内は、すべての哀患《わずらい》をなくします」

また、持国天王《じこくてんのう》も、同様に申し出ます。

「世尊よ、私も陀羅尼をもって、行者を守護いたします。この陀羅尼呪は、多くの仏の守護するところですから、もし、これを軽《かろ》んじ行者を悩ます者があれば、その罪は諸仏を毀《そし》るのと同じです」

このように薬王菩薩、勇施菩薩の「二《に》聖《しょう》」、毘沙門天王、持国天王の「二天《にてん》」が、法華経の行者の守護を次々に誓願すると、ここに十人の羅刹女《らせつにょ》と鬼子母神《きしもじん》、並びに、その眷属《けんぞく》が共に仏前に進んで、異口同音《いくどうおん》に、

「世尊よ、私たちも法華経の行者を護り、もし行者の短《あやまち》を伺《うかが》い求める

毘沙門天王

者があっても決してそれを許さず、便《たよ》りを得るでしょう」

と誓言して、陀羅尼呪を説き、

「たとえ、我が頭上は土足にかけられてもいとわず、決して行者を悩ますことがないように、いかなる悪魔も、夢の中でも、行者を苦しめ悩ますことは許しません」

「もし我が呪に順《したが》わずして、説法者を悩乱《のうらん》せば、頭破れて七つに分かれ、阿梨樹《ありじゅ》の枝の如くならん」

「父母を殺す罪、また油を圧《お》すの殃《わざわい》と斗秤《はかり》をもって人を欺誑《あざむ》くと、調達《ちょうだつ》の僧を破りし罪との如く、この法師を犯さん者は、当《まさ》に是《かく》の如き、殃を獲べし」

と誓ったのです。
※当時は油が重要で、油の製造者は社会的にも強い勢力をもっていた。
※調達とは提婆達多《だいばだった》のこと。彼が僧侶の和合を破る大罪を犯したことを指している。
これらの罪は大変重いのですが、法華経の行者を悩ますものの罪はこれらの罪より一層重く、地獄に落ちる罪であることが強調されています。

このように、二聖、二天、十羅刹女・鬼子母神などが、法華経の行者を守護することを誓言したので、釈尊は、

「よく誓願してくれた。法華経の名を受持する者を擁護《おうご》する功徳は、仏も量《けか》り得ないほどの功徳であるから、さらに読誦し解説《げせつ》し、書写するものを守護する功徳は一段と高いのである」といって、法華経の人生観や世界観をもって、人の役に立つことができる人は、肉体的にも、精神的にも生まれ変わることができる、と教えているのです。

法華経の行者は実践の仏教者です。最近では「臨床《りんしょう》仏教」という言葉が定着しつつありますが、これは実践的な仏教が必要とされているということです。法華経は、まさに臨床仏教なのです。

◆陀羅尼とは何か

大乗仏教の修行者である菩薩は、この陀羅尼の修行で二聖二天などの力を具《そな》えることが求められました。法華経の序品においては、釈尊の説法の座に連なる八万の菩薩衆は皆、陀羅尼を得たと説かれています。

「陀羅尼」は「保《たも》つ、維持する」「記憶する」を意味します。

法華経では五種法師《ごしゅほっし》の受持・読・誦・解説・書写の修行が説かれています。この中の「誦」は暗誦し、経文の一文字一文字を受け止めることです。暗記の修行は昔から必要不可欠であったのです。

最近は、パソコンやワープロを使って簡単に文章を書き残すことができるようになりました。しかし便利になった分、実は文字の読み書き能力や記憶力が衰えているのです。本当に大切なものは何なのか、考える必要があります。陀羅尼を記憶するということは、記憶力を高める修行でもあるのです。

『大智度論《だいちどろん》』には、陀羅尼について「陀羅尼を得る菩薩は一切所聞《しょもん》の法を念力《ねんりき》（記憶力）を以《も》っての故に能《よ》く持して失せず」とあります。経文を読誦していく上で、自然に生まれてくる霊妙な力が、「陀羅尼呪」なのです。

◆それぞれの陀羅尼呪

以下は坂内龍雄著『真言陀羅尼』（平川出版社）を参照しています。

《薬王菩薩呪《しゅ》（薬王菩薩摩訶薩《まかさつ》の陀羅尼真言句）》

アニ・マニ・マネイ・ママネイ・シレイ・シャリティ・シャミヤ・シャビタイ・センティ・モクティ・モクタビ・シャビ・アイシャビ・ソウビ・シャビシャエイ・アキシャエイ・アギニ・センティ・シャビ・ダラニ・アロキャバサイハシャビシャニ・ネビティ・アベンタラネ

イビティ・アタンダハレイシュタイ・ウクレイ・ムクレイ・アラレイ・ハラレイ・シュギャシ・アサンマサンビ・ボッダビキリジリティ・ダルマハリシティ・ソウギャチリクシャネイ・バシャバシャシュタイ・マンタラ・マンタラシャヤタ・ウロタウロタ・キョシャリヤ・アキシャラ・アキシャヤタヤ・アバロ・アマニャナタヤ。

法護義釈＝「奇異　所思　意念　無意　永久　所行奉修　寂然　澹泊《たんはく》　志黙　解脱　済度　平等　無邪　安和　普平　滅尽　無尽　莫勝　玄黙　澹然　総持　観察　光耀《こうよう》　内ニ依《い》倚《き》恃《じ》怙《こ》スル所アリ、究竟《くきょう》清浄、坑坎《こうかん》アルナシ　亦高下ナシ、廻旋アルナシ、周旋スル所　其ノ目清浄、等無所等、覚リオワッテ越度、而シテ法ヲ察ス、合衆、無音、説ク所鮮明、而シテ止息ヲ懐《いだ》ク、尽ク節限ヲ除ク、音響ヲ宣暢《せんちょう》ス、衆声ヲ暁《あきら》カニ了《さと》リ、而シテ文字ヲ了リ、窮尽アルナシ、永ク力勢アルコトナク思念スル所ナシ」（即ち次の如し。不思議の思量はすなわち非思量なり。永久なる所行は寂然として解脱すべし。寂然、解脱は、暗瞑《あんめい》を済度し、平等なり。邪《よこしま》なくして、安穏平等にして、滅尽〈の相とみる〉も〈実は〉不滅にして厄なし。寂然、想思して、すべてを持つ現象光明を、観察し、自からを燈明とし、普遍に、自らを法とする究竟清浄に達せん。凹凸なく、高低なく、動揺なく、旋《まわ》ることなし、眼清浄にして、差別即平等なり、仏知見を覚《さと》って度脱し、法を完全に観察して、和合僧をして黙然〈信受〉せしむ。黙然に於いて、演説し、明快ならしむ。真言

密語よ。真言依処を、発声して、尽くることなくば、無尽の幸福は増長し、願慮することなく、広大に進むべし。めでたし）

《勇施菩薩咒（布施の勇者菩薩摩訶薩の陀羅尼真言句）》

ザレイ・マカザレイ・ウキ・モキ・アレイ・アラバティ・チリティ・チリタハティ・イチニ・イチニ・シチニ・ニリチニ・ニリチハチ。

法護義釈＝「晃耀　大明　炎光　演暉　順末　富章　悦喜　欣然　住止　立制　永住　無合　無集」（即ち次の如し。光焔、大光焔なる智光を、展開して、次第に富裕を来すべし。歓喜、欣然として、依処する則《のり》を立てて永《とこしな》えに住すれば、蒙昧の群衆より超然たらん。めでたし）

※註解…この咒の前に、夜叉であれ羅刹であれ、臭鬼であれ、奇臭鬼であれ、厭鬼であれ餓鬼であれ、法華護持者の弱点を探し、襲撃の機会を狙う輩《やから》が、その機会をえないように、咒文の句を贈る、とある。

《毘沙門天咒（多聞大王の陀羅尼真言句）》

アリ・ナリ・トナリ・アナロ・ナビ・クナビ。

法護義釈＝「富有　調戯　無戯　無量　無富　何富」（即ち次の如し。富裕者よ、曲芸者よ、讃歌によって踊る者よ、火神よ、歌神よ、醜悪な歌神よ。めでたし）

《持国天咒（持国大王の陀羅尼真言句）》

アキャネイ・キャネイ・クリ・ケンダリ・センダリ・マトウギ・ジョウグリ・フロシャニ・アンチ。

法護義釈＝「無数　有数　曜黒　持香　殉祝　大体　干器順述　暴言至有」（即ち次の如し。無数の鬼神よ、ガネーシャ女神よ、ガウリ女神よ、ガーンダーリ女神よ、チャンダーリ女神よ、マータンギ女神よ、ジァーグリ女神よ、言え、行け、縛す、縛す。めでたし）

※註解…キャネイ（ガネー）は、シヴァ神（大自在天）の従者で、女神ガネーシャのこと、象首人身の福の神。ガナが群集という意味があるから、法護はアキャネイ（アガネー）キャネイ（ガネー）を無数有数と義釈した。クリ（ガウリ　厳悪）は、シヴァ神の妻となる前の、ヒマーラヤの娘としてパールヴァティの名である。身色が白く、白光女神とも訳す。ケンダリ（ガーンダーリ　持香）は、ドリタラーシトラ大王にとついだガンダーラ王の娘で、優れた才能の婦人として代表される。センダリ（チャンダーリ）は、首陀（シュードラ、賤民とされたカースト）の父とバラモンの母か

ら生まれ、最下層の種族で、屠殺、漁獲、獄卒などに従事する。栴陀羅と音写する。マトウギ（マータンギ）は、同じように賤民とされた階級。チャンダーリとマータンギは、薬師如来真言にも用いられるが、非アーリヤ系種族の農業豊饒女神であった。プッカシはプッカサ階級の女。シヴァ神またはその妃ドゥルガーの従者である。プッカサ族は首陀の女によって生まれた奴隷の子。ジョウグリ（ジャーグリ　jāguli　大体）は観音菩薩の化身。次のフロシャニは brusale「ブルーが言う。サレが行く」とも訳せる。義釈には順述暴言とある。アンチは梵文でシシ。シは結ぶ、縛る、シシと重ねて叱叱とか止止とか意訳できる。

河口慧海訳『梵蔵伝訳法華経』には、ブルサレを、説くことを得せしめようと訳し、サンクレを衆合女神と訳す。

《十羅刹女・鬼子母神呪（十羅刹女・鬼子母神の陀羅尼真言句）》

イデイビ・イデイビン・イデイビ・アデイビ・イデイビ・デイビ・デイビ・デイビ・デイビ・デイビ、ロケイ・ロケイ・ロケイ・ロケイ、タケイ・タケイ・タケイ・トケイ・トケイ。

法護義釈＝「於是　於斯　乎爾　於民　極甚　無我　無悟　無身　無所　倶同　已興　已生　已成　而住　而立　亦住　嗟歎　亦非　消頭大疾無得加害」〈呪に曰く〉イチマー〈女神〉

よ、イチマーよ、イチマーよ、イチマーよ、ニマー〈女神〉よ、ニマーよ、ニマーよ、ニマーよ、ルハー〈女神〉よ、ルハーよ、ルハーよ、ルハーよ、ルハーよ、ストゥハー〈女神〉よ、ストゥハーよ、ストゥハーよ、ストゥハーよ。〈あなかしこ〉〉

※註解…ナレシュ・マントリー（Naresh Mantri）によれば、これら女神は南方のドラヴィダ族や未開地の人々が信仰する農業豊饒女神である。

鬼子母神（妙伝寺）

27 妙《みょう》荘《しょう》厳《ごん》王《のう》本《ほん》事《じ》品《ほん》第二十七

◆概略

妙荘厳王の本事（過去の事実）を説くのが、この品のテーマです。

「乃住古世《いにしえ》、無量無辺不可思議の阿僧祇劫を過ぎて、仏有り。雲雷音宿王華智多陀阿伽度《うんらいおんしゅくおうけちただあかど》・阿羅呵《あらか》・三藐三仏陀《さんみゃくさんぶっだ》と名づけたてまつる。国を光明荘厳《こうみょうしょうごん》と名づけ、劫を喜見《きけん》と名づく。彼《か》の仏の法の中に、王あり、妙荘厳王と名づけ、その王の夫人の名を浄徳《じょうとく》という。二人の子有り、一を浄蔵《じょうぞう》と名づけ、二を浄眼《じょうげん》と名づく」（はるか遠い昔、雲雷音宿王華智仏という仏の時代に、妙荘厳王という王が世に現れました。彼には浄徳という夫人と、浄蔵・浄眼という二人の子どもがいました）

という経文ではじまります。

この王は最初、仏教を信じようとはしなかったのですが、夫人と子どもの感化によって、非常に熱心な仏教者となり、この教えが世に弘まることに力を尽くす様子が説かれるのです。

これは、私たちの家庭の信仰のあり方を説いているのです。経文には、次のようにあります。

「その時、彼の仏は妙荘厳王を引導《みちび》かんと欲し、及び衆生を愍念《あわれ》みたもうが故に是の法華経を説きたまえり」

これは母が中心となってその子どもを感化し、その子どもたちが父親を仏教に導いた、という物語です。言葉ではなく、行為によって家長である父を導いたということが重要なのです。

◆妙荘厳王をめぐる物語

昔、四人の修行者がいました。その生活はわずかな物資を、里に出て托鉢《たくはつ》しながら、山の奥深くで修行していました。ある日、この四人は相談して、毎日四人が托鉢に出ていてはなかなか修行が進まないので、誰か一人が托鉢を担当し、残る三人が修行に励んで、その功徳を四人で等分に受けることにしたらどうか、ということになりました。

そして、一人が毎日里に出て托鉢し、残る三人は山に残り、修行に専念して何年かが過ぎました。

ある日、この托鉢僧は、いつものように里に出て托鉢したのですが、まったく布施が得られず、飢えと疲れに打ちのめされて、道路の片隅の石に腰をおろし、思案にくれていました。そしていつしか、うとうとと眠りこんでしまいました。

すると突然の警蹕《けいひつ》の声（国王の行列のときに警護のためにかける声）に驚いて夢から覚めると、目の前には、国王の行列が勇ましく進んでいました。それは堂々たる行列で、王は華麗でまばゆいばかりでした。托鉢僧はそれを見ながら、

「同じ人間として生まれながら、国王と自分の境遇があまりに違いすぎる」

とつぶやき、つい羨《うらや》む心を起こしてしまいました。そしてそのまま息が絶えて死んでしまったのです。

山の中で修行をしていた三人は、友の帰らぬことを心配し、毎日待ちこがれていましたが、何日か過ぎ、飢えと疲れでついに三人とも餓死してしまいました。三人は修行の結果により菩薩の位に上がることができました。また托鉢に出ていた僧は、臨終の時の一念により、大国の王として生まれ変わることができました。そして権力と栄華のとりことなって、善根も積まずに一生を送り、今度は中国の王として生まれました。その時も徒《いたず》らに一生を終え、次には小さな国の王として生まれました。もし、彼が今度も善根を積まないならば、宿世の果報（前世の善い行い）が尽き果て、悪道に落ちなければならない運命となってしまいました。

この小国の王が、妙荘厳王です。そこで、菩薩となった三人の友は、彼を救うために身を変化《へんげ》して、一人は浄徳夫人となり、他の二人が妙荘厳王の子、浄蔵、浄眼として生まれたのです。

またこの時、世には雲雷音宿王華智多陀阿伽度仏が法を説いていました。

この仏は法華経を説いていたので、二人の子どもは母の浄徳夫人に、「母上、私たちを雲雷音宿王華智仏のみもとへいかせてください。仏を供養し、大衆のために説いている法華経を聴聞させていただきたいのです」とお願いしました。

夫人はこの二人の子に、「汝が父、外道を信受して、深く婆羅門の法に著《なず》せり。汝等よ、応《まさ》に往《ゆ》きて父に白《もう》して、与《くみ》して共倶《とも》に去《ゆ》かしむべし」と、父と共に二人の子どもを仏のみもとに行かせようとします。

そして「汝らよ、当《まさ》に父を憂《うれ》い念《おも》いて、為《た》めに神変《じんぺん》を現わすべし。若し見ることを得れば、心は必ず清浄ならん。あるいは、我らが仏の所《みもと》に往至《いた》ること聴《ゆる》されん」と、二人の子どもが不思議を現わして父に見せ、仏教に導くことを勧めるのです。

「ここにおいて、二子はその父を念うが故に、踊《のぼ》りて虚空《こくう》に在《あ》ること高さ七多羅樹《たらじゅ》にして種々の神変を現せり、虚空の中において、行《ぎょう》、住《じゅう》、坐《ざ》、臥《が》し、身の上より水を出し、身の下より火を出し、身の下より水を出し、身の上より火を出し、あるいは、大身を現して虚空の中に満ち、しかもまた小を現わし、小にしてまた大を現わし、空中において滅し、忽念《こつねん》として地にあり、地に入ること水の如く、水を履《ふ》むこと地の如し。かくの如き等の種々の神変を現して、その父王をして心清く、信解《しんげ》せしめたり」

妙荘厳王は、このように二人の子が示した数々の不思議な神変を見て驚き、またとても喜んで、このような不思議な力を与えてくれる師匠は誰であるかと問いました。子らは答えます。

「大王よ、私たちの教えの師は、雲雷音宿王華智仏です。この仏は今、現に七宝の菩提樹の下の法座の上で、世の人々のために法華経を説いています。これが私たちの師で、私たちはその弟子です」

これに感動した妙荘厳王は、息子たちの師である宿王華智仏にぜひ会いたいと思い、二人と同道することになりました。二人は母に問いました。「母上、父上はもはや、信の道に入り、悟りを求める心を起こすに充分です。私たちも父上のために仏事をなし得て嬉しく存じます。どうぞ母上、私たちが仏のみもとに至り、出家して更に仏道を修行することをお許し下さい」。

母は直ちに二人の出家を許しました。二人は、

「ありがとうございます。父上母上どうぞ、雲雷音宿王華智仏のみもとに往詣《いた》り、親しくお目にかかり、ご供養を申し上げてください。仏に会うことはとても難しいことです。私たちは宿世の因縁に恵まれて、めでたく今、仏の出世に生まれあわせたので、出家をお許しいただきたいのです」

と、仏に会えた喜びを述べるのです。

そこで、妙荘厳王は、群臣や眷属《けんぞく》とともに、また浄徳夫人は、後宮の采女《うねめ》（雑事を行う女官）たちとともに、浄蔵・浄眼は、多くの臣下を伴なって、仏のもとに詣で、頭面に足を礼拝して仏教に帰依したのです。

雲雷音宿王華智仏は、王のために教えを説きました。王と夫人は深く歓喜して、首にかけた高価な真珠の瓔珞《ようらく》をとって捧げました。仏身の端厳《おごそか》で、徴妙《みみょう》な姿に尊敬の念を抱いたのです。宿王華智仏は、

「汝らは、妙荘厳王が、仏前で合掌しているのを見るであろうが、王はわが弟子となり、出家して仏道を修行し、ついには必ず成仏する。その仏の名は、娑羅樹王《しゃらじゅおう》如来、国の名は大光《だいこう》と名づけ、時代を大高王《だいこうおう》と名づけよう」

といって、記別《きべつ》を授けるのでした。

ついに王は、国を弟にゆずり、夫人並びに二人の子どもをはじめ、多くの臣下と共に出家して仏道を修し、永く法華経の修行に精進し「一切浄功徳荘厳三昧《いっさいじょうくどくしょうごんざんまい》」の悟りを得ました。そして仏に向かって、

「世尊よ、私の二人の子ども浄蔵・浄眼はすでに修行して悟りを開き、不思議を現じて私の

邪心を払って仏道に導き、世尊を拝するようにしてくれました。二人の子は私のための善知《ぜんち》識《しき》です。宿世の善根《ぜんごん》を発芽させ、私を救おうとして、わが家に生まれてきてくれたのです」と申し上げました。世尊はこれに答えて、

「誠に王の言葉の通りである。人は過去に善根を植えたことにより、生まれ変わるたびに善知識に遭うことができるのである。善知識こそ、大因縁で人を導いて、悟りを求める心を発《おこ》させてくれる者である。浄蔵・浄眼の二子は、実はかつての宿世に多くの仏を供養し、この法華経を受持し、邪《よこしま》なる人々を、正しい心に甦《よみが》えらせているのである」

と二子の徳を称讃しました。

そして妙荘厳王は、「今日から再び迷える我が心に左右されることなく、邪見、驕慢《きょうまん》、瞋恚の一切の悪心をも起こしません」と堅く誓って、法座を退《さが》ったのです。

◆菩薩たちの本事

このように釈尊は妙荘厳王の本事（過去の事跡）を説いた後、一会の大衆に、次のように告げました。

「妙荘厳王は、豈《あ》に異人（別人）ならんや、今の華徳菩薩これなり。その浄徳夫人は光照《こうじょう》荘厳相菩薩《しょうごんそう》……その二子は、今の薬王菩薩、薬上菩薩、是れなり」

釈尊は、妙荘厳王は華徳菩薩の前世、浄徳夫人は光照荘厳相菩薩の前世、浄蔵・浄眼は薬王菩薩・薬上菩薩の前世の姿であることを明かすのです。

徳行の大切さと、法華経の功徳を積んだ子どもたち（善知識）が改宗を誓うところにポイントがあります。

経文に、「仏、この妙荘厳王本事品を説きたもう時、八万四千人は塵を遠ざけ垢《けがれ》を離れ、諸法の中において法眼浄《ほうげんじょう》を得たり」とあります。法眼浄とは、科学的、哲学的なものの見方を越えて、芸術的な見方ができる心の境地です。

28 普賢《ふげん》菩《ぼ》薩《さつ》勧《かん》発《ぼっ》品《ぽん》 第二十八

◆概略

この品は法華経の締めくくり、総括《そうかつ》です。

「勧発《かんぼつ》」のことを天台大師《てんだいだいし》は「勧発とは恋法《れんぼう》の辞《じ》なり」と説明しています。法を恋《こ》うことが勧発であるというのです。勧発の勧は人に勧める（化他《けた》）、発は自ら発《おこ》す（自行《じぎょう》）、という意味があります。仏の貴い教えを信じて、これを身に行う決心をした者には、普賢菩薩の守護を得ることができるのです。これは、万法の実相（あらゆる真理の有様《ありさま》）がわかるということです。

つまりこの品では、法華経を受持し修行する人には、普賢菩薩が守護し、道心を起こすように勧発（鼓舞《こぶ》激励）して下さる、ということが説かれているのです。

文殊菩薩は「智」を、普賢菩薩は「理」を象徴しています。

経文には、次のようにあります。

「その時、普賢菩薩は自在なる神通力と威徳と名聞《みょうもん》とを以《もち》いて、大菩薩の無量無辺の不可称数なるとともに東方より来れり。経たる所の諸国は、普《あまね》く皆震動し、宝の蓮華を雨《ふ》らし、無量百千万の種種の伎楽を作せり。又、無数の諸の天《てん》・龍《りゅう》・夜叉《やしゃ》・乾闥婆《けんだつば》・阿修羅《あしゅら》・迦楼羅《かるら》・緊那羅《きんなら》・摩睺羅迦《まごらが》・人・非人等の大衆の囲繞《いにょう》せるとともに、各《おのおの》、威徳と神通の力とを現して、娑婆《しゃば》世界の耆闍崛山《ぎじゃくっせん》の中に到り、頭面に釈迦牟尼仏を礼し、右に遶《めぐ》ること帀《そう》して、仏に白《もう》して言《のたま》わく『世尊よ、われは宝威徳上王仏《ほういとくじょうおうぶつ》の国において、遙かにこの娑婆世界に法華経を説きたまえるを聞き、無量無辺百千万億の諸の菩薩衆と共に来りて聴受す。唯、願わくは、世尊よ、当《まさ》に為《た》めに之《こ》れを説きたもうべし、若《も》し善男子・善女人あらば、如来の滅後において、云何《いか》にして能《よ》くこの法華経を得るやを』」

この問いに対して釈尊は、「四法成就《しほうじょうじゅ》」を説きます。

◆四法《しほう》

四法とは、次の四つです。

①仏を念じ仏意《ぶっち》に叶《かな》って、その守護に浴《よく》すること

②自ら努力し、励んで諸《もろもろ》の徳本《とくほん》を植えること（徳本とは功徳の本《もと》。諸善万行《しょぜんまんぎょう》の根木、仏果菩提《ぶっかぼだい》の因本《いんぽん》となるもの）

③正定聚《しょうじょうじゅ》（必ず仏果にいたると定まった聖者の仲間）に入ること
④一切衆生を救う心を発《おこ》すこと

この四法を成就すれば、釈尊滅後に法華経を得ることができると教えているのです。四法のうち①と②は他力の擁護《おうご》に浴することで、③と④は自力の修行を励むことです。

この品は「再演法華《さいえんほっけ》」とも称され、法華経全体の総括をしています。

◆法華行者の守護を誓う普賢菩薩

釈尊の教えを聴聞して感激した普賢菩薩は、次のように述べます。

「世尊よ、若し後の五百歳の濁悪《じょくあく》の世の中に、それこの経典を受持する者あらば、われは当に守護してその哀患《わずらい》を除き、安穏《あんのん》なることを得せしめて、伺《うかが》い求めるに、その便《たよ》りを得る者なからしむべし。若《も》しくは魔《ま》、若しくは魔の子、若しくは魔の女、若しくは魔の民、若しくは魔に著《つ》かれたる者、若しくは夜叉《やしゃ》、若しくは羅刹《らせつ》、若しくは鳩槃荼《くはんだ》、若しくは毘舎闍《びしゃじゃ》、若しくは吉蔗《きっしゃ》、若しくは富単那《ふたんな》、若しくは韋陀羅《いだら》等の人を悩ます者は皆便りを得ざらん」

・魔とは、魔羅《まら》の略語で、殺者、障者、悪者などと意訳されます。身心を悩乱《のうらん》し、善法を妨げ功徳の財を奪い、智慧を奪うのが魔です。

・夜叉と羅刹は、鬼であり、羅刹は、可畏《かい》・速疾鬼《そくしつき》と訳し、空中を飛行し、人の血肉を食う最悪の鬼といわれています。

・鳩槃茶は、陰嚢《いんのう》・形卵《ぎょうらん》と訳し、厭眉鬼《おんみき》・冬苽鬼《とうがき》と名づけ、人の精気・血肉を食らうものです。

・毘舎闍は、噉精鬼《たんしょうき》と訳し、人の血肉、精気を食らう鬼です。

・吉蔗は、所作《しょさ》と訳し、起尸鬼《きしき》ともいわれます。

・富単那は、臭餓鬼と訳し、熱病をつかさどり世間の不祥の鬼です。

・韋陀羅は、善妙と訳し、呪術をつかさどる鬼です。

これらは何《いず》れも、人の心にある仏道修行を妨げる煩悩です。

普賢菩薩によってこれらの煩悩の支配からまぬがれることができるので

普賢菩薩

す。普賢は理の菩薩ですから、真理を本当に会得した者は、これらの煩悩に悩まされなくなるのです。

普賢菩薩の姿については経文に、次のようにあります。

「この人、若しくは行《あゆ》み若しくは立ちて、この経を読誦せば、われはその時、六牙《ろくげ》の白象《びゃくぞう》王《おう》に乗り、大菩薩衆と倶《とも》にその所に詣《いた》りて、自ら身を現し、供養し守護して、その心を安んじ慰《なぐさ》めん。亦《また》、法華経を供養せんがための故なり」

六牙の白象王の六牙は、眼《げん》・耳《に》・鼻《び》・舌《ぜつ》・身《しん》・意《い》の六根《ろっこん》を表しています。

また白象は、純精・純白の理を表します。普賢の理を体得した者は、心が清浄になって諸法の実相が見えるようになるのです。

普賢菩薩は、次のように誓います。

「私は、普賢の陀羅尼呪《だらにしゅ》(咒)をもって、法華経の行者を護ります。世尊よ、私はわが神力をもって、法華経を守護し、世尊の滅後に全世界に広く流布せしめ、決して断絶するようなことがないようにします」

この普賢の誓願に対して、釈尊は、「善い哉《かな》、善い哉、普賢よ、汝はよくこの経を護り助けて、多所《そこばく》の衆生をして、安楽にし利益《りやく》せしめん」と告げられたのです。

◆普賢菩薩の陀羅尼《だらに》と功徳《くどく》

《普賢咒《しゅ》（普賢菩薩の陀羅尼真言句）》

アタンダイ・タンダハチ・タンダパティ・タンダクシャレイ・タンダシュダレイ・シュダレイ・シュダラハチ・ボダハセンネイ・サルバダラニアバタニ・サルバシャアバダニ・シュアバタニ・ソウギャバビシャニ・ソウギャネキャダニ・アソウギ・ソウギャハギャチ・テイレイアダソウギャトリャ・アラテイハラテイ・サルバソウギャサマチキャランチ・サルバダルマシュハリセッティ・サルバサタロダキョウシャリヤアトギャチ・シンアビキリチテイ。

【訳】《即ち次の如し。刑杖《けいじょう》を打ち破るものよ。刑杖主よ。刑杖を転ずるものよ。刑杖（を扱う）に善巧なるものよ。刑杖をよく持するものよ。善く持するものよ。善く持するものの主よ。仏陀を知見するものよ。一切の陀羅尼を転ずるものよ。善く転ずるものよ。僧伽《そうぎゃ》を試練するものよ。僧伽の非を除滅するものよ。法を修学せしめるものよ。一切の語言に通達せるものよ。獅子の遊戯自在なるものよ。住せり、住し、住せんことを、成就せしめよ》

（坂内龍雄著『真言陀羅尼』〈平川出版社〉より）

普賢菩薩は、不思議な功徳と深大な智慧で、遠い昔からずっと、さとりの道に心を発《おこ》していて、普賢菩薩の名を受持するものを守護するのです。

経文には、

「普賢よ、若しこの法華経を受持し読誦し正しく憶念し修習《しゅうしゅう》し書写する者有らば、当《まさ》に知るべし、この人は則《すなわ》ち釈迦牟尼仏に見《まみ》えて仏の口《くち》よりこの経典を聞くが如しと。当に知るべし、この人は釈迦牟尼仏を供養したてまつるなりと。当に知るべし、この人は仏に善い哉《かな》と讃《ほ》めらるるなりと。当に知るべし、この人は釈迦牟尼仏の手にて《みて》、その頭をなでらるることを得んと。当に知るべし、この人は、釈迦牟尼仏の衣をもって覆《おお》わるることをえんと」とあります。また、「かくの如きの人は、復《また》、世の楽に貪著《とんじゃく》せず、外道の経書・手筆を好まず」とあり、その他の魔障を退けて近づけず、「この人は、心意《こころ》、質直《すなお》にして、正しき憶念《おくねん》あり。福徳力あらん。この人は三毒のために悩まされざらん。亦《また》、嫉妬・我慢・邪慢・増上慢のために悩まされざらん。この人は小欲にして足ることを知り、能く普賢の行を修せん」と、素晴らしい生き方ができると説くのです。

※心意質直とは、心を余計に飾らず、しかも必要なものは、必ずもっているということ。

※正憶念とは、正しい心の活動。

※福力とは、周囲を感化する徳の力。

※三毒とは、貪欲《とんよく》・瞋恚《しんに》・愚痴《ぐち》（貪・瞋・痴）の三つ。餓鬼道・地獄道・畜生道を導き出すもの。

この法華経を行ずるものは、これら三毒などの道の障《さわ》りとなるものによって妨害されないのです。

また、

「普賢よ、若し後の世において、この経典を受持し読誦せば、この人は復《また》、衣服《えぶく》、臥具《がぐ》、飲《おん》食《じき》、資生《ししょう》の物に貪著《とんじゃく》せざらん。願う所は、虚《むな》しからざらん。亦《また》、現世においてもその福の報《むくい》を得ん」

「この故に、普賢よ、若しこの経典を受持する者を見れば、当に起《た》ちて遠く迎うべきこと、当に仏を敬うが如くにすべし」

と、法華経を持《たも》つ功徳を明らかにするのです。

「この普賢菩薩勧発品を説きたまいし時、恒河《ごうが》の沙《すな》に等しき無量無辺の菩薩は、百千万億の旋陀羅尼《せんだらに》を得、三千大千世界の微塵に等しき諸の菩薩は、普賢の道を具《ぐ》せり」

「仏、是の経を説きたまいし時、普賢等の諸《もろもろ》の菩薩と、舎利弗《しゃりほつ》等の諸の声聞《しょうもん》と及び諸の天・龍・人《にん》・非人《ひにん》（神や精霊などの存在）等の一切の大会《だいえ》は皆、大いに歓喜し、仏の語《みこと》を受持して、礼を作《な》して去りにき」

と、「作礼而去《さらいにこ》」の文句で法華経が終わるのです。

法華経の説き終わる時が満ちて、この説法の座に集まった菩薩や衆生、天人などは、歓喜して、受持し、仏に礼拝して、霊鷲山から去っていったのです。

法華経の説法は、序品で示されるように、弥勒菩薩の質問と文殊菩薩の答えに始まり、最後の勧発品において普賢の行を説いて終わります。弥勒は慈悲の菩薩、文殊は智慧の菩薩、普賢は理の菩薩です。

法華経は、その構造から見ると、慈悲の心から出発して智慧を求めることで、諸法実相の理を体得することができると説く経典であることがわかります。そしてこれが人間の最高で最大の幸福であることを示しているのです。

第五章

オウム真理教事件随想録

自我得佛来 所経諸劫数
常説法教化 無数億衆生

衆見我滅度 広供養舎利
衆生既信伏 質直意柔軟
時我及衆僧 倶出霊鷲山

◆オウム事件をふりかえる

長い時間をかけて法華経に取り組んできました。

この『法華経の輝き』の原書は、昭和五十六年（一九八一）、宗祖日蓮聖人の七百遠忌《おんき》を記念して出版したものです。まだ三十代なかばで、がむしゃらに挑戦したい時期だったのでしょう、今思うとかなりの増上慢《ぞうじょうまん》だったのかも知れません。

その時から、さらに三十年が過ぎ、還暦を超え、日蓮聖人の教えにあるように、

「先ず、臨終の事を習ふて後に他事を習ふべし」

と、人生の終局を考える年となり、この間に得た多くのさまざまな体験が、再びこの『法華経の輝き』を加筆整理して再発行してみようという思いへと結実しました。

その体験のひとつが、一九九五年のオウム真理教事件でした。

「なぜ宗教が……」。なぜ自分が殺されなければならなかったのかを問い続ける、罪なき魂。被害者の方々に、身体ばかりか、その心にまで重い後遺症をもたらした地下鉄サリン事件。これは世界に例をみない「宗教テロ」という悪夢でした。

宗教という名のもとで、信者たちは麻原彰晃が説き示す「教え」なるものを、「善」なる行為

として、他者の人権を平然と侵したのでした。

二〇一二年六月、最後の逃亡者、高橋克也・菊池直子の二人が逮捕されました。世間では、この事件は終わりを告げたということになっています。

二〇一三年四月現在、十三名が死刑判決をいいわたされています。これも世界では例のない判決です。

死刑にして一件落着なのでしょうか？　なぜ前途ある優秀で高学歴の彼らが、無差別殺人を犯すまでにいたったのでしょうか？　その背景にある要因は何なのか？　マインド・コントロールという人格を変貌させるものは何なのか？　破壊的カルトとは？

何一つ解決していないオウム事件。すべてが「宗教」という名のもとで行われたのです。

社会は「宗教は危険なもの」として不信感を抱きました。できるだけ宗教から遠ざかるべきと考える人が増えました。

◆「伝統仏教は風景に過ぎず」

この事件において、伝統宗教は無能でした。オウム真理教の信徒・村井秀夫氏がテレビ中継されている目の前で刺殺されるニュースが飛び込んできたのは、一九九五年四月二十三日でした。

その直前まで、あるテレビ局では、オウム真理教信者T氏と、青山総本部の上祐史浩氏（当時オウム真理教外報部長）、そしてスタジオとの三ヶ所を結んだテレビ討論会を中継していました。その討論会の中である僧侶に向かってT氏が言いました。

「私たちにとって伝統仏教は風景に過ぎなかった」

この言葉が、私の記憶には今も鮮明に残っています。むしろ村井氏刺殺のニュースよりも衝撃的だったと思います。

「風景」という言葉は痛烈です。修学旅行や観光で見物する歴史的建造物としてのお寺。教科書や参考書で学ぶ高僧の行跡。葬式や法事などの形骸化した儀式。檀家制度の上に安住している寺、いきいきとしたパワーを失い、現代人の心に迫る魅力をなくした仏教、それは若者たちには風景にしか見えないのでしょう。

◆私のオウム事件

私がオウム事件に関わったのは、一九九四年のことです。坂本弁護士一家行方不明事件、オウム真理教のプルシャというバッジの発見、そしてついには無残に遺棄された幼い子どもをふくむ家族の遺体の発見。すべてが衝撃的でした。

オウム真理教への入信トラブルの最初の相談は、この事件がきっかけでした。当時横浜のオウム真理教被害対策弁護団（坂本弁護士を継いでいた）がこの問題に向かい合い、小野毅弁護士が「オウム一一〇番」を開設、そこに連絡してきた家族（子どもがオウム真理教に入信した家族）らの相談の受け皿になることが求められました。

一九九〇年のオウム真理教麻原教祖と幹部の衆議院議員への立候補と選挙運動。「ショウコウ、ショウコウ」と連呼する幼稚な歌。教祖の似顔絵を描いたお面。ふざけているとしか思えない踊り。このような組織に高学歴のエリートが多数入信していることに不可解さを感じました。「何かが狂っている。この日本はおかしい」そう思いました。

松本サリン事件が起こったころ、オウムに出家した信者（なかにはホーリーネームをもつ中堅幹部も）や教団に通う在家信者などの家族から、相談の電話や手紙が寄せられるようになりました。これらの家族をまとめて合同の勉強会を開始しました。当時は何から手をつけてよいのか皆目不明で、試行錯誤をくりかえす状態でした。

当時の勉強会のテーマは、次のようなものでした。

①オウム真理教の宗教教義は何か。オウムのメンバーは何をどのように信じているのか

②影響を受けたとするチベット仏教やヨーガとは本当はどのような教えなのか

③選民思想と終末論、排他独善主義の宗教的心理とはどのようなものか
④なぜ、現代の若者の多くがこのような教えに惹かれたのか
⑤なぜ、彼らが出家と称して、社会から隔離される道を選んだのか
⑥なぜ、教祖の命令に疑いもせず、反社会的な破壊活動に従事したのか
⑦なぜ、今なお組織から抜け出すことができないのか
⑧どうすれば、家族の声を本人に届かせることができるのか
⑨どうすれば、家族の間にコミュニケーションを再構築できるのか
⑩どうすれば、社会へ帰すことができるのか

ヨーガとマントラ。いわゆるトランス状態のあの姿。「出家」と称して車や高額なもの、全財産まで寄進し、オウムの施設に入所。親が連絡しても面会を拒絶。親や家族の存在はそれ自体「修行の邪魔」であり、「魔」であるとする排他的態度。やがて九州波野村にオウム施設が進出し、地域との摩擦が起こりました。

◆二つの被害者

オウム真理教は二種類の「被害者」をつくりました。

一つは当然、無差別テロであるサリン散布による被害者です。ある日、突然無関係な市民がテロの対象となり、不条理な死がもたらされ、あるいは身体に癒しがたい傷を負わされてその後の人生を狂わされる。その「犯行」の動機が身勝手で独善的な論理「来世天昇＝ポア」。問題なのは、この妄想でしかない論理を「宗教的真理」として受け入れた組織のメンバーの多くが高学歴の青年たちであったということです。

世界の終末の後に現れる選民とユートピアという妄念。このような幼稚な「真理」が真理として信じるに足ると考え、真理の体現者を名乗る教祖を最高の解脱者、未来を知る唯一の絶対者として祭り上げて、唯々諾々《いいだくだく》とその命令に従う者たち。私は、このような理解を超えたものをどう捉えてよいのか悩みました。

「マインド・コントロール」という社会心理学の概念がマスコミによってもたらされた時に、やっと、この不可解さに光明を覚えたものでした。それ以来、家族の勉強会の新しいテーマに「マインド・コントロールのシステムを理解する」「マインド・コントロールの心理学的束縛から解放する」という項目が加わることになりました。

そして、第二の「被害者」は、オウムに入信した人の家族です。家族をオウムに奪われたという悲しみと絶望の感情。オウムなどという宗教組織に加わり、反社会的な犯罪を組織ぐるみで起こした家族（息子・娘・妻など）を輩出してしまったことへの世間の誹謗《ひぼう》中傷。人目を忍んで息を殺して生きなければならないのが現状です。

サリン実行犯の家族、サリン被害者の家族、どちらもオウム事件の被害者であるのです。

そして、マインド・コントロールによって、「自己の意思決定を越えた意思の強制」によって、犯罪者となることを強いられた、という限定的な意味において、拉致誘拐殺人、教団内殺人、無差別テロの実行犯のメンバーもオウムの被害者といえるのではないでしょうか。

◆加害者は誰なのか

それでは、加害者は誰なのでしょうか。誤解を恐れずに言えば、オウム真理教は確かに一つの「宗教」現象であり、オウムの一連の事件は「宗教」の犯罪です。

「宗教」は善をなすもの、当然人を殺すはずがない、という日本人の宗教が善であるという考え方は、さらに五年後の「九・一一同時多発テロ」とその後のイスラム過激派による自爆テロの頻発で、単に思い込みであることが証明されました。

「宗教」は基本的に、苦を癒して楽を与え、人を活かす方向に向いていなくてはならないものですが、しばしば条件が重なれば、全く反対の凶暴な方向に向かうこともあるのです。

問題なのは、その時代の既成宗教の勢力が、その時代の人々の苦悩や疎外感、閉塞感などを正確に受け止めて、しっかりとした回答を与える機能をしていれば、少なくとも危険な「宗教」の社会に対する侵食をチェックすることができるはずだった、ということです。

先の「伝統仏教は風景に過ぎず」の一言は、日本の既成仏教に対する期待とともに絶望があったと私は受け止めています。

そして膨大な数の「被害者」を出した後も、仏教界がこの問題に対する主体的な関心を持つことはありませんでした。確かにオウム幹部の指摘どおり、お寺は宗教の機能を停止させた形骸になりはててしまったと感じています。

私は「宗教の問題は宗教でしか解決できない」という信念をもっています。

したがって、オウム真理教の問題は、日本の伝統仏教それ自体の問題であったと今でも思っています。そしてオウム以外の宗教カルトの問題に向き合えない仏教界は「宗教」としてすでに「死に体」になりつつあるとも思っています。

「何とか助けてください」と自分の菩提寺の住職に頼んだけれど、まともに取り合ってもらえなかったとため息をつく、子どもがオウムに入信していることに悩む親御さんがいました。「オウム？　週刊誌で見たことがありますが、どうしてよいかわかりません」という菩提寺住職のすげない返事に愕然とし、檀家を辞めようと思った、という言葉も聞きました。そのような言葉を聞いて、人が苦しんでいるのを見て何もしない仏教者がいてもよいのか、という怒りに似た感情を覚えたこともあります。

破壊的カルトの社会への侵食の度合いは、その社会の健康度のバロメーターです。私たち宗教者から見れば、私たちの既成宗教が現実の人々の「苦」にきちんと向き合って、常にモラルの番人として社会を補正しているかどうかの指標といえるでしょう。

まさに「風景に過ぎず」の痛烈な評価です。そしてもし、破壊的カルトの猖獗《しょうけつ》の事後であったとしても、その後始末をすることも既成の宗教の仕事であり存在理由でもあると思います。何が正しく、何が間違っているのかを検証して示さなければなりません。

少なくとも、我々宗門の先師・先哲はそうしてきました。時に命をかけて、生活者に「苦」を強《し》いる権力と戦うことも辞さないで、社会の歪みを糺《ただ》そうとしてきました。

また、過激な新宗教運動が立ち現れ社会を混乱させた後でも、その運動の燃え残りの火を消す努力を欠かすことはありませんでした。そうしたことができない、請け負えないとすれば、寺は看板を「有料葬式請負所」にでも変えればよいのです。

オウム真理教と関わり始めた当初、命の危険は当然として、檀信徒の目、そして同門の僧侶の目も気にしなければならないというリスクも抱えることになりました。警視庁総監狙撃事件、新宿駅青酸ガス（未遂）事件などが実際に起き、教祖逮捕後、その奪回のために新幹線や東京ドームを狙った爆弾テロ、ハイジャック、貯水地に毒物をまくなどのテロがヒートアップするかもしれないという噂がまことしやかにマスコミに流れ、不安感が社会全体を覆っていました。檀家にしても同門の僧侶にしても、危険なばかりで何の得にもならないことに関わる方がおかしいと思っていたようです。

しかし、二種の被害者のうち後者、家族をオウムに奪われたことで苦しむ家族を見捨てることはできない、という思いで日々相談に向かい合って来ました。

「オウム真理教家族の会」（当時は「オウム真理教被害者の会」）永岡会長がオウム製造のＶＸガスの襲撃を受け、滝本太郎弁護士、ジャーナリスト江川紹子さんも命を狙われました。私も「オウムのテロ対象になっている可能性が高いから注意して欲しい」と言われ、警視庁公安部が周囲を警備し、メディアの人間が出入りするという騒然とした中で時を過ごしました。

事態が沈静化して、普通の生活を取り戻すのに約三年かかりました。オウムの主要な幹部は逮捕拘束され、社会的な訴追と非難を受けるなかで、組織は立ち行かなくなり、最盛期には一万人と言われたメンバーも次々に組織を離れて、社会に戻って行きました。

しかし、今でもまだ、「アレフ」と「ひかりの輪」の二つに分裂して存続しています。

このような状況の中で、家族だけではなく、実際の逮捕歴のある現役メンバーや元メンバーとの交流が増えて来ました。不法侵入・公文書偽造・監禁などの罪で起訴され拘留が終わった者、裁判で執行猶予がついた者が、その親や公安調査員、保護司、あるいはマスコミ関係者に連れられて私のところにやってきました。

その中には、医師免許を取り消された医者や看護士もいました。懲役刑を受けたオウム信者の親の要請で、刑務所まで面会に行くこともありました。その後さまざまな情報網を頼りに電話をかけてくる者など、さまざまな形でオウム（元）メンバーと関わることになりました。

ある高校生の現役信徒は「自分を入信させた学校の先生が逮捕され、その先生を慕い、先生の服役している刑務所の近くに住んで、いつでも会えるようにしています」と、喜々として語っていました。無理やり薬を飲まされ教団に連れて行かれ、監禁されていたという元一流会社のＯＬ。私の目の前で蓮華坐を組んでマントラを唱える女性出家信徒、教団幹部だった兄を慕って入信した高校生の弟などがいました。

幼い頃事故で亡くした弟の霊に悩まされ、解決したいがためにオウムに入信したアニメ好きの青年。恋人を救うために偽装入信して、逆にマインド・コントロールにかかってしまった女性信徒。

テレビ局に入社したが、本当は農業がしたかったという東大法学部出身の青年。勉強では負けたことがない、でもいつかは負けるかもしれないと恐れ、強くなりたいと入信した医学部の学生。

特に強く記憶に残っているのが、実刑判決を受けたある医師のケースです。その刑期は三年でしたが、刑期を終えたとき、開業医だった父が亡くなり、本来なら後を継いで院長に就任するはずの彼は、医師免許は取り消されて、後を継ぐことはできません。その彼は私に、次のように言ってきました。

「先生、なんとか医師に復帰できるように嘆願書を書いていただけないでしょうか」

「できれば署名運動もお願いしたいのですが」

私は彼に言いました。「無理だよ、君と一緒にオウムの医療班にいた看護師たちも、全員資格を失っているのだから」。

オウムに関わることがなければ、今では地方都市の立派な開業医として人々の尊敬を集めていたに違いありません。その優秀な医者がなぜ挫折の道を歩まねばならないのか、憤《いきどお》りを感じました。

たとえ事情がどうであれ、法律を犯した結果としての刑罰は、法治国家である日本においては、自らの責任において受ける以外に選択の余地はありません。そして、オウムに関わったメンバーには、自分の「お布施」という名の出資金が、人を殺すためのサリン製造に使われた、という事実が永遠に変更されないということを、真剣に自覚してもらいたいと思います。

中には、前記の女性のように、騙されて薬を飲まされ、監禁され一年後にやっと逃げ出すことができても、念願だった貿易会社の職は、無断欠勤で除籍され、悔しさのなかで人生の再出発をした人もいます。失った時間、青春、希望は全て取り戻すことができず、無念さだけが残ります。

確かに同情すべき点はあります。マインド・コントロールされた側とする側には明らかな責任の重さの違いがあります。その意味では、彼らもオウム＝破壊的カルトの被害者なのです。しかしながら、そうであるからという理由で、責任や罪が軽減されるわけではありません。失われた多くの命、失われた多くの人生、それらの被害を一日たりとも忘れることなく生きていかなければならない人たちのためにも、加害者となったオウム信者は自らの過去をいつまでも悔いて生きなければならないのです。

とても残酷な現実です。でも、マインド・コントロールから解放された元メンバーに対して過酷な表現ですが、犯した罪を背負って生きていかねばならないことを言い続けなければならないと思います。

オウム事件は、それぞれの立場における被害者だけが取り残される形で忘れさられようとしています。失われた命、そして貴重な人生の時間は二度と戻って来ることはありません。

問題なのは、この悲惨な事態から私たちが何を学び、それを歴史の教訓として、多大な犠牲を払って獲得した知識と智慧として、いかに後世に語り継いで行くかということです。

「宗教」は人生を活かしもするし、破壊したりもするという事実に立ち、再度このような悲劇を繰り返さないためにも、宗教者の責任は重大です。

◆癒しと暴力——宗教がなぜ?

なぜ宗教が破壊的カルトを産み出したのでしょうか。そして「宗教と暴力」の関係はいかなるものでしょうか。

「癒し(healing《ヒーリング》)」のもともとの意味は、宗教において超越的存在が、その聖なる力を行使して実存的な不安感を抱えた人間に対し、その「苦」を除く奇跡的治癒のことです。

現在は、いわゆる「心霊主義」(スピリチュアリズム)のブームの中で、ストレスによって凝り固まった心を和らげるという意味において使われることが一般的です。

多くの宗教は、「不殺生戒《ふせっしょうかい》」を第一の行為規範においています。他者のいのちを奪うことの禁止は、究極のところ、他者に対する「暴力」の行使の全面禁止ということなのです。

このように、「暴力」は本来、宗教から最も遠いところのものであるとされていました。「宗教」とは、単に観念的な理論追求の範囲にとどまるものではなく、むしろ理論から出て、不安に耐えながら日々暮らす人々に対して絶対の安心を与えるという実践的な教化を志向したものであったはずです。

仏教の基本は、慈悲の教え――生きとし生きるものすべてに安心を与え、苦しみを除く「抜苦《ばっく》与楽《よらく》」「安心立命《あんじんりつめい》」なのです。

しかし、一九九五年に起こったオウム真理教の一連の事件は、宗教の暴力に関する事件でした。

教祖の教えに対して〝順良〟な信者による、冷酷、かつ、非理性的な「宗教事件」です。オウム真理教は、チベット仏教本来の伝統的な解釈をかなり恣意的に歪曲して教義と修行論を組み立てた宗教でした。オウム信者は日常においては蚊やゴキブリさえも殺すことにためらいを感じていたそうです。「不殺生戒」とは生きているもの全てに対する慈悲救済の誓いです。虫を殺すこともためらうような感性を持った者たちが、なぜ無慈悲な殺人に加担したのでしょうか。

また、二〇〇一年九月十一日に、「宗教」による組織的な破壊的暴力事件として、歴史上稀《まれ》に見る大事件がありました。そして、その後のアメリカ合衆国によるアフガン侵攻、イラクに拡大しての「テロとの戦い」も、どこかで、キリスト教によるイスラム教への報復という背景があったように感じます。

慈悲救済（癒し）の教えに対して極めて従順な者が、同時に他者に向けて極めて冷酷な暴力行為を行う。この事態を、どう捉えたらよいのでしょうか。

◆破壊的カルトとは――その手口と内容

カルトとは、市民社会とは異なる独自の価値観で内部にメンバーを閉じ込めている集団をいいます。その閉鎖空間の中で、支配と被支配の強固な縦構造の関係が生まれ、支配者に対する絶対服従を強いられています。そして、この支配者にコンプレックスが強い時、同時にメンバーも反社会的な感情に支配され、破壊衝動を強めるのです。

オウム事件に関わる中で、メンバーの意識に深く刻印された破壊衝動をいかに除去するか、という問題に立ち至りました。そして、元の人格の全てが書き換えられているこの精神状態は何かという問いに対して、社会心理学のマインド・コントロール（精神操作）論で説明しようと試みたのです。

閉鎖された空間にある集団の中で、価値観を植えつける言葉を繰り返すことによって信者の価値観が浸潤《しんじゅん》され、一定の精神傾向を受け入れざるを得ない状況に追いつめられます。このように、集団の力学による精神操作をマインド・コントロールと呼ぶのです。

◆暴力を生み出すものは宗教ではなく人間の関係構造

我々人間は、本能的な部分で他者を警戒する心理を持っています。特に日本人は、ある集団に属する際、個人の判断を越えて集団に共有する価値観に自己の価値観を合わせようとする性格を有しているのです。

そして、その集団共有の価値観が《宗教》の形で語られる時に、異質な《宗教》は警戒すべき他者として立ち現れるのです。

そして自己が所属する集団に対して何らかの害があると考えられた時に、その外部の《宗教》に対して敵対心が生まれ、攻撃的態度や暴力が肯定されるのです。

ここでいう《宗教》は、「国家」や「民族」に置き換えることが可能です。

異質な他者を前にして、《我々》は個人の異なる観念や価値観を一様に押しつぶして、《個》の考えが廃棄されて、《我々》の統一的な価値観に合わせられます。このような集団は《宗教》であれ、「国家」であれ、「民族」であれ、個人の私的な価値観を書き換えることによって、容易に、善良な市民が暴力的な存在に変身するのです。

構造と暴力を生み出すのは、宗教ではなく、人間関係としての集団なのです。

しかし、人は一人で生きることはできず、必ず何らかの集団に属さなければならないのです。ですから、集団の中にあっても、共同幻想に幻惑されることなく、理性に「覚醒」しているかどうかが大事です。実は、宗教は（私の知る限りにおいて少なくとも仏教では）、この「覚醒」した個、つまり「自律（立）した個」であることを推奨しているのです。

カルトの特徴は、一口で言えば、暴力をも肯定する排他的独善主義といえますが、細分化すれば左記のようになります。

①教祖のカリスマ性の強さ、教えを疑うことに対する強い抑制
②他者への敵対心、自己の正当化
③世界終末論
④罰・堕獄の教え
⑤選民思想

メンバー個人よりも組織（教祖や幹部）の安全が優先され、信者個人の人権は徹底して軽んじら

れます。メンバーは、組織経営のための資金提供者として位置づけられるか、または、次の被害者となる新規のメンバーをかり集める勧誘活動に従事する道具として扱われるなどの傾向が見られます。

こうした、組織に対する奴隷的な貢献を持続させるために、①から⑤の教えが巧妙に用いられるのです。つまり、教祖は世界を救う偉大にして唯一の存在であり、正しいがゆえに悪なる他者の攻撃に常にさらされている、と考えるのです。

自分は、超越者に特別に選ばれた者であり、世界の終末において邪悪な敵と戦い世界を救済する戦士であり、死に際しては堕獄を免れて安楽な世界に再生することが約束された存在であると信じこむのです。人間生来の実存的な悩みが全て解消される、つまり「癒し」がついに我がものとなるという論理です。

このような思考回路は、明らかに「宗教違反」です。宗教は、少なくとも仏教は、この集団の共同幻想にとらわれない個の覚醒と自律（自立）を促すものであるからです。

◆教義の検証――「オウム仏教」に欠けているもの

この『法華経の輝き』の原書を、オウム信徒に読ませたことがあります。「仏教ってこんなに大きなものだったんですか」 そう答えてくれました。

風景という言葉は、伝統仏教の現状に対する、「異議申し立て」であったのでしょうか。それに対して伝統仏教の側は何と答えるべきなのでしょうか。

私のすべきことのひとつは、「オウム真理教」の仏教教義の誤りを指摘することでした。

カルト教団の信者や元信者のカウンセリングでは、カルトの独善的で偏った教義の過りを指摘し、一緒に考えることは脱マインド・コントロールの大切な要素の一つです。

カルト教団が信者に植え付ける危険なユートピアの背後にある、ドグマ（教義）の奇形を暴くことは、宗教者が果たさなければならない責任ではないでしょうか。

しかし、純粋な教義批判は、仏教学者ではない私には荷が重いのです。私自身、仏教の一実践家として、オウム信者や元信者のカウンセリングの中で感じたこと、それと、この『法華経の輝き』執筆で得た教えを、いかにやさしく、現実的に説き示すことができ、率直に実感をもって話せるかが課題でした。

その結果として「仏教ってこんなに大きなものだったんですか」という答えが得られたことは、何よりも大きな成果だったと思います。

オウム真理教に警察の強制捜査が入って間もなく、教団の主張に疑いを抱いて上九一色村《かみくいっしきむら》を出た男性信者は、「輪廻転生《りんねてんしょう》を本当に信じていますか」と私に尋ねました。輪廻転生とは、俗にいう「生まれ変わり」のことです。

仏教では、生あるものはすべて迷いと苦しみの世界である三界《さんがい》・六道《ろくどう》の中で輪廻《りんね》し続け、生《しょう》死《じ》を繰り返すとされています。

釈尊の教えは本来、輪廻で苦しんでいる人々を解脱《げだつ》させ、涅槃《ねはん》という悟りに導くためのものです。しかし人間として再び生まれ変わりたいという願いからすれば、輪廻転生を解脱したくないのかもしれません。古代インドのカーストに縛られ、奴隷としての生活が常に繰り返され、永遠に終わることのない輪廻の苦しみという時代背景がなければ、誰しも人間として再び人生をやり直したいと願うのが必然かもしれません。むしろ三界・六道を輪廻できなくなることのほうが怖いのではないでしょうか。

三界とは、欲界《よくかい》・色界《しきかい》・無色界《むしきかい》です。煩悩にとらわれた三つの世界をいいます。

六道とは、自分の業《ごう》によって生まれ変わる六つの世界（地獄界・餓鬼界・畜生界・修羅界・人間界・天上界）です。解脱しない限り、私たちはこの六道の中で未来永劫、迷い続けなければなりません。

大乗仏教では、さらに六道の上に四界（声聞《しょうもん》界・縁覚《えんがく》界・菩薩《ぼさつ》界・仏《ぶっ》界）があります。これは悟りにいたる段階です。オウム用語を借用すれば、「高いステージに上がる」ことです。

この六道と四界を合わせて「十界《じっかい》」といいます。

「輪廻転生を信じますか?」という信者の問いには、明らかに鋭い棘《とげ》がふくまれています。

「お前たち坊主が説く仏教なんて、所詮口先だけだ。地獄とか仏とか言っても、どうせ職業的トークだろう。本当に命の輪廻を信じているなら、煩悩を断《た》って、命の高いステージに転移しようとする私たちの思いが理解できないはずはない」

「輪廻転生を信じるのか」という短い言葉の中に、私が感じたのは伝統仏教に対する辛辣《しんらつ》な批判でした。私は、率直に答えました。

「もちろん信じますよ」

あらかじめ断っておきますが、カウンセリングでは、相手を説得するための「職業トーク」は良い結果をもたらしません。自分を正直に語り、相手の閉ざされた心を少しずつ開いていくことが、結局は脱マインド・コントロールの一番の近道なのです。

「でも私は、死後の世界で高いステージに上がりたいなんて思わないよ。死んで釈尊に会うことができたら、煩悩まみれの汚れた世界に、是非もう一度戻してほしいと頼みます。この汚い世界の中にこそ、悟りがあり、仏がいるのですから。だからとても楽しい、あなたとこうしてお話ししていても、楽しくて仕方ないのです」

「どんな人でも仏さまが会わせてくれた人。自分が嫌な人だと思うなら、それはきっと修行の相手。我慢や忍耐の行をさせてくれる人。素敵な人なら『仏さまありがとう』と出会う人なのです」

私が話すのは、オウムの仏教理論の誤謬《ごびゅう》や修行法の間違いではなく、生きた宗教、実践仏教です。生きた仏教は時代や場所に応じて、その心を残しながらも外観をどんどん変えていくことが必要です。教えの間違いを、こと細かく指摘することは、カウンセリング初期の段階ではあまり意味がありません。むしろ疑問が湧き、葛藤して答えを知りたいと思うことが大事で、そのことを自ら気がつくような材料を与えるのです。

私自身が生かされている仏教を語ることで、それが彼らの偏った仏教観に揺さぶりをかけるのです。そのほうが、はるかに効果がありますし、その後彼らが歩む人生にもなにがしかの貢献ができるのではないかと思うからです。

そのような姿勢で臨むとき、私が彼らに語ることができたのは、大乗仏教の最高峰にある、法華経の教えだったのです。

「法華経の輝き」とは、大乗の心。他人との関わりの中で自分の命を生かす、命の思想です。

人間は、集団の中にいると、いかにも自信ありげに言動しますが、集団から離れると実に無力になることがあります。

集団の中に隠れ、息を潜め、保護を求めて生きているような生活をしています。人の目に怯え、攻撃されることを怖がり、自己防衛するなかで、自分を失い、自分すら信頼できなくなり、絶えず不安にさらされていくことになるのです。

宗教に精神的強さを求めることは不自然ではありません。むしろ必要なものです。もし宗教や精神世界に救いを求めなかったらどうなるのでしょうか?

自殺や、引きこもり、鬱《うつ》。精神的に壊れていくしかありません。

問題なのは、すがった先がカルトであるかどうかです（カルトの見分け方は後述します）。

自分に自信がもてなくなる。オウムに入信したある若者は、「自己発見の旅にでます」と書き残して家を出て行ったそうです。自分に対しての信頼とは、自分を見つめ自己を知ることから始めなくてはなりません。勉強ばかりの「良い子」では、生きることの目的も存在理由も見つけられません。大人の言うことを聞く素直な「良い子」では自分が見つからないのです。

◆小乗《しょうじょう》・大乗《だいじょう》・金剛乗《こんごうじょう》（ヒナヤーナ・マハーヤーナ・ヴァジラヤーナ）

この法華経がいかなる人生観、世界観をどのような方法で説こうとしているのか、ということが、この問題を解く手がかりになりました。

法華経には二つの重要な思想が説かれています。一つは、人間存在に対する徹底的な見方、もう一つは、人間関係に対する徹底的な見方です。前者を「二乗作仏《にじょうさぶつ》」、後者を「久遠実成《くおんじつじょう》」という思想で説明しています。

法華経においては、娑婆《しゃば》世界（つまり人間の現実世界）が穢土《えど》であるか浄土であるかは、客観的な外の世界ではなく、主観的な心と行為の問題であることが示されています。

法華経で説かれる人間の類型は、

①衆生《しゅじょう》（凡夫《ぼんぶ》）
②声聞と縁覚
③迹化《しゃっけ》の菩薩（他方来《たほうらい》の菩薩）
④本化《ほんげ》の菩薩（地涌《じゆ》の菩薩）

です。この中で①の衆生の類型に属する人間のあり方を否定することは、仏教のすべての経典、部派仏教・大乗仏教に共通しています。②の声聞と縁覚の類型は、小乗では肯定され、大乗の経典では共通して否定されています。大乗の経典では二つの類型が否定され、菩薩と呼ばれる人間の類型が肯定されるのです。この菩薩は③の迹化の菩薩と④の本化の菩薩に分類されています。

菩薩とは、「大心《だいしん》の士」であると説かれています。大心とは仏道の修行において、仏の境地にまで到達しようという理想を抱き、これを自らの修行によって実現しようと決心して努力する心です。

第二の声聞と縁覚は、この大心を持たなかったのです。この人々はいまだ仏の本意を会得していないために、世の中が厭《いと》うべき穢土であると思い込み、浄土は現実世界（娑婆）とは別の世界であると思っているのです。そして、この世間は厭うべき所であると思っていますから、自分だけはこの苦の多い世をすてて他の善所（よいところ）へ行こうと思って修行しています。そして、そのことが人間における無上の幸福であり、この道を教えるのが仏教であると思い込んでしまっているのです。ところが、法華経の教えでは、この世が苦しいからといって、自分だけ他の善い所へ移住したいなどという心では、本当の幸福は得られないというのです。

何故かというと、幸福や不幸、迷いや悟り、煩悩や菩提というものは、外部に存在する固定的なものではなく、人の心の持ち方によって決定するものであるからです。

例えば迷いと悟り、煩悩と菩提との関係は、一本の曲線で示すことができます。

曲線は一方から見れば凹であり、他の一方から見れば凸であり、凸凹はプラスとマイナスの関係となって、矛盾概念となり、両立しません。この矛盾は概念的にとらえようとするところから生まれます。

この曲線を別の角度から見ると、凸といい凹といい、二つの別のものではなく、実は一つのものの両面という見方が生まれます。

この曲線を自分の主観的・行為的世界において理解しようとするのが、法華経における中道《ちゅうどう》実相観《じっそうかん》です。つまり肉体の制限がある人間がそのままで悟りに向かい、涅槃（最上の幸福）に入ることができるのです。人間としての本質をそのまま用いることになります。

言葉をかえて言うと、迷いや煩悩と呼ばれる人間の現象（業、カルマ）を媒介としなければ、悟りや菩提は存在し得ないのです。人間だからこそ迷いも煩悩もあり、人間だからこそ悟りや菩提が必要となるのです。

また、悟りや菩提は、頭の中で考えられた概念ではなくて、人間の行為的現実でなくてはなりません。だからこそ、私たち凡夫も、仏と成る理想を持つことができるのです。このことを教えるのが仏の教えであり、法華経ではこの根本精神を伝えることこそが、釈尊がこの世に出現した唯一の目的であったと説いているのです。

この根本精神を会得するために、これをよく信・解して、仏の境地に向かって邁進する決心をした人を菩薩というのです。

オウム真理教の教義は、小乗（ヒナヤーナ）→大乗（マハーヤーナ）→金剛乗（ヴァジラヤーナ）と三段階を踏んでステージを上げる修行をして、解脱することを目的とします。そして「解脱するぞ、解脱するぞ」という言葉を、マントラと称して、口ずさみます。しかし、解脱できたのは教祖麻原だけだといいます。

本書をまとめているとき（二〇一三年七月）、日本脱カルト協会主催で、オウム真理教の事件についての公開講座が「オウム集団・あの事件は、何だったのか？——カルトメンバーと死刑」というテーマで日比谷で行われ、私もメッセンジャーとして発言しました。そしてその数日後、一通のメールが私のもとに届きました。

ヴァジラプラムディターと名乗る人物からです。そのメールには、こう書いてありました。「私は、麻原尊師に帰依する聖者、ヴァジラプラムディターである。ラジャス・タマス・サットヴァの三グナを見た成就者である。麻原尊師の偉大なる救済計画は、完成しつつある。あとは、尊師を奪還することだけである。成就者である私が宣言する。麻原尊師こそが、真の救済者である。邪教・日蓮宗に帰依する者はすべて無間地獄に落ちる。直に悔い改め、麻原尊師の教えを広く伝えなければならぬ。それだけが、無間地獄から脱する唯一の道である」。

最後の容疑者二人が逮捕され、収束しているように見えるオウム事件。しかし、いまだに狂った幻想や妄想をもっている信者がいるのです。信じられない内容のメールでしたが、改めてカルト宗教の怖さ、問題の根深さを実感させられました。

ひとつ間違えればまた、同じようなテロがいつ起こるかもしれない、そう考えると寒気がします。いつ起こっても不思議ではない。危機管理ができていないこの社会だからこそ、危険極まりない。そう感じた瞬間でした。

決してヒステリックになるべきではないと思いますが、しかし、かつて無差別殺人まで実行した教団が、今なお「アレフ」「光の輪」と名前を変えて現存していることは認識すべきです。

なお、この文面のなかで、サットヴァ・ラジャス・タマスというサンスクリット語がでてきますが、その意味は、三つの心の質をいいます。サットヴァは好奇心、考える力、計画する力、起床する意欲を与えてくれます。ラジャスは組織を作り変える力、働く意欲、物事を推し進める力、物事を具現化する力を与えてくれます。タマスは休息したい気持ち、止まる力を与えてくれます。アーユルヴェーダでは気質をサットヴァ（純質）、ラジャス（激質）、タマス（惰質）に分けています。この三つをまとめて三グナとよびます。その能力を体得して成就したといっているのです。

現実から離れ、幻想から抜け出すことのできない信者が、まだいるのです。

オウム真理教の教義を簡単に説明すると、次のようになります。

煩悩を滅する修行によって自己の解脱をはかり幻想に溺れさせ、救済と称して価値観を破壊していく。ステージを上げるとしながら、小乗（ヒナヤーナ）の段階で、自己を完成させるためと称して、教団への忠誠と自縛へと導いていく。

そしてカルマ（業）を浄化させる修行として小乗のステージを設け、やがて大乗（マハーヤーナ）のステージで他者の救済、菩薩の境地を目指す。そして金剛乗（ヴァジラヤーナ）で神秘的体験を通して密教のステージに至り、「ダルマ身」となることを究極の目的とする。

当時、ジャーナリストの立花隆氏は「オウムの本や雑誌を数十冊読んだ」と断ったうえで、その教義の変化を次のように分析しました。

「オウムは当時（中略）小乗仏教的な厳しい肉体的修行を通じて個人的解脱を目的としたが、教団の発展過程とパラレルに教義の内容が変わっていきます。（中略）まず小乗仏教的な教えから、今度は自分ひとりではなく、衆生を救済するんだという大乗仏教的な教えになっていきます。さらに、大乗の先に、チベット密教的な金剛乗の教えというものが入ってきます」

（週刊文春　一九九五年七月二〇日号）

教義の変化はおそらく立花氏の言うとおりだろうと思いますが、問題はそのステージのあり方で、自分たちは厳しい修行によって高いステージに達したのでその高みから衆生を救済しよう、と乗り出したのです。しかし、教化しがたい衆生を救うためには「最速に霊性を向上させるヴァジラヤーナ」の神秘的手法を用いるのだという文脈が問題なのです。

私たち大乗の修行者からみれば、オウム真理教に大乗的要素があるとは認められません。確かに大乗的理念は掲げています。オウム真理教では次のような三つの救済を唱えています。

①人々を病苦から解放する。②この世に幸福をもたらす。③悟り、解脱へと導く。

また、オウムの出版物に紹介されている信者の手記には、「私は大乗の菩薩になって人々を救いたい」といった発願が載っています。その言葉に嘘はないでしょう。私が会った信者からも、「人のためになりたい」「この社会を綺麗にしたい」「苦しんでいる人を救いたい」と、信者の多くはまじめに人のためにと願っていることが伝わってきます。

にもかかわらず、大乗的要素はオウムには皆無だと言っても過言ではないのです。

◆大乗思想の欠如が悲劇を招いた

テレビで写し出された五体投地や立位礼拝などの加行《けぎょう》、ヨーガの行法が、オウムの修行の全てではありません。もっと過激な温熱修行など、命を落とす修行もあったのです。実際に死亡者を出し、対処に困り全て焼き尽くしたとも報道されています。

しかし、「オウムの修行の基本は仏教の六波羅蜜です」と教えてくれたのは、脱会届けを出すべきか迷っている信者でした。

菩薩の実践すべき徳目が「六波羅蜜《ろくはらみつ》」です。

波羅蜜というのは、サンスクリット語で「究極の幸福であること」「彼岸《ひがん》に到ること」という意味です。パーラミターの音写で、そこには悟りに到達するために必要な六つの行が挙げられています（本書の分別功徳品《ふんべつくどくほん》を参照してください）。

まさに、大乗仏教の核心をなす修行です。

①布施《ふせ》（人々に恵みを施《ほどこ》す）

②持戒《じかい》（戒律を守る。大乗仏教の戒律の基本は、一、殺さない　二、盗まない　三、邪婬《じゃいん》を行わない　四、嘘をつかない　五、悪口を言わない　六、二枚舌を使わない　七、意味のない話をしない　八、貪《むさぼ》らない　九、怒らない　十、ものごとを正しく見る　の十善戒《じゅうぜんかい》が基本）

③忍辱《にんにく》（苦難に耐えること）

④精進《しょうじん》（常に努力して仏の教えを実践すること）

⑤禅定《ぜんじょう》（瞑想によって心を統一すること）

⑥智慧《ちえ》（真理を見極め、さとりを完成すること）

持戒・禅定・智慧（戒・定・慧）は小乗的な実践徳目である「三学《さんがく》」にあたります。そこでは自分の心・言動を律し、己を高めていく修行が勧められて、さらに他者や社会へのはたらきかけにおいて大切な三つの徳目、布施・忍辱・精進が加わるのです。

オウムの修行の基本は六波羅蜜にあるといいますが、社会から遠ざかり、衆生から隔絶された閉鎖的集団の中で、他者や社会へのはたらきかけにおいて必要な徳目をいかにして実践できるのでしょうか。

「財産を布施しました」と、ある中年の元女性信者は反論しました。聞けば、数年間に渡り布施した総額は一千万をくだらないだろうと言います。

出家する際に遺言書まで書いて、全財産を教団に布施させるシステムまでできていたのがオウムでした。「強制ではなく、あくまでも自主的に布施しているのです」という反駁《はんばく》を教団は行いましたが、強制的であろうと自主的であろうと、出家に際してサンガ（出家集団）に財産を布施することは、部派仏教、初期仏教においてすら行われていないのです。出家するものは、働き手を失うことになる家族・縁者に全財産を残し、身一つで出て行くのがルールで、家族に残すべき財産のない貧者には、出家は許されなかったのです。

大乗の布施には、僧や貧しい者に金品を施す「財施《ざいせ》」と、人に教えを説く「法施《ほうせ》」、恐れを除いて人に安心を与える「無畏施《むいせ》」などがあります。

「ヨガを習いませんか」と偽《いつわ》って近づき、強引に信者を獲得することなどは法施ではありません。誰もが受け入れる真理として法を語り、自らの行いを通じて仏の教えを示すことが法施です。

無畏施とは、地獄の恐れと引き換えに、絶対幸福を求めよと脅すことではありません。柔和な笑顔で、やさしい眼差し、それだけでも人の不安を取り除き安らぎや癒しを与える寛容な心です。

法施も無畏施も、現実社会の中で行うべき布施なのです。同じ教団の中で、仏の教えを語り合うのは簡単でしょうが、現実社会では、悟りとか、解脱など考えたこともない人を相手に、自分の生き方によって仏の教えを示し、分かってもらうのは難しいのです。

カルトの仲間なら互いに笑顔で同じ目的のために会話するのだから、簡単に理解し合うことができます。しかし現実社会では虫の好かない相手や、話もしたくない人と笑顔で会話をすることは決して楽ではありません。そうした煩悩にまみれた世俗のなかで、人との関わりを大事にして困難な修行をしなさいと六波羅蜜は教えているのです。

このように心理的・身体的に閉ざされたカルトの世界では、大乗の心は実践できないのです。教義でいかに強調しても実践できないのが、カルトの宿命なのです。

二〇一一年三月十一日十四時四十六分十八秒、未曾有《みぞう》の大震災が東北地方を襲いました。死者、行方不明者合わせて、約一万八千人。各宗派、宗教団体の多くが支援活動をしていますが、カルト団体が現地に行って支援活動をしたという話は、あまり聞いたことがありません。中には「布教目的で活動しているな」と思える団体もありますが、現地に行っているだけ、まだましかもしれません。「私たちの宗教団体に入っていればどんな災害にあっても助かる」とか「○○会の信者は一人も死ななかった」などと、およそ宗教とは思えない発言をしているカルト団体もあります。

災害があれば、支援や救済のために、できるだけ早く行動することが大切なはずです。どの宗派の宗祖も今日まで名を残しているのは、そうした社会状況に対して多くの人々を救済してきた宗教者だったからです。自分たちだけが助かるとか、自分たちの宗教に入れば救われるなどと言って勧誘するなど、宗教としてのあるべき姿に反しているとしか言いようがありません。

オウムは小乗――大乗――金剛乗（ヴァジラヤーナ）という三段階をたどってステージを上げていく修行をしているといいますが、オウムのいうヴァジラヤーナは、神秘によって人の目を眩《くら》ませる「危ない手法」となるのです。

◆「生のリアリティ」としての神秘体験

カルト教団の特徴のひとつに、教祖の神格化があります。例えば日蓮聖人の教えはこうだといいながら、教祖自らがなり変わる。言い換えれば、教祖が言っているのだから正しい「日蓮聖人の教え」であると置き換えられる。教祖＝日蓮聖人という形になり、「日蓮聖人は本当にそんなこと言ったの？」と聞くと、「○○会長が言っているから間違いはない」と返ってきます。

オウム真理教は麻原信仰になっていて、正統な仏教やチベット密教の立場からオウム教義の誤りを語っても、意味がありません。理も論も通じないのです。

釈尊に変わる最終解脱者・麻原という言い方が、尊師麻原＝釈尊という解釈になり、麻原が言うことはすべて釈尊が言っていることとなり、それがどんなに狂った教義であっても、すべて正しい教えになってしまうのです。

麻原信者がその信仰の拠《よ》り所《どころ》としているのが、神秘体験です。自分はオウムの修行で神秘を体験した。だからこの修行は本物であり、尊師も本物である、という論理を主張する。体験からくることなので、本人にとってはまぎれもない真実となるのです。修行中に白い光が見えたから、地獄を体験したからと、次元の違う話を息子や娘からされると、「この子は頭がおかしくなってしまった」「住む世界が違ってしまった」と感じ、親御さんは絶望的な気持ちになってしまいます。

しかし、これはオウムの専売特許ではありません。私のところにもカルトとは関係なく、霊に取り憑《つ》かれたとか、金縛りにあって動けなくなるとか、幽体離脱して知らないところを歩いているとか、目の前で霊が乗り移って会話をするなど、霊現象に悩まされたり神秘体験をしている人が多く相談に来ます。

特にオウム信者には、修行体験で得たリアリティーは、薬物や脳内麻薬がつくりだした幻想・幻覚なのだといくら説明しても、受け入れられることはありません。なぜならば喜びの体験は特に、本人には絶対的な意味を持っているからです。何者にも代え難い「生のリアリティー」がそこにはあるからです。だからこそシンナーや覚せい剤に溺れる若者も多くいますし、生きる喜びをマラソンに見出す人もいます。長距離ランナーが苦しみの絶頂で感じる恍惚境《こうこつきょう》、ランナーズ・ハイが、苦しみを和らげるために脳が分泌《ぶんぴつ》した麻薬物質によるものだとわかっていても、その人にとってマラソンの価値は減少することはありません。山のぼりも同じで、その達成感は本人の最大の喜びなのです。

まさにこの神秘体験が、ヴァジラヤーナの大きな特徴です。

ヴァジラヤーナは、何も麻原教祖の専売特許ではありません。浄土真宗系を除くと、日本の伝統仏教の各宗派には、多かれ少なかれその要素は入り込んでいます。例えば真言宗や天台宗などの密教には、本尊の大日如来と自分が一体となる「即身成仏」の神秘体験を得るための三密加持《さんみつかじ》という行法（瑜伽《ゆが》、ヨーガ）が伝わっています。それにより得た「法力」で衆生を救うという「お加持」や「祈祷《きとう》」が、日本の習俗には生きています。もちろん、我が日蓮宗の「修法《しゅほう》」もそうです。

修行では、短い睡眠や少ない食事で意識朦朧《もうろう》となり、オウムのいう神秘体験は何度となく体験することができます。「僕はイニシエーション（神秘体験を得るための儀式）で紫の光を見た」と得々と語る信者。「何だ紫か、私が見たのは黄金に輝く光だった」と返す。「オウムの修行のおかげでパワーが上がった」と自慢する信者には「そうか、私のパワーとどちらが強いか比べてみよう」と挑発してみます。相手が受けてくれるのなら、まさに「気」を送り、強さを競ってみるのです。知らない人が見れば子どもの遊びかと笑われるかも知れませんが、真剣勝負をするハメになります。長く人生の修羅場を渡り今日まで生きてきた私だから、そう簡単には負けません。少なくとも今のところは無敗です。

「気が足りないぞ！」と叱咤《しった》すると、「先生はすごい」「私はまだ修行が足りない」などという反応が返ってきます。そんなとき、こう答えます。「そうだろう。あんなところで修行しているから、パワーが不足するのだ」。

ヴァジラヤーナ的手法も宗教の大切な要素です。しかし、神秘体験自体は、修行の目的でも宗教の本質でもありません。あくまでも霊的苦痛から救う方法として扱われなければなりません。

◆修行はなぜ魅力的なのか

確かに神秘体験、もっと広くいえば修行体験は、昨日までの自分を破壊し、自己変革をもたらすものといえます。先述の信者がいうイニシエーションの後に見た紫の光は、この世とはまったく別の論理が存在することを教えてくれているのです。

肉体的な苦痛によって観念の霧が消えて、すっきりとした素裸の自分に出会える。修行の苦しさを克服した喜びは、新しい自己の発見につながっていくのです。とくに、受験勉強とゲームで育った世代は、「体験」が乏しいだけに、余計修行体験や神秘体験に大きな喜びを感じるのでしょう。身体的体験が少ないから、肉体を痛めつける修行によって身体が感じる「生のリアリティー」が、ますます魅力的に思えてくるのではないでしょうか。

オウムのマインド・コントロールの核は、この「体験」にあるのではないかと思います。だからオウム真理教の場合は、脱会したり、教祖を批判しても、それだけでマインド・コントロールが解けたことにはなりません。元信者はたとえ教団を離れても、一人でオウムの修行を続ける場合があるし、修行によってステージを上げるというオウム的な思考パターンは長く残るのです。

あるニュース番組の中で、現役信者が、オウムを離れる決意を述べたあと、しかし修行は一人で続けていくと述べていたことが印象に残っています。それに対して上祐氏は、「ニルヴァーナ（涅槃）の法悦を思い出してほしい」と情熱的に語りかけていましたが、修行体験の喜びを思い出せ、ということだと思います。

現在も上祐氏の教団「光の輪」は、麻原と一線を引き、独自の路線で教団を運営しているといっていますが、その修行の主流は「体験」です。霊地を訪ねたり山岳宗教的神秘体験をすることで、法悦を感じるのでしょう。

オウムのマインド・コントロールの核である「体験」は、今なお「アレフ」や「光の輪」が引き継いで顔をのぞかせているのです。

◆煩悩即菩提《ぼんのうそくぼだい》・娑婆即寂光《しゃばそくじゃっこう》――この世での喜び

修行体験で得た苦しみを超えた喜びは、何ものにも変えがたい「体験」です。とりわけ実社会の体験が少ない若者にとっては、それが何十倍にも感じられることでしょう。カルトはその喜びを巧みに利用し、信者の心を教団に縛りつけているのです。

カルトが与えた喜びを凌駕《りょうが》するような、大きな喜びをこの世界に見出せなければ、たとえカルトを脱会しても、脱マインド・コントロールが本当に成功したとはいえないでしょう。その後の長い人生が、サティアンにおける「灼熱の時間」の燃えカスであったり、無気力、無感動、虚無感といった後遺症にとらわれているうちは、マインド・コントロールが完全に解けたことにはならないのです。

これは、どのカルトの脱会者も同じです。カルトが掲げるユートピアや理想の実現のために、自分を犠牲にして働く喜び、自分の存在感、存在価値と生きがいをカルトに見出してきた者が、脱会によってそれらすべてを失うのです。その心の傷は深く、それを癒すには、この現実の世界で、より大きな生きる喜びが必要だからです。

では、どのようにしたらその喜びを発見できるのでしょうか?　実に困難な問題です。

結論

法華経の輝きを生きる

◆泥の中の蓮華

菩薩はこの法華経においては、泥沼に咲く蓮華に譬《たと》えられていています。蓮華は泥沼（汚れた人間の現実世界）に咲いていています。泥をいとわずして、そして清浄な花は少しも汚れをとどめず、すがすがしく咲いていています。もしこれが、澄んだ綺麗な水の中にあるとすれば、その価値は半分になってしまいます。

泥沼をいとわずして、泥沼の中にあり、周囲の汚れに染められずに咲く蓮華、この蓮華ひとつで庭全体が清らかなものになるように、ひとりの菩薩の存在によって家全体、町全体、職場全体、そして社会全体が清らかになるようにと釈尊は浄仏国土を願ったのです。

菩薩は、仏の境地を理想として、修行にはげむ人間の姿です。仏の心を自分の心にしようと努力する人々です。仏の心とは、慈悲を本体としています。菩薩の生きる原動力も慈悲です。

菩薩の慈悲は、自分の生存によって周囲の人々の幸福が増すように、苦悩が滅するようにと念

蓮　華

願することです。

このような人間が菩薩です。法華経においては、この菩薩をもって望ましきものとし、これと対比することによって声聞《しょうもん》・縁覚《えんがく》の二乗根性を否定するのです。

しかし、これはあくまでも、利己的で独善的な生活のあり方やものの考え方を否定するものであって、二乗と呼ばれる人を否定するものではありません。もし人そのものが否定されれば仏の慈悲には限界があることになります。

実際に法華経においては、声聞・縁覚の境地にあった者が次々と、狭い信仰のあり方から解脱し、菩薩たる決意をなし、将来仏となる保証「授記」を得ているのです。

この経の本意が菩薩という人間類型の足掛かりにあることを会得すれば、声聞・縁覚の道を進んできたことが、生きてくるのです。

たとえカルトにとらわれ、自分しか見えなくなっても、この本質がわかれば、それは無駄にはならないことがわかります。

それは、ちょうど二階の部屋に行くために階段を登り、その階段の途中でこれが二階の部屋であると思い込み、止まってしまったことで、階段は階段の役目も果たせなくなるのと同じです。

しかし、二階にまで登ってみると、階段を登った意義が生まれてきて階段も階段の役目が生きてくることになります。

こうして法華経はすべての人が菩薩たることを期待するのです。

この菩薩の修行が、菩薩道といわれる法華経の実践倫理です。

◆地涌《じゆ》の菩薩

「今君が組んでいるのがオウムの蓮華坐だよね。蓮華の意味知っている？　そう、ハスのことだね。君も知っていると思うけど、仏教でいうハスには、とても大切な意味があるけど」

と、オウム信者だった若者に話したことがあります。

「ハスは水が澄んでいる川や湖には生えない。泥沼にしか咲かない、水が泥で濁《にご》っても美しく清らかに咲く、真っ白な花を咲かせる。本物のハスの花を見たことがあるかな」

「一度見てごらん。泥の中で生きているとは思えないくらい清楚で純粋な花を咲かせるから」

仏教ではそこに、煩悩という泥を栄養として開いた「悟り」という花を見るのです。煩悩という泥なくしては悟れないのです。だから仏はみんな蓮華の花を台座にしています。仏は蓮の中から、煩悩の中から生まれてくるのです。

「オウムの修行は厳しいんだろ。でも、煩悩が断ち切れたかな？　断ち切れないよね」

「肉体を持つ限り食べなければいけないし、寝なければいけない。いくらがんばっても煩悩は断ち切れないもの。だから、破壊すべきものではない。

大乗仏教の本質は、この世の現実の中にあって得ていくもの。もう一度現実社会、煩悩のなかに戻ってみなさい。そうすれば自分だけの修行に喜びを見出すことが大事ではなく、泥の中で他の人の悩みや苦しみを喜びに変えていくことが、自分の喜びとなり、命の存在理由も、生きることの価値も見つかるはずだから」

菩薩の修行と実践は、この現実の社会の中でしかできない修行です。

この菩薩には、法華経では二つの類型があると説明しました。一つは迹化《しゃっけ》の菩薩で、歴史上の釈尊を尊敬するのですが、それを媒介として、本仏《ほんぶつ》を見るに至っていない人です。それに対して本化《ほんげ》の菩薩（地涌《じゆ》の菩薩）とは、その肉体的釈尊を通して本仏を見る目が備わった人々なのです。だから迹化とか本化とかは、結局各人の自覚の問題であるということです。

法華経が最も望んでいる人間のあるべき姿は、この本化の菩薩です。

従地涌出品《じゅうじゆじゅっぽん》の初めに、迹化他方来《たほうらい》の菩薩たちが仏の滅後において、この法華経を弘通《ぐづう》する大任を命じて下さいと願った時、釈尊は、これを止めて、「この娑婆《しゃば》世界に法華経を弘通するには、当然その任にあたる人々がいる」といって地涌の菩薩を召し出しています。これは人間の現実界の問題は結局、人間自身が解決すべきであり、誰かが、何かが救ってくれると思ってそれを待っていたり、依存していては、何も解決されないという意味です。だからこそ、天から下った菩薩ではなく、地から涌《わ》き出て来た菩薩によって法華経は弘通されるべきなのです。

それは、この世で高い地位や権力をもっている人々ではなく、大衆と共に住み、苦しみ嘆いている無名の人々のことです。ただ人たる本質をふまえ、踏み外すまいと心がけて生きている人々なのです。

現代のように種々の問題を抱える不安な社会の中でこそ、私たちは人生と世界の問題を解決する能力と責任とがあることを自覚しなくてはならないことを、この法華経では説いているのです。

真に人生の問題や社会の問題を解決するのは、政治家でも学者でもありません。地涌の菩薩、無名の平凡な人々で、現実社会（娑婆）にあって、共に人間として苦悩に立ち向かっている者によってのみ解決されるのだと思います。

法華経は仏教における「開顕統一《かいけんとういつ》」の経典です。法華経は人間と本仏とのまことのすがたを示しているのです。

だからこそ、現実の苦悩を解決する手がかりと方法を、この法華経により得ることができるのだと思います。

参考資料

カルト問題資料として

私は、オウム真理教事件をはじめ多くのカルトと向き合ってきました。その中で分析したことを簡単に整理しておきたいと思います。

●若い世代・主婦層が、なぜ「カルト」に入信するのか

①精神的不安や葛藤、重いストレスからの一時避難を望む人
②日常の倦怠や孤独から癒されたい人
③生きる目的の発見など自分探しをしたい人
④絶えず他人から評価されて緊張の強いられる、学校や会社などに嫌気がさして居心地のよい組織共同体へ参入したいと思っている人
⑤宗教や神秘体験に強い関心がある人

●破壊的カルトの問題

最近では、一般の社会通念とかけ離れた信条、世界観、生活様式を持つさまざまな分野の集団がカルトと総称される。思想、信教の自由から逸脱した反社会的活動を行う宗教教団を「破壊カルト」「カルト教団」「カルト」と呼ぶようになる。例えば「オウム真理教」「統一教会」「法の華三法行」「ライフスペー

ス」など。

●破壊的カルトの反社会性

①虚偽と欺瞞《ぎまん》……供養、布施の名目で多額の金額を搾取《さくしゅ》する。またダミー組織を使って勧誘する。

②信者支配……宗教上の役割、任務の他に衣食住まで教祖や会長など上位の指導者の支配下に置かれ、縦割りの組織を形成し、行動の自由は奪われ生死の権利さえ委ねることすらある。プライベートに関わる内容まで報告する義務を課せられている。

③脱会の自由の剥奪《はくだつ》……入信により、友人、家族、職場の人間関係は壊れ孤立状態になる。献金や教団活動で経済的基礎をなくしたり、財産まで失うこともある。「地獄」「罰」「魔」などという言葉で恐怖心をうえつける。

④家庭の破壊……親の精神的苦痛・経済負担・親子の対立・職場、学校の放棄・離婚問題、子どもの養育権の問題、など。

⑤教団の批判者や第三者への危害……教団を批判した弁護士、救出に関わったカウンセラーなどへの脅迫、嫌がらせ、告訴、暴力など。

⑥勧誘に関わるトラブル、地域住民への有形無形の圧力。

●マインド・コントロールとは

カルトの反社会性は、一般社会の社会規範から著しく逸脱する活動であるが、問題なのは、昨日まで普通の社会人、学生が反社会的活動に加担させられることである。

人格を変貌させるための組織的テクニック……マインド・コントロール

マインド・コントロールは、広義に解釈すれば、職場・学校・家庭・地域など組織的に偏在しているというべきで、集団にとって、意識の統合や目的への合理性として必要とされるものでもある。

問題なのは、「マルチ商法」「催眠商法」「キャッチ商法」など不正な商法行為、危険な反社会的宗教教団の信者勧誘方法、セミナー系商法など、その行為によって被害者がいるような活動において、マインド・コントロールを利用することである。

●マインド・コントロールのプロセス

①情報コントロール……事実隠蔽
②環境コントロール……感覚遮断
③行動コントロール……睡眠剥奪

④思想コントロール……メッセージの反復、催眠誘導
⑤感情コントロール……飴《あめ》と鞭《むち》の尋問（恐怖心）

●教義的ユートピアに基づいた行動・思想・情報のコントロール

カルトのマインド・コントロールの目的は、教義的ユートピアのみにリアリティを置いた人格を作り上げること。……「カルトの自分」

もともとの自分は教義的ユートピアを形成する前の自分。……「本当の自分」

●カルトのマインド・コントロールの技法

カルトが使うマインド・コントロールの技法は、宗教的手法や心理学的手法から派生したものが多く、人間を操る手法として悪用することに問題がある。

カルトに共通する技法は教団により、さまざまな組み合わせがあり、どこに重点を置くかは異なる。

●カルトのマインド・コントロールの特徴

生活管理（行動・感情・情報のコントロール）
カルトのメンバーは極めて厳格なスケジュールを課せられ、儀礼・教化・奉仕・修行などの名目での

活動に生活の時間を費やさざるを得なくなる。自由に行動出来る時間やプライバシーは制限され、一般社会からほぼ完全に切り離され社会的に適応できなくなる。さらに外部の情報に触れる機会を少なくし、都合のよい情報以外は「悪」として否定させるようにマインド・コントロールする。

●厳密な規則や戒律もカルトの特徴

生活のあらゆる面で、教祖や会長を最上とした上下関係を形成し、許可を得ることや、すべての行動を報告させるなどの義務を課す。また、教祖や教団発行の刊行物以外は読ませないように、他の情報を見ることが罪（魔・罰）であるかのようにマインド・コントロールしていく。

このように自らの組織に疑問や批判をさせないようにコントロールし、批判的情報の遮断を行っている。

●基本的マインド・コントロールのフロー

「解凍」……本来の自分をエゴイズムに陥った「汚い」ものと認識させ、「本来の自己」を棄てさせる決心へ向かわせる。

「変革」……カルトの価値を注入し組み込む。教祖・教団への狂信的ナルチシズムの植付け。「カルトの自分」の形成と浸透。

「再凍結」……「カルトマインド」の定着。自らを絶対善とし他者へ敵対する心情の形成。

●「カルト」入信（マインド・コントロール）により起こる家庭の崩壊

①多額の財産を教団に献金……経済的負担（多額の借金や財産を失う）

②仕事や学業の放棄……日常の多くの時間を教団のために費やし（勧誘活動など）、睡眠時間も少なく事故を起こすケースも多い

③カルトの論理が家庭内に持ち込まれることにより、激しく終わりのない論争が起こる。入信によって本人の本来的人格や社会生活をするための通常の認識、社会常識というものが損なわれる。

マインド・コントロール……教団の教えによって本人の精神を根底から支配され、これまで家庭内で行われた普通のコミュニケーションが奪われ、言い争いに明け暮れ、家庭は修羅場と化す。

●「カルト」のマインド・コントロールの内容構造

①教祖（会長・グル）……組織・仲間への絶対的忠誠。

②予言・終末論的救済主義……終末の時に組織のメンバーでなければ救済されない。

③報罰主義……教えを疑うと（実践しないと）罰があたる、地獄に堕ちる。他の教えや社会常識は魔が入ると教えこむ。

④善悪二極思考……組織は絶対の善、他は悪（魔）。
⑤入信している現在の「自己」の絶対肯定……責任転嫁・すり替え。
⑥「過去の自分が不幸であったのは無知な親たちの責任」という論理。
「本来の自己」と「カルトの自己」……二極分裂・善悪二元論
教団理念の受け入れ……教団＝絶対的善　対　家庭・市民社会＝絶対的悪
（二極分化した思考のパターンが本人の心理の中で常態化し固定される）
教団（教祖・組織・教義・修行法・宗教実践）＝「聖性」　対　家庭・市民社会＝「世俗」

●基本的対応

相談室……「カルト」の相談は、基本的には一般のカウンセリング理論で解決できるが、その前の段階で教義武装を解く作業が必要である。この問題に関わることのできる相談員が絶対的に不足している。

「信教の自由」……カルト入信の根本が「信教の自由」の範疇《はんちゅう》にあり、家族の相談に対しても家族間の意見の齟齬《そご》でしかないと見られ、公的機関は簡単には介入できない。

拉致監禁・傷害などの暴力事件・恐怖や不安を煽《あお》って常識を超えた献金などに応じさせる（宗教名目の経済被害）などの特定要件が明確でない限り、警察や司法などの介入を求めることは難しいのが現状。

入信の原因と背景の解明（家族に対するカウンセリング）・「第三者の説得者」の発見とガイダンス（当

事者でない人の援助)。

宗教者カウンセリングの説得・アフターケアの手順(脱会から社会復帰までのプロセスをリードする)。

●脱会後の心理状態

ポストマインド・コントロール症候群(PMCS) 鬱・不安・恐怖・脅迫観念・罪責感など

①強い神秘体験の後遺症

②異性感情の抑制が非常に長い場合の後遺症

③性的虐待経験(特に女性)の後遺症

④幼児・未青年時体験の後遺症

⑤幻聴・幻想

「カルトの自己」が「本来の自己」を絶えず監視し抑制する心理システムが組み込まれることが、マインド・コントロールの特徴である。

マインド・コントロールは本人が了知していないところで作為的に施される巧妙な心理操作であり、本人の意志決定の前に施行されるため、選択、否定、拒否という自由で自発的意志決定を先行的に阻害しているといえる。したがって基本的人権(精神の自由)という観点から違法行為に当たると考えられる。

●カルトの手口（破壊的カルトの勧誘の手口）

こんな勧誘には気をつけよう！　あなたは狙われている！

キャンパスや街頭で、いろいろな団体が勧誘をしています。思わぬ悲劇に巻き込まれないために、次の点に注意してください。

魅力を感じても、親切にされても、こんな勧誘にはＮＯ！　とはっきり断る勇気が大切です。

《危ない集団を見分けるために》

▼大学のキャンパスで

「どの講座をとるのか決めた？　僕たち、生きがいを研究しているサークルをやってます。可愛い子もたくさんいて、楽しくやってます。少しだけどうですか？」なんて親しげに誘われたら、とりあえず回答は保留。

「そのサークルの代表者は？　場所は？　費用は？　具体的にどんな活動をしていますか？」と問い返して下さい。もし相手の答えが要領を得ないものだったら直ぐにＮＯ！

最初の説明と違ってきたら、親しくなっても、直ぐにＮＯ！

▼相手の所属、地位を確認する（赤頭巾ちゃんテクニック）

偽サークル、偽学生、偽募金、偽ボランティアなどいろいろな形で勧誘して来ます。その一部が本物に見えても実態は宗教（スピリチュアル系も含む）などの勧誘が目的です。なにかおかしいと思ったらその点をはっきり問い直してください。少しでも怪しいと感じたらＮＯ！

そんなこと聞くと失礼ではないか、良くしてくれているのに、いい人みたいなのに、と思う善良さにつけこまれるのです。

▼街頭で

「私は占いを勉強している者ですが、あなたの顔にとても気になる人相が出ています。何かお悩みがあるのではないですか？そこの喫茶店で三十分だけお話ししませんか？」というような誘いも、かなりの確立でカルトの勧誘です。絶対にＮＯ！

別の場所に連れて行かれそうになっても、絶対に行かない。

カルチャーセンター、ヨガ体験スタジオ、占いの専門の先生などに、不安や興味を与えて連れて行こうとします。

万一行ってしまっても、逃げやすいように上着や荷物を預けない。そこでは音楽を流したり、ビデオを見せたり、カウンセラーや、先生と称する人が優しく対応してくれたり、部屋をもっともらしく飾りつけ、サクラを使ってもっともらしい雰囲気をつくりあげ、マインド・コントロールにより、入会や入信を勧めてきます。

▼同じ高校を○○年に卒業した者ですが……

勧誘の内容が変わってきたら危険、恐怖心をあおってきたら危険。

この手法はカルトだけでなく一般企業も軽微ながら大量に広告の中で使っています。これはこの方法が効果あることの証明です。カルトが言うような世界が滅ぶ、戦争になる、無間地獄に堕ちる、先祖のたたりがある、罰が当たり不幸になる、病気になる、などと恐怖心をあおられることによって、その不安や恐怖が本当に存在すると信じ込まされることに問題があります。とくに精神的に不安なときには容易につけこまれやすいのです。カルトはそんな人を狙ってます。（恐怖説得）

▼「あなただけ」「今回限り」は危険

あなたは選ばれた人です。特にあなたには素晴らしい能力があります。ステキな指導者になって多くの人を救ってあげてください」と言われると嬉しいです。まして「今回だけ」「最後のチャンス」などと言われれば、「今がチャンス」とその気になります。そこにつけ込んできます。心は操作されるものだと知っておいて下さい。（人・時間・物の限定テクニック）

▼専門性を疑え

霊視能力がある、気功をあやつれるなど、あたかも透視や予言ができ、よく当たるなどと言われる専門家でも、本当に信頼に値するのか二度三度疑ってみることが大切。サクラを使ってあなたの情報を前もって仕入れたり、確率の高いこと（ペットを飼っている、井戸がある、水子がいるなど）を

言って、信用させる。これも、危ないカルトの手口です。（自分の権威づけによる説得テクニック）

▼甘い言葉は信用するな

「会費はこんなに安いです」「入会金は百万円です」「あなたは必ず幸福になれます」「あなたの宿命が変わります」などの言葉は信用してはいけません。入り口は広く易しくしておき、出口は狭く悲劇になるのが破壊カルトです。（フット・イン・ザ・ドア・テクニック）

▼街のCD店、書店で

「就職のための性格判断です、今日だけなんです」とか、「音楽や映像を作るサークルです」などと言って声をかけてくる場合があります。他にも「ボランティア活動で海外救援に行く団体です」「イルカで人の心を癒す研究をしている団体です」など、さまざまです。

また友人から「本当の自分を見つけてみない？　三日間だけで変われるよ」などと誘われることがあります。費用が高かったり、最後には人を勧誘するための集団だったりします。

「最近知り合いになった〝友人〟に、あるパーティーに誘われました。最初はやたらほめられるし、和気あいあいだったのが、三回目からは宗教的な話題になったのです」。

ここで友人はこう言います。「あなたは素質があるから選ばれたんです。みんな素敵でしょう。君もこの会の会員になりませんか？　一度きりの人生なんだから、少しだけ試してみたら？」「会長は国際的にも活躍しているすごい人なんですよ」。すぐにその場を去りましょう。

▼絶対に借りをつくらない

どんな相手であっても、どんな内容であっても「借り」を作らないこと。サクラが入会金を立て替えてくれたり、何かと優しくしてくれたりしますが、それは「貸し」を作り恩義に感じさせてあなたを心苦しくさせ、あなたを思い通りに操作する説得テクニックです。ただほど高いものはないと心得てください。（報恩性の原理）

▼「権威」をもち出したら怪しいと思え

世界的に権威者と会った写真や話を持ち出したり、普通の人が知らない特殊な言葉を連発し始めたら怪しいと思ってください。専門の用語で本物らしさや新鮮さを感じさせるのです。また、有名人（広告塔）を利用するカルトも多いです。（外的権威の利用）

▼入信・入会したくても一ヶ月は決断を延ばし、他の人に相談してみる

破壊的カルトの手口は巧妙です。例えば「よーく考えて自分で決めてください」「少しだけ体験して、合わなければやめればいいんです」「来なくなったらやめたと思いますから」などと言いながら急がせます。あたかも自由な選択ができるかのように誘うのが手口です。他の人に相談したりさせないように、「秘密」であることを重視させ、また反対されることを予期した巧みな方法で入信させます。（心理療法を応用したテクニック）

●危険な組織チェックポイント

□ 組織名や団体名、その正体を隠す傾向がある。
□ 団体名や内容と異なる名称を使って勧誘する。
□ 組織から与えられた情報について、疑ってはならないと教える。（組織の情報が正しく、それ以外は間違っていると主張する）
□ 外部からの情報を遮断する傾向が強い。（反対派の陰謀だという）
□ 組織の教えが絶対で、自分で考えたり判断することは誤りであると指導する。
□ 真理は、その組織や教祖（会長）に占有されており、その組織や教祖を通してのみ知ることができると主張する。
□ 常に白黒や善悪を分けたがる。
□ 世界を、組織と外部とに二分する世界観を持つ。
□ 組織や教祖（会長）が絶対の善で正しく、外部は悪であると主張する。
□ 組織内部でしか通用しない言葉を多く用いる。
□ 個人の生活が制限され、組織の活動や寄付、勧誘活動に積極的に参加することが強要される。
□ 生活が細部に渡って規定される。常に先輩や指導者に指示を受けなくてはならない。

□迫害意識（敵の存在）を強調し、団結心や闘争心を煽る。
□組織からの脱会について極度の恐怖心を与え、脱会の自由がない。（罰、地獄、サタン）
□脱会した人の話や他の人に相談すること、接触することを禁じる。
□家庭、社会などで、何らかのトラブルを起こしている。
□有名人や学識者の名前を使う。
□異常な歓迎を受けたり、優しくされたり、褒められたりして、喜びや感動を与えて居心地をよくする。
□合宿やセミナーを定期的に行い、教祖（会長）のメッセージを植えつける。
□献金や会費が義務付けられる。（勧誘ノルマや奉仕活動なども含む）
□罰、地獄、終末論（日本が滅びる、世界が終る）など不安と恐怖心を煽る。

《主な参考文献》

『法華経講義』……織田得能 著（光融館）

『法華経』上・中・下……坂本幸男／岩本裕 訳注（岩波文庫）

『法華経講義』上・下……勝呂信静 著（さだるま新書）

『法華経・全28章講義』……浜島典彦 著（大法輪閣）

『真言陀羅尼』……坂内龍雄 著（平河出版社）

『マインドコントロールからの解放』……オウム真理教信徒救済ネットワーク 編著（三一書房）

楠山　泰道（くすやま・たいどう）

1947年（昭和22年）生まれ。立正大学仏教学部卒。日蓮宗大明寺住職、日蓮宗常任布教師、社会教導師、社会福祉法人立正福祉会理事、青少年心の相談室室長、日本脱カルト協会（JSCPR）理事、深愛幼稚園園長。主な著書に、『マインドコントロールからの解放』（1995年発行・三一書房）、『カルトから家族を守る』（2001年発行・毎日新聞社）など。

法華経の輝き（ほけきょうのかがやき）──混迷の時代を照らす真実の教え（こんめいのじだいをてらすしんじつのおしえ）

平成26年　2月　10日　初版第1刷発行Ⓒ

著　者	楠　山　泰　道
発行人	石　原　大　道
印刷所	三協美術印刷株式会社
製　本	株式会社　越後堂製本
発行所	有限会社　大　法　輪　閣

〒150-0011 東京都渋谷区東2-5-36 大泉ビル2F
TEL　(03) 5466-1401（代表）
振替　00130-8-19番
http://www.daihorin-kaku.com

ISBN978-4-8046-1358-1　C0015　　　Printed in Japan